LA CHANSON
DE
ROLAND

TRADUCTION NOUVELLE

AVEC UNE INTRODUCTION

ET DES NOTES

PAR

ADOLPHE D'AVRIL.

PARIS

LIBRAIRIE DE Mme Ve BENJAMIN DUPRAT,

RUE DU CLOITRE-SAINT-BENOIT (FONTANES), 7.

M D CCC LXV

LA CHANSON

DE ROLAND.

> Mementote operum patrum quæ fecerunt in generationibus suis et accipietis gloriam magnam et nomen æternum.

LA CHANSON

DE

ROLAND

TRADUCTION NOUVELLE

AVEC UNE INTRODUCTION

ET DES NOTES

PAR

ADOLPHE D'AVRIL.

PARIS

LIBRAIRIE DE Mme Ve BENJAMIN DUPRAT,

RUE DU CLOITRE-SAINT-BENOIT (FONTANES), 7.

M D CCC LXV

INTRODUCTION.

I

SUR LES ORIGINES.

Les peuples indo-européens ou arians ont une tradition épique commune. Cette tradition a revêtu différentes formes, suivant les temps et suivant les conditions intérieures ou extérieures de leur existence. Mais c'est un type commun de héros, c'est une aventure identique, qui ont servi de base aux mythes comme aux épopées des Indiens, des Perses, des Grecs et des Germains. Les définitions abstraites ne donnent qu'une idée insuffisante de cette tradition, qui s'expliquera plus facilement par l'indication successive des traits communs à toutes les épopées. Nous parlerons d'abord des Indiens et du poëme de Valmiki, intitulé : *Ramayana*, dont M. Fauche vient de publier une traduction française. Nous en donnerons une analyse assez étendue, parce que le *Ramayana* est, de tous les poëmes connus, celui où l'on peut le mieux reconnaître l'idée indo-européenne, surtout si l'on laisse de côté les épisodes et si l'on néglige la partie sentimentale et pittoresque, pour essayer de dégager le sens mythique dans sa pureté.

DE L'ÉPOPÉE INDIENNE.

Dans la mythologie indienne, les bons génies sont désignés sous divers noms, et notamment sous le nom de Souras; ils sont divisés en classes nombreuses. Les mauvais génies ou démons sont les Asouras. Ils comprennent aussi de nombreuses catégories : le démon du *Ramayana* appartient à la classe des *Raksasas*. Essayons de préciser, d'après les traits épars dans ce poëme et dans le *Maha-Barata*, ce que sont les démons Raksasas. Ils sont ténébreux; ils ont la voix rude et l'audace du crime; ils sont noirs, et l'on compare la figure de l'un d'eux au ciel quand un nuage lui prête sa couleur; leur chef a l'oreille en fer d'épieu; ils sont vils et tortueux, combattant avec les armes de la fraude. On les assimile au serpent, et leurs ennemis à un célèbre oiseau nommé Garouda, mangeur de serpents; enfin, ils sont anthropophages et magiciens. En résumé, ce sont des êtres malfaisants, d'une force extraordinaire, caractérisés par l'idée de l'hiver, des ténèbres et du reptile. La lutte contre eux est la lutte de la lumière contre l'obscurité, de l'oiseau contre le serpent, de l'ange contre le démon (1).

Or, les mauvais génies ou démons, et entre autres les Raksasas, ont fait la guerre aux dieux, comme les Titans de la Grèce. Les dieux ont été vainqueurs, avec le secours des bons génies; ils ont été aussi aidés dans cette lutte par quelques mortels, et même par des animaux. L'un des démons vaincus, le Raksasa Ravana, s'étant livré à des macérations extraordinaires, a conquis des mérites proportionnés, et a exigé une grâce de Brama, l'Être existant par lui-même :

Que ni les dieux, ni les anachorètes, ni les Gandharvas, ni les Yaksas, ni les Raksasas, ni les Nagas même ne puissent me donner la mort.

Brama, contraint par le mérite des macérations, n'a pu lui refuser cette faveur, que Ravana tourne au mal. Les dieux vont alors trouver Brama, et lui adressent cette prière :

Nous, par qui ta parole est respectée, nous avons tout supporté de ce Ravana, qui écrase de sa tyrannie les trois mondes où il promène l'injure impunément. Enorgueilli de ce don victorieux, il opprime indignement les dieux,

---

(1) Tomes II, p. 278; —VI, 29, 160 et 176; —VIII, 192 et 393; — X, 148.
Ces citations du *Ramayana*, comme celles qui suivront, sont empruntées à la traduction de M. Fauche, 9 vol. in-12. Paris, Benj. Duprat. Sur la nature des Raksasas, telle qu'elle résulte des Védas, voyez *Croyances et Légendes de l'antiquité*, par Maury. Paris, 1863, pages 101, 102. — Voir aussi le premier volume du *Maha-Barata*.

les anachorètes, les Asouras et les enfants de Manou (*les hommes*). Là où se tient Ravana, la peur empêche le soleil d'échauffer, le vent craint de souffler et le feu n'ose flamboyer..... Accablé par sa vigueur indomptable, Kouvéra défait lui a cédé Lanka (*l'île de Ceylan*). Sauve-nous donc, ô toi qui reposes dans le bonheur absolu; sauve-nous de Ravana, le fléau des mondes. Daigne, ô toi qui souris aux vœux du suppliant, daigne imaginer un expédient pour ôter la vie à ce cruel démon.

Le but de l'action est clairement indiqué par ces strophes; c'est un dernier épisode de la guerre des Titans et des dieux, et il s'agit d'imaginer un moyen de se défendre de Ravana. Brama l'indique en faisant remarquer que le démon a omis, par orgueil, de demander à être préservé des coups des hommes. « C'est donc par la main d'un homme, dit Brama, qu'il faut immoler ce méchant. » Mais où trouver un homme capable de lutter contre Ravana? En ce moment survient le fortuné Vishnou, l'un des membres de la trinité indienne. C'est à lui que Brama avait pensé dans son âme, pour la mort du tyran des mondes. Il invite Vishnou à une héroïque incarnation.

Or, pendant que cette scène se passait dans le ciel, le roi d'Aoude, nommé Daçaratha, offrait un grand sacrifice pour obtenir des dieux la grâce d'avoir des fils. C'était un de ces hommes qui avaient aidé autrefois les dieux contre les démons. Vishnou consent à s'incarner comme fils de Daçaratha. Ce fils sera Rama (1).

---

(1) *Ram.*, I, p. 114.

Mais pour engager la grande lutte, il était nécessaire de préparer à Rama ses compagnons futurs. Sur l'invitation de Brama,

> Tous les dieux se mettent à procréer des fils d'une vigueur égale à celle qu'ils possédaient eux-mêmes. C'étaient d'héroïques singes, capables de se métamorphoser comme ils voulaient..... Tous les généraux se distinguaient par leur immense vigueur au milieu des armées.

Malgré leur puissance extraordinaire, ces singes sont des êtres inférieurs, mais associés à la grande œuvre pour laquelle Vishnou s'est incarné en Rama. Rama, de son côté, ne peut accomplir son œuvre sans le secours de ces êtres qui lui sont inférieurs, comme les Myrmidons d'Achille et les nains de Sigurd. Il y a là une grande leçon d'harmonie sociale.

Cependant Rama grandit; il a déjà reçu des dieux des armes surnaturelles; le moment est venu de lui choisir une femme; celle dont il va rechercher la main, est Sita. La naissance de Sita a présenté des circonstances extraordinaires; elle n'a pas reçu le jour dans le sein d'une femme; cette vierge charmante est née d'un sillon ouvert pour le sacrifice. On pressent que Sita sera la femme de la fatalité. Rama l'épouse après l'épreuve de l'arc que personne n'a pu tendre, et qu'il brise par sa force prodigieuse. Mais bientôt le roi Daçaratha, à la suite d'un vœu imprudent, est contraint, par l'une de ses femmes, de priver son fils aîné de sa succession, et de l'exiler dans les bois. Rama obéit. Sita, qui est un modèle de dévouement, de piété et de tendresse, l'accompagne dans cet exil. Rama, pendant qu'il erre dans les bois, a occasion de punir sévèrement une Raksasa, qui, pour se venger, excite dans le cœur de son frère le désir de posséder Sita. Or, ce frère, c'est Ravana lui-même. A l'aide d'un stratagème dont Rama est dupe par la faute de sa femme, Ravana enlève Sita et l'emporte à Lanka, malgré la résistance du roi des vautours, un vieil ami du roi Daçaratha. Cet enlèvement est le nœud de l'action, comme celui d'Hélène dans les poëmes homériques. Alors Rama rencontre les auxiliaires que lui ont préparés les dieux. Le roi des singes, Bali, a enlevé la femme de son frère Sougriva. Rama fait alliance avec Sougriva, tue Bali à la manière dont Pandarus débarrasse Pâris de Ménélas, rend à Sougriva sa femme, et entraîne les singes à la conquête de Lanka. Cet épisode a beaucoup de rapports avec l'*Iliade*. Rama n'a pas reculé devant le rôle de condottier, ce qui est, du reste, parfaitement dans les mœurs de l'épopée ariane (1) et des temps chevaleresques, puisque le Cid et Duguesclin ont eu des aventures de ce genre.

Un singe ou ours, nommé Djambavat, un vétéran de la guerre des Titans, a le caractère de Nestor; un autre, nommé Hanoumat, joue le rôle d'Odyssée. Rama a construit avec les singes, un pont qui l'amène sous les remparts de Lanka. Les com-

---

(1) Voir *Raoul de Cambray*, page 270, et *Garin le Lohérain*, page 226 de la traduction de M. Paulin Pâris.

bats commencent après qu'un prétendant au trône de Lanka a montré et nommé à Rama les chefs des Raksasas dans une scène qui rappelle encore l'*Iliade* (1). Ici se place une aventure, qui est très-caractéristique de la donnée générale de l'épopée indo-européenne ou ariane. Rama et son frère Lakshmana, le Patrocle de l'Achille indien, ont été, dans le combat, percés par des serpents que la magie a transformés en flèches. Ces serpents tiennent les deux héros couchés et comme enchaînés. On chante leur mort dans Lanka, on la pleure dans le camp des alliés.

Mais, dans le même instant, le dieu du vent s'approcha des héros gisant et leur souffla ces mots à l'oreille : « Rama, Rama aux longs bras ! souviens-toi dans ton cœur de toi-même. Tu es Vishnou, le bienheureux incarné dans ce monde pour le sauver des Raksasas ! Rappelle-toi seulement l'oiseau Garouda à l'immense vigueur qui dévore les serpents, et soudain il viendra ici vous dégager l'un et l'autre de cet affreux lien où vous ont enchaînés les serpents. »

Rama entendit le langage du Vent et pensa au céleste Garouda, la terreur des serpents. Au même instant, il s'élève un vent avec des nuages accompagnés d'éclairs... Un instant s'était à peine écoulé que... Garouda, à la grande force, flamboyait au milieu du ciel. A la vue de l'oiseau qui vient, tous les reptiles de s'en aller çà et là. Et les serpents, qui se tenaient sous la forme de flèches sur les corps de ces deux robustes et nobles hommes, disparaissent dans le creux de la terre.

Enfin Rama engage une lutte suprême avec Ravana. Voici quelle part y prennent les dieux :

---

(1) Tome VIII, page 248.

Ravana s'était retiré à l'écart, et, par vertu de sa magie, il avait créé un char éblouissant pareil au feu, muni complétement de projectiles et d'armes, aussi épouvantable à voir que Yama (*Pluton*), le trépas et la mort... Monté dans ce char, le roi décacéphale assaillit Rama. « Il est inégal, dirent les Gandharvas, les Danavas et les dieux, ce combat où Rama est à pied sur la terre et Ravana monté dans un char. » A ces paroles des immortels, Indra d'envoyer sur le champ à Rama son char conduit par son cocher Matali.....

Alors Matali, cocher de l'immortel, adressa à Rama ces paroles : « Indra t'envoie, pour la victoire, ce char fortuné, exterminateur des ennemis, et le grand arc fait à sa main et cette cuirasse pareille au feu, et ces flèches semblables au soleil et ces lances de fer luisantes, acérées. Monte donc, héros, dans ce char céleste et conduit par moi, tue le démon Ravana, comme jadis, avec moi pour cocher, Indra fit mordre la poussière aux démons. »

Rama, saisi d'une religieuse horreur, se mit à la gauche du char et décrivit autour de lui un salut solennel; il fit ses révérences à Matali, et, songeant qu'il était un dieu, il adora les dieux avec lui.

Alors s'éleva, char contre char, un terrible, un prodigieux combat (1).

Aussitôt les Asouras et les dieux (*comme les dieux de l'Olympe au jour de la mort d'Hector*) rallumèrent entre eux leur ancienne guerre, et, voyant ces épouvantables présages, ils entrecroisent des acclamations passionnées : « Victoire à toi, Ravana ! » s'écriaient d'un côté les Asouras. « Victoire à toi, Rama ! » s'écriaient d'un autre côté les dieux mainte et mainte fois.

Bientôt les Rishi (*anachorètes*) du plus haut rang, les Siddhas, les Gandharvas et les dieux intéressés à la mort de Ravana, se rassemblent pour contempler ce duel en char... En même temps s'élèvent des prodiges terribles, épouvantables, qui annonçaient la défaite de Ravana et le triomphe

---

(1) Tome IX, ch. LXXXVI.

de Rama. (*Suit le récit de ces prodiges.*) Rama, versé dans la science des présages, fut transporté d'une joie suprême à la vue de ces heureux augures ; et, l'esprit en repos, il déploya dans la bataille une irrésistible vigueur (1).

Enfin, conseillé par le cocher Matali, Rama décoche à Ravana le trait d'Indra et le tue.

Au moment où fut tué ce Raksasa, l'ennemi du monde, le tambour des dieux résonna bruyamment au milieu des airs. Un immense cri s'éleva du sein même du ciel : « Victoire ! » et le vent, chargé de parfums célestes, souffla de sa plus ravissante haleine. Une pluie de fleurs tomba du firmament sur la terre et le char de Rama fut tout inondé de fleurs diverses aux suaves odeurs : les mélodieuses voix des immortels joyeux criaient au milieu des airs : « Bien, bien (2) ! »

Sita est délivrée ; mais, considérée comme impure, elle subit victorieusement l'épreuve du feu avec l'intervention des dieux.

Ainsi s'est accomplie la rédemption du monde. Le dieu incarné, qui en est l'instrument, a souffert pour s'être uni à la femme fatale. A la vérité, dans la version qui nous est parvenue, il ne meurt pas ; mais cette circonstance obligée de l'aventure du rédempteur arian, est représentée par l'épisode cité de Garouda, qui est probablement le reflet de quelque tradition plus ancienne sur la captivité de Rama, sa descente aux enfers ou sa mort (3).

---

(1) Tome IX, pages 245-261.
(2) Tome IX, pages 270 et suivantes.
(3) Eichoff, *Poésie héroïque des Indiens.* Paris, Durand, 1860.
— Voir aussi : *Quelques observations sur le mystère du serpent chez les Indous*, par Théodore Pavie. (*Journal asiatique*, mai-juin 1855.)

DES ÉPOPÉES IRANIENNE, GRECQUE ET GERMANIQUE.

Les traditions de la Perse reposent sur l'antagonisme d'Ormuz et d'Ahriman, considérés le premier comme auteur, le second comme ennemi de la lumière. La lumière est envisagée elle-même comme le bien en soi, et les ténèbres comme le mal absolu. Le pays des enfants de la lumière est la terre d'Ormuz, l'*Iran*; au-delà, derrière les montagnes, est un autre pays, une contrée de ténèbres et de malice, la terre d'Ahriman, le *Touran*. Là, dans les déserts, dans les steppes errent les barbares, ordinairement nomades, ennemis éternels de l'Iran. L'idée fondamentale de cette mythologie est un dualisme de la lumière et des ténèbres; c'est une lutte entre les deux principes, qui doit se terminer par la défaite du génie des ténèbres, devenu tel par envie, mais qui a été bon aussi dans l'origine (1).

Les traditions poétiques de la Perse ont été réunies, vers l'an 1000 de notre ère, dans le grand ouvrage intitulé *Schahnameh* ou le livre des rois, dont M. Mohl publie une traduction. Ce poëme ne renferme pas une action unique. C'est l'histoire des Iraniens depuis leur arrivée en Perse jusqu'à la conquête de ce pays par les Arabes. Mais on re-

---

(1) *Histoire des religions de l'antiquité*, par Creuzer. Édition de M. Guignaut, tome I, pages 314 à 322.

trouve l'idée de l'épopée ariane dans l'opposition constante de l'Iran au Touran et dans les détails de la vie des héros. Le plus important de tous, Rustem, s'unit à une femme inférieure, qu'il a prise dans le Touran, le pays des ténèbres. Il en est puni en tuant lui-même, sans le savoir, le fils qu'il a eu de cette femme. Il est toujours en lutte contre les Divs, qui sont les mauvais génies. Il meurt par trahison comme Sigfried et Roland.

Le souvenir de la lutte des Titans et des dieux domine toute la mythologie grecque, comme nous l'avons signalé dans celles de l'Inde et de la Perse. Le héros lumineux, le dieu de la lumière, combat le serpent ou dragon de la terre et des ténèbres. Il en est vainqueur, mais, d'après une tradition presque générale, il meurt de ses blessures et descend aux enfers pour renaître plus glorieux. Phœbus-Apollon est le type des premiers héros de la Grèce. On a souvent comparé Rama à l'Hercule grec. Hercule meurt victime de la femme inférieure à laquelle il s'est uni. Jason marche à la conquête du trésor maudit, de la toison d'or; Médée, la femme fatale, le fait périr. Persée descend de Jupiter; ses armes sont surnaturelles : il a pour monture le cheval Pégase, presque un demi-dieu; il conquiert aussi le trésor gardé par un serpent; il délivre la vierge captive et finit de mort tragique. Achille est le petit-fils de Jupiter. Le destin l'entraîne dans les combats. Il s'allie à Ménélas pour reconquérir la femme fatale, comme Rama s'est fait l'auxiliaire du roi des singes. Ses armes sont merveilleuses, ses chevaux aussi. Il n'est vulnérable qu'au talon, comme Isfendiar aux yeux, dans le *Schahnameh*. Il meurt à l'œuvre et sa mémoire est divinisée dans les régions hyperboréennes, où s'est établi le culte de Jason et de Persée (1).

La donnée de l'*Iliade* est bien inférieure à celles qui précèdent, surtout à celle d'Apollon : elle est singulièrement humanisée. La tradition est descendue des hauteurs du mythe pour se renfermer dans le cercle plus étroit et moins élevé d'une ancienne chronique nationale. Elle a, cependant, tant d'analogie avec l'épopée des bords du Gange, que lorsque les Grecs disaient qu'on avait traduit Homère dans l'Inde, on est tenté de croire qu'ils avaient lu l'œuvre de Valmiki (2).

Mentionnons encore ici que Circé et Calypso rappellent la femme fatale dans l'*Odyssée*.

Dans le monde scandinave, le dieu Balder est le plus ancien représentant de l'idée d'un héros surhumain, champion de la lumière contre les ténèbres et qui doit mourir victime en triomphant des puissances infernales, pour renaître un jour. Mais comme ce mythe n'a pas laissé de trace directe dans l'épopée, nous nous attacherons spécialement au Sigurd scandinave, qui, en se transformant, est devenu le Sigfried de l'épopée germanique des *Niebelungen*.

---

(1) Ozanam, *Études germaniques*, tome Ier.
(2) Ampère, *Revue des Deux-Mondes*, tome LI, page 1010.

Un être appartenant au monde inférieur, ténébreux, infernal, le nain Fafnir, qui s'est changé en dragon, est le gardien d'un trésor maudit, d'un trésor fatal, conservé dans une peau d'outre qui rappelle la toison d'or (1).

Il existait alors un jeune héros, descendant d'Odin, de la race des princes de la lumière; il s'appelait Sigurd; il n'a rien d'historique et diffère en cela des autres héros germaniques, de Théodoric, par exemple, et de Charlemagne. Il avait un cheval doué d'intelligence; ses armes avaient été forgées par les puissances surnaturelles. Mais il lui avait été prédit, comme à Achille, qu'il mourrait jeune. Il attaque le dragon Fafnir et le tue. En se baignant dans son sang, il devient invulnérable, excepté entre les deux épaules, à une place qu'une feuille de tilleul empêcha d'être mouillée. Il mange le cœur du monstre et il apprend à connaître le langage des oiseaux. Cette science lui sera aussi funeste que la possession du trésor fatal.

Les oiseaux lui révèlent qu'une divinité guerrière, une Valkyrie, pour avoir désobéi aux dieux, est enfermée dans un cercle de feu où elle dormira jusqu'à ce qu'un mortel vienne la délivrer et la prendre pour femme. Sigurd délivre Brunehilde et lui promet de l'épouser; mais, avant de le faire,

---

(1) L'habitation de Kouvéra, dans les montagnes qui donnent l'or et les pierreries, est remarquable. On voit ainsi l'origine de cette opinion si ancienne et si répandue, qui fait garder par des monstres et des esprits les trésors cachés au sein de la terre. Creuzer. édit. Guignaut, tome Ier, page 249.

il se laisse entraîner à une aventure dans le pays des Niflings, les princes des ténèbres, et il se fait leur auxiliaire ; bientôt, sous l'empire d'un breuvage magique, il oublie Brunehilde et épouse la sœur des princes des ténèbres, Gudruna, la Krimhilde de l'épopée germaine. Sigurd offense mortellement Brunehilde en employant la ruse afin de lui faire épouser un frère de Gudruna. Pour se venger, la Valkyrie excite son mari et ses beaux-frères à s'emparer du trésor fatal de Fafnir. L'un d'eux frappe entre les deux épaules Sigurd qui périt pour avoir possédé ce trésor et pour avoir épousé la femme inférieure. Gudruna épouse Attila pour venger la mort de Sigurd et pour reconquérir le trésor de Fafnir. Accusée d'infidélité, elle est forcée de se purifier par le feu, comme Sita. Mais la tradition populaire attend toujours la résurrection de Sigurd comme celle de Balder (1).

QUELQUES MOTS SUR L'ORIGINE DES ÉPOPÉES.

Les rapprochements qui viennent d'être signalés, ne peuvent être attribués ni au hasard, qui n'a jamais rien produit de pareil, ni à une imitation servile où il n'y aurait pas cette variété. Ces rapprochements supposent l'existence d'une tradition

---

(1) *Gudrun*, deutsches Heldenlied. — Ozanam, *Études germaniques*, tome Ier, pages 228 et suivantes.

commune, ou historique ou purement mythique, également recueillie, mais diversement développée par les différents peuples d'origine indo-européenne. Ces peuples, qui gardaient tant d'autres traces d'une éducation commune, retinrent donc aussi ce sujet éternel de leurs chants. C'est toujours la lutte du bien et du mal, de la lumière et des ténèbres, de la vie et de la mort. D'un côté, la puissance du mal s'introduisant sous la figure du serpent avec l'aide de la femme; de l'autre côté, le héros, incarnation de la nature divine, subissant la mort pour la vaincre, et pour expier une ancienne malédiction. « Ici, dit Ozanan, je crois reconnaître ce mystère, qui fait, depuis six mille ans, la préoccupation du monde, qui est au fond de toutes les religions, comme la religion est au fond de toutes les épopées. La lutte, la chute et la rédemption formeraient le texte d'un premier récit, dont tous les autres ne seraient que des variantes et des épisodes (1). » Cette opinion est celle qui voit dans la tradition mythologique et épique les débris d'une révélation primitive. On doit reconnaître que la même manière d'exprimer la même pensée se trouve dans les livres des Hébreux et des Chrétiens. Les textes sacrés, où le mal est représenté par le serpent et les ténèbres, sont bien connus :

Et Dieu dit au serpent : « Parce que tu as fait cela, tu es maudit parmi tous les animaux et les bêtes de la terre. » —

---

(1) Tome Ier, page 242.

Vous êtes tous les fils de la lumière et les fils du jour ; nous n'appartenons pas à la nuit et aux ténèbres. — Vous étiez autrefois les ténèbres, mais maintenant vous êtes la lumière dans le Seigneur (1).

Mais ce qu'il y a peut-être de plus saisissant dans ce genre, c'est le passage suivant de l'Apocalypse :

Un grand combat s'est fait dans le ciel : Michel et ses anges combattaient contre le dragon ; et le dragon combattait et ses anges avec lui, et ils ne prévalurent pas, et ils perdirent leur place dans le ciel. Et il fut précipité, le grand dragon, le serpent antique qui est apppelé diable et Satan, qui séduit tout l'univers ; et il fut précipité sur la terre et ses anges furent renvoyés avec lui. Et j'entendis une grande voix dans le ciel disant : « Maintenant, le salut du monde est accompli ! »

Ne croit-on pas lire le combat de Rama contre Ravana ? J'ai été souvent frappé de la manière dont plusieurs peintres et quelques sculpteurs chrétiens ont rendu, en l'adaptant à d'autres sujets, l'idée de l'épopée des Arians, dont nous venons de rappeler les traits caractéristiques. Il y avait, par exemple, dans l'église de Sainte-Marie-des-Anges, à Spinelli, une composition religieuse que l'on pourrait prendre pour la représentation de l'un des derniers chants du *Ramayana*. Dans le haut du tableau, le Père éternel est assis sur un trône, d'où l'*Être existant par lui-même*, comme diraient les poëmes indiens, contemple la lutte. A sa droite, est un essaim d'anges armés ; à sa gauche, se tiennent d'autres anges qui semblent l'adorer et l'implorer. Au-des-

---

(1) Genèse. — Épîtres de saint Paul.

sous du Père éternel, l'archange Michel, comme Rama en présence de Brama, combat le roi ailé des démons. La beauté, et surtout la sérénité du champion de Dieu contrastent avec la laideur et avec les hideuses contorsions de son ennemi, armé, comme Ravana, de plusieurs têtes sifflantes. On sent que la fureur de ses attaques se brisera contre le bouclier de l'archange, et que le monstre n'échappera pas à l'épée qui va tomber sur lui. Ce combat occupe le centre même de la composition. A droite et à gauche de ce groupe, qui est colossal, des anges plus petits percent des démons de leurs lances et les précipitent. Le plan inférieur est occupé par d'autres démons qui tombent, la tête la première, sur la pierre nue ou dans les abîmes entr'ouverts. Mais c'est surtout l'œuvre de Raphaël d'Urbin qui reproduit admirablement la donnée de l'épopée ariane. Ses trois tableaux de saint Michel et de saint Georges, que l'on voit au Louvre, sont la reproduction plastique la plus ressemblante, la traduction la plus fidèle de l'héroïsme moitié divin et moitié humain de Sigurd, de Rustem, et surtout de Rama, dont le poëte a dit, comme pour inspirer le génie de Raphaël :

Le beau jeune homme avait l'air de sourire en présence de tous les Raksasas ; mais sa colère ne rendait que plus difficile à soutenir la flamme de son regard, aussi flamboyant que le feu à la fin d'un âge du monde. Toutes les divinités du bois frissonnèrent en le voyant rayonner de splendeur (1).

---

(1) Tome IV, page 172.

L'opinion qui rattache l'épopée indo-européenne à une révélation primitive, n'est pas celle des Allemands de nos jours. Ces écrivains font dériver la tradition épique de la lutte des éléments. D'après eux, le mythe commun à tous les peuples indo-européens aurait pour origine la simple constatation d'un fait météorologique qui leur aurait inspiré l'admiration et la reconnaissance. Tout pourrait se résumer dans cette formule : « Le soleil se lève le matin ; il dissipe les nuages qui se résolvent en pluie, et il se couche le soir pour reparaître le lendemain. » A l'aide de la philologie, on croit être arrivé à démontrer que le héros épique et son ennemi ne sont que des personnifications du soleil et des nuages, de la chaleur bienfaisante et de l'humidité (1).

Si cette opinion était fondée, l'on n'en serait pas moins porté à admettre que le mythe ou la donnée épique avait déjà pris une forme anthropomorphique avant la dispersion des peuples arians, et cela à cause des ressemblances, trop frappantes pour être fortuites, qui existent dans la manière dont tous les peuples ont reproduit, dans leurs mythes et dans leurs épopées, la donnée originelle, que cette donnée repose sur l'observation météorologique ou sur une révélation primitive. Il est incontestable également que, dans tous les poëmes arians, cette donnée a été rattachée à un fait historique ; mais il est

---

(1) Consulter à ce sujet l'essai de *Mythologie comparée* de Max Müller. Voir aussi les études de M. Michel Bréal sur les mythes de Cacus et d'Œdipe dans la *Revue archéologique*, et *Croyances et Légendes de l'antiquité*, par Maury, pages 97 à 145 et suivantes.

encore bien difficile de reconnaître si c'est un fait unique, accompli avant la dispersion de la race, ou bien si chaque branche de la race européenne, emportant avec elle l'impression mythique pure et sans mélange historique, l'a adaptée séparément à un grand événement de ses annales particulières. Cette dernière supposition est la plus probable.

SUR LA COMMUNAUTÉ DES SENTIMENTS.

Non-seulement les héros indo-européens ont une origine commune, mais ils se ressemblent de la manière la plus saisissante sous le rapport des mœurs et des sentiments :

Les héros de la caste des guerriers, amis de leurs devoirs, pensent que l'arc n'est dans leurs mains que pour servir à la défense des affligés (1).

Ce discours de la femme de Rama ne paraît-il pas emprunté à quelque héroïne des bords du Rhin ou de la Seine ? La ressemblance est telle qu'un homme instruit, mais partant d'un point de vue faux, M. Delécluze, a pu soutenir que le moyen âge chrétien avait copié les poëmes de la Perse. C'est une grave erreur ; mais on comprend, jusqu'à un certain point, qu'on ait pu la commettre. On en jugera par les paroles du héros Rustem, d'après la traduction de M. Mohl :

---

(1) Tome IV, page 70 de la traduction de M. Fauche.

Je suis le vainqueur des lions, le distributeur des couronnes. Quand je suis en colère, que devient le roi Kaus ? Qu'est donc Kaus pour qu'il porte la main sur moi ? C'est Dieu qui m'a donné la force et la victoire, et non pas le roi. Le monde est mon esclave, et mon cheval Raksch mon trône ; mon épée est mon sceau, et mon casque mon diadême ; le fer de ma lance et ma massue sont mes amis ; mes deux bras et mon cœur me tiennent lieu de roi. Je rends brillante la nuit sombre ; avec mon épée, je fais voler les têtes sur le champ de bataille. Je suis né libre et ne suis pas esclave : je ne suis le serviteur que de Dieu.

Les prescriptions suivantes sont extraites d'un livre indien, antérieur de bien des siècles à la rédaction du *Schanameh* et à l'invasion des tribus germaniques en Occident :

Ne jamais quitter le combat, protéger le peuple, honorer les prêtres, tel est le suprême devoir des guerriers, celui qui assure leur félicité. Que nul homme en combattant ne frappe son ennemi avec des flèches méchamment barbelées, ni avec des traits empoisonnés, ni avec des dards de feu. Que, monté dans un char ou chevauchant sur un coursier, il n'attaque pas un ennemi à pied, ni celui qui demande la vie à mains jointes, ni celui dont la chevelure dénouée obscurcit la vue, ni celui qui, épuisé de fatigue, s'est assis sur la terre, ni celui qui dit : « Je suis ton captif ! » ni celui qui dort, ni celui qui a perdu sa cotte de mailles, ni celui qui est désarmé, ni celui qui est aux prises avec un autre ennemi. Telle est la loi antique et irréprochable des guerriers. De cette loi nul ne doit jamais se départir quand il attaque ses ennemis dans la bataille.

Le comte de Gobineau, qui cite dans son *Essai sur l'inégalité des races humaines* ce fragment du *Manava-Dharma-Sastra*, n'a-t-il pas raison quand il dit que cette page est animée du plus pur esprit chevaleresque?

Le héros Arjouna, dans le *Maha-Barata*, a renversé un Gandharva, espèce de centaure, contre lequel il combattait. La femme du vaincu s'avance vers Youddishthira, le frère du vainqueur :

« Sauve-moi, dit-elle, et rends à mon époux sa liberté. » Youddishthira dit à Arjouna : « Qui pourrait tuer un ennemi vaincu dans le combat, dépouillé de sa renommée, sans force, n'ayant plus qu'une femme pour défenseur ? Ami, rends-lui sa liberté. »

Arjouna de parler ainsi : « Reçois la vie ; va-t-en ; cesse de t'affliger, Gandharva. Youddishthira te fait grâce (1). »

Voici quelques fragments du *Ramayana*, inspirés évidemment par le même esprit :

C'est l'éternel devoir des hommes nés dans la famille des rois : étouffe ici l'injustice et remplis ton devoir, qui est la protection des créatures.

Jadis, il fut un monarque puissant appelé Kouça, issu de Brama et père de quatre fils renommés par leur force. Kouça dit un jour : « Mes fils, il faut vous consacrer à la défense des créatures (2). »

La femme de Rama rappelle que son époux aime jusqu'à ses ennemis, et elle le nomme « le devoir incarné. » Mais c'est Sita elle-même qui présente ce dernier caractère de la manière la plus touchante. Ainsi, quand elle est prisonnière, Hanoumat lui propose de l'enlever, sur son dos, de l'île de Lanka. Elle répond, comme Virginie :

---

(1) Tome II, pages 90 et 159 de la traduction de M. Fauche.
(2) Tome Ier, pages 180 et 208.

Il ne sied pas que l'épouse de ce Rama, aux yeux de qui le devoir siége avant tout, monte sur le dos d'un être qu'on appelle d'un nom affecté au sexe mâle. Non, il ne convient pas que moi, vouée au culte de mon époux, je touche les membres de n'importe quel mâle autre que Rama. Si, une fois, sans protecteur, prisonnière et n'étant pas maîtresse de moi-même, il est arrivé que j'aie touché malgré moi le corps de Ravana, est-ce un motif pour que je fasse librement la même chose à présent?

Le caractère le plus persistant et le plus général des épopées arianes, c'est le respect de la femme et son importance dans la société. Qu'on passe en revue les héroïnes épiques depuis l'épouse de Rama jusqu'à la fiancée de Roland, on y reconnaît sous différents aspects le véritable idéal de la femme avec tous ses attraits : la piété, la beauté, l'intelligence, la passion, la tendresse, la pudeur, l'héroïsme, le sentiment du devoir, enfin avec tout ce qui peut inspirer le respect et l'amour!

SUR LES TRADITIONS GERMANIQUES.

Attachons-nous particulièrement aux Germains. Tacite rapporte qu'ils avaient des chants traditionnels sur des matières héroïques. Jornandès dit aussi que les Germains célébraient les faits de leurs ancêtres par des chants qu'ils accompagnaient du son des instruments.

Chacun des peuples germaniques adaptait la grande tradition épique de la race aux faits et aux personnages de sa propre histoire. Mais il faut se garder de croire que ces divers chants nationaux soient restés l'apanage exclusif de chaque groupe de population; il s'était formé, au contraire, un trésor de poésie commun à tous les peuples du nord de l'Europe. Ce fait a été mis en lumière par M. Amédée Thierry, dans un travail relatif aux traditions poétiques sur Attila. L'historien y rappelle ce fait cité par Paul Diacre, que, de son temps, les légendes poétiques sur Alboin circulaient non-seulement chez les Lombards, mais encore chez les Bavarois et les Saxons, et dans les autres pays de langue teutonique. On a conservé aussi une lettre par laquelle Théodoric annonçait au roi des Franks, Clovis, l'envoi d'un joueur de harpe que celui-ci avait demandé. C'est pour cela, comme le fait observer avec tant d'à-propos le même historien, qu'il ne faudra pas s'étonner de voir, par exemple, des souvenirs qui n'ont pu naître que sur les bords du Dniester ou du Pô, consacrés par les poëtes de la Norwége, et, en revanche, des idées, des symboles exclusivement scandinaves, s'implanter dans les traditions historiques des autres peuples germains. C'est ce qui est arrivé notamment pour la tradition scandinave de Sigurd, qui est entrée dans le poëme allemand connu sous le nom de la *Détresse des Niebelungen.*

Non-seulement ce poëme renferme le souvenir des anciens mythes que les Indo-Européens ont apportés avec eux du lieu qui a été le séjour commun à toute leur race dans une haute antiquité, mais il contient les traditions héroïques des Franks, des Burgondes et des Goths (1).

Ceci étant, on est naturellement amené à se demander si les Franks ont pu arriver en Austrasie et dans la Gaule avec la mémoire vide de ces traditions si chères à tous les Indo-Européens, et particulièrement aux Germains. Peut-on admettre que les Franks, en franchissant le Rhin, aient effacé immédiatement de leur mémoire des impressions si intimes et si profondes; et, s'ils allaient les oublier, ces souvenirs ne devaient-ils pas être ravivés par les invasions de Franks qui se sont succédées depuis le cinquième siècle jusqu'à la séparation complète du royaume d'Austrasie, c'est-à-dire jusqu'à l'époque où s'accomplissent les exploits de Charles Martel, et où jaillit la première source de l'épopée chevaleresque du moyen âge? Cette seconde supposition n'est pas plus admissible que la première; elle serait, d'ailleurs, en contradiction avec les témoignages de l'histoire.

Nous avons vu que Théodoric, roi des Ostrogoths, envoyait un chanteur à Clovis. Le poëte Fortunat parle aussi de chants en langue barbare et écrits avec des caractères barbares. Un manuscrit du huitième siècle, trouvé à Fulda, dans la France australienne, contient, en dialecte frank, le chant essentiellement barbare d'Hildebrand et d'Hadebrand. Ce morceau, dit avec raison M. Amédée Thierry (2),

---

(1) Laveleye, dans l'introduction à une nouvelle et excellente traduction des *Niebelungen*.

(2) *Histoire d'Attila*, tome II, page 281.

nous montre l'épopée germanique orientale circulant en Gaule à l'époque mérovingienne, et accommodée au dialecte frank. Le poëme d'Otfried sur le Christ, populaire parmi tous les Germains, était aussi écrit dans le même dialecte.

Les témoignages relatifs à l'époque carlovingienne sont encore plus concluants. Éginhard dit que Charlemagne, qui était instruit, non-seulement dans la langue de sa patrie, mais dans les langues étrangères, mit, ou fit mettre par écrit les antiques chants barbares par lesquels étaient célébrées les guerres et les actions des anciens rois. Louis le Débonnaire, à la vérité, renonça aux chants qu'il avait appris par cœur dans sa jeunesse, et ne voulut plus ni les lire, ni les entendre, ni qu'on les fît apprendre. Cette prohibition elle-même prouve suffisamment que les chants recueillis par Charlemagne ne contenaient pas seulement les cantilènes héroïques sur les exploits guerriers des Franks, mais aussi les traditions payennes qu'ils avaient apportées en Gaule.

Par cette boutade d'une dévotion inintelligente, le fils de Charlemagne n'était pas seulement infidèle à la tradition de sa race et de sa nation comme aux exemples de son glorieux père, mais il allait contre la coutume et l'esprit de l'Église occidentale, qui a donné asile aux traditions guerrières si propres à entretenir la noble fierté des Germains. On ne peut conserver aucun doute à cet égard, et il en devait être ainsi. Pas plus dans le monde germanique que dans la Judée, le christianisme ne s'était annoncé comme venant détruire les anciennes traditions mais comme se faisant fort de les expliquer et de les accomplir. Le christianisme ne rejetait pas le dogme de la lutte du bien contre le mal ; il admettait ainsi ce qu'il y a de plus intime et de plus constant dans les anciennes religions. Lorsqu'elle crut n'avoir plus rien à craindre pour la foi, l'Église s'appliqua elle-même à sauver des débris désormais inoffensifs : elle fit, pour les œuvres germaniques, exactement ce qu'elle faisait pour celles des Romains et des Grecs. Aussi, presque toutes les œuvres importantes du monde germanique ont-elles été conservées, presque toutes les collections ont-elles été compilées par des religieux, quel que fût le sens de ces ouvrages (1).

La légende, toujours si précieuse à consulter, vient confirmer ce fait. Saint Liudger, contemporain de Charlemagne, fils d'un chrétien de la Frise, voyageait de village en village. Un jour qu'il avait reçu l'hospitalité chez une noble dame, et pendant qu'il mangeait avec ses disciples, on lui présenta un aveugle nommé Bernlef, que les gens du pays aimaient parce qu'il savait bien chanter les récits des anciens temps et les combats des rois. Le serviteur de Dieu le pria de se trouver le lendemain en un lieu qu'il lui marqua. Le lendemain, quand il aperçut Bernlef, il descendit de cheval, l'emmena à l'écart, entendit sa confession, et, faisant le signe

---

(1) Mickiewicz, *les Slaves*, tome Ier, page 139. — Gobineau, *Essai sur l'inégalité des races humaines*, tome IV, page 85.

de la croix sur ses yeux, lui demanda s'il voyait. L'aveugle vit d'abord la main du prêtre, puis les arbres et les toits du hameau voisin. Mais Liudger exigea qu'il cachât ce miracle. Plus tard, il le prit à sa suite pour baptiser les payens, et il lui enseigna les psaumes pour les chanter aussi au peuple.

Des témoignages irrécusables établissent, d'ailleurs, que les anciens poëmes ont été élaborés dans des couvents, soit en latin, soit en français. Aussi les trouvères, pour garantir leur véracité, se réfèrent-ils toujours à quelques récits conservés dans un monastère, comme celui de *Girard de Rossillon* :

> Et pour ce au latin me vuil du tout aordre,
> Quar en plusieurs mostiers le lisent la gent d'ordre.
> Cilz qui ne m'en croira, à Ponthière s'en voise,
> A Vezelay aussi.

Or, la tradition d'où est sorti ce poëme est essentiellement germanique (1).

Si, au temps de Charlemagne, les Franks n'avaient pas oublié les chants communs à tous les peuples germaniques, s'ils les recueillaient et les conservaient avec vénération sous la direction de l'Église et de la royauté, ces chants auraient-ils pu rester étrangers à l'inspiration d'où est née l'épopée française, sous l'influence des exploits de Charles Martel et de son petit-fils?

---

(1) Édition Mignard, pages 6, 290 et 306.

SUR L'ORIGINE DE L'ÉPOPÉE FRANÇAISE.

L'opinion qui attribuait à l'épopée française une origine provençale, et qui a été mise en avant par Fauriel, n'a pas réussi à se faire accepter ; elle est en effet, contredite par les témoignages historiques (1). Les poëmes français dont la scène se passe dans le Midi n'appartiennent pas plus aux Provençaux que la culture arabe de la Transoxiane au IV° siècle de l'Hégire n'appartient aux naturels de la Bokkarie. Nos poëmes épiques sont bien d'origine germanique, qu'ils soient nés en Aquitaine, en Normandie ou en Provence. Mais il s'agit de rechercher sous quelle forme les Franks ont apporté dans les Gaules le grand mythe épique de la race indo-européenne, c'est-à-dire, comme nous l'avons déjà formulé plusieurs fois, le mythe du dieu incarné pour l'œuvre de la rédemption et uni à la femme fatale, du héros lumineux triomphant du serpent, champion des ténèbres, et succombant lui-même après sa victoire.

Les savants allemands, et après eux M. de Laveleye, dans son introduction aux *Niebelungen* (1), s'accordent à reconnaître l'origine franque de la fable de Sigurd ou Sigfried. Les rois dont le héros descend

---

(1) Jonckbloet, *Guillaume d'Orange*, tome II, page 22. — Hauréau, *Charlemagne et sa cour*, pages 113 et 118.

(2) Page XLIX.

règnent dans le Franken-land, ils résident dans les Pays-Bas, dans le Nieder-land. Or, au commencement du ve siècle, les Franks Saliens étaient établis dans cette île des Bataves et les Burgondes, entre Worms et Mayence. C'est l'époque où l'antique fable scandinave devait se chanter sous la forme qui a été conservée dans le poëme de *Gudrun*. Aussi Sigurd est-il appelé le héros du Nieder-land, c'est-à-dire des Franks des Pays-Bas.

La tradition épique que les Franks avaient apportée dans la Gaule, est donc celle de leur héros national, Sigurd ou Sigfried. Il est de toute évidence que cette tradition ne peut rien contenir des modifications que le règne d'Attila et l'invasion des Hongrois ont apportées à l'antique thème de la Germanie. La tradition venue en Gaule avec les Franks date nécessairement de l'époque qui a précédé leur arrivée sur notre sol.

Si les Franks sont arrivés dans les Gaules avec le souvenir de leur Sigurd, si nos ancêtres n'ont pas oublié sur notre sol cette tradition si intime, si ancienne et si chère, quel est le personnage de nos épopées chevaleresques qui a revêtu le caractère du héros indo-européen? Où est notre Rama, notre Achille, notre Rustem, notre Sigurd? Poser une telle question, c'est y répondre. Ce héros, c'est le préfet de la Marche de Bretagne, tué à Roncevaux; c'est le Frank Hrodlandus, c'est Roland. Du moment que l'on étudie le personnage de Roland à ce point de vue, on reconnaît qu'il procède de la même inspiration que les autres héros de l'épopée indo-européenne. Il est le champion de la vérité et de la lumière ; il combat l'élément ténébreux, le mal absolu, représenté alors par le Sarrazin. Roland combat les Sarrazins, et il meurt lui-même sans avoir été vaincu ; car il les a vus fuir, et il a gardé son épée. Nous voilà entrés à pleines voiles dans la donnée de l'épopée indo-européenne.

Roland est un héros français ; oui, M. Vitet l'a dit avec raison, il représente la France ; mais c'est parce que la France du moyen âge représente elle-même l'épopée indo-européenne. Roland en est l'incarnation française. Il n'a rien des caractères des héros historiques poétisés ; il ne ressemble à aucun de ceux qui ont vécu, comme Théodoric, Guillaume au Court Nez, Charlemagne, Frédéric Barberousse, le Cid, Duguesclin, Don Sébastien de Portugal, Marco Kraliévitch, sur lesquels l'imagination populaire a enfanté des légendes. C'est à peine, du reste, si Roland est mentionné dans l'histoire. Son contemporain Éginhard, parlant de la défaite de l'arrière-garde de Charlemagne à Roncevaux, dit seulement que « dans ce combat, Roland, préfet de la Marche de Bretagne, périt avec beaucoup d'autres (1). » Roland n'est donc pas un héros de l'histoire, mais de la poésie. Il n'appartient même pas à la légende proprement dite. La

---

(1) On trouvera les divers passages relatifs à la bataille de Roncevaux dans la préface et à la page 205 du glossaire de M. F. Michel. Paris, 1837. — Voir aussi *Histoire littéraire de la France*, tome XXII, page 730, où l'on émet l'idée que les premiers auteurs des poëmes sur Roncevaux ont chanté la défaite essuyée dans les Pyrénées, en 778, par l'armée de Dagobert II.

légende de Roncevaux, celle qui procède de l'histoire, c'est peut-être le chant basque recueilli par Latour d'Auvergne, où le nom de Roland n'est pas même prononcé (1).

En général, le héros indo-européen n'est pas le roi; il appartient toujours à la descendance la plus illustre, mais il n'est pas le chef des chefs. Ainsi, ce n'est pas Rama, mais Daçaratha qui représente la splendeur de la royauté indienne. Il en est de même dans le *Maha-Barata* et dans le *Schanameh*. A côté du héros Rustem, il y a le roi de Perse, Kaus; à côté d'Achille, Agamemnon : ce n'est pas le roi des rois, mais le fils de Pélée, qui peut tuer Hector et accomplir l'œuvre de la prise de Troie. C'est Parceval, avec ses compagnons, et non pas le roi Arthur, qui conquerra le Saint-Graal. A côté de Godefroy de Bouillon, le Tasse a placé Renaud d'Este. Dans la *Chanson de Roland,* à côté de ce héros, nous trouvons aussi le roi des rois, l'empereur *droit,* c'est-à-dire légitime, celui qui a le droit de commander à tous, Charlemagne.

Non-seulement Roland est, d'une manière générale, le héros de la tradition indo-européenne, mais il a passé par la Scandinavie : il dérive de la même source que la tradition des *Niebelungen*. Les rapports de Roland avec Sigurd, et même avec Sigfried, ont déjà été indiqués. Tous les deux sont destinés à mourir, et ils meurent par leur impru-

---

(1) Ce chant se trouve à l'appendice de l'édition de *la Chanson de Roland,* par F. Michel.

dence; ils sont jeunes; leur mort est annoncée par des présages; leurs armes sont merveilleuses; ils occupent la même place dans le souvenir des peuples, et leurs tombes ont été fouillées par la curiosité passionnée des âges suivants.

On a beaucoup disserté sur l'origine du traître Gane ou Ganelon. Je ne crois pas, comme M. Génin, que ce soit un évêque dont le nom ait été ainsi arrangé. Je crois que Gane ne reproduit aucun personnage de l'histoire de France; mais qu'il est le type du héros qui devient traître. Il représentait si bien ce type que l'imitateur hollandais d'une de nos chansons de geste l'introduit avec le même caractère dans une action postérieure à la bataille de Roncevaux (1).

Mais ce type du héros traître ne se trouve-t-il pas avec les mêmes caractères dans le personnage de Hagen? Tous les deux font périr le héros lumineux. Ils ne sont pas des traîtres vulgaires, mais des héros de premier ordre. En effet, il est impossible de trouver plus de grandeur que n'en offrent les scènes dans lesquelles Hagen brave Krimhild et Gane le roi Marsile. Il faut bien remarquer aussi qu'à l'origine Gane, comme Hagen, était purement et simplement le champion de la cause ennemie, que les vainqueurs ont fini par transformer en traître proprement dit à l'effet de se rendre plus intéressants. Du reste, dans la

---

(1) *Huon de Bordeaux*, édition de Guessard et Grandmaison, pages XI et 171.

seconde partie des *Niebelungen*, Hagen est aussi le véritable héros ; il y remplit le rôle d'Ulysse. Quant aux noms de Hagen et de Gane, ils se ressemblent extérieurement plutôt que dans leur constitution intime, et il serait difficile de faire sortir l'un de l'autre, si la langue des Français était restée germanique, auquel cas l'aspiration qui commence le nom de Hagen et sur laquelle est l'accent, n'aurait pas disparu ; mais la prononciation des Celtes, qui a prévalu dans les Gaules, répugne à cette aspiration : elle a pu la supprimer ou la transformer. En la supprimant, il reste Gen ou Gane, dont Ganelon est un diminutif de formation tout à fait néolatine.

La translation du Burgonde Hagen dans l'épopée française est la manière la plus raisonnable d'expliquer l'origine et la persistance de la tradition qui fait de Gane un Mayençais et qui a édifié sur cette donnée toute la *fausse geste* (1). Mayence était le séjour des Burgondes, au moment de l'entrée des Franks dans la Gaule.

Enfin Hagen apparaît avec son propre nom dans le poëme français de *Walter d'Aquitaine*, qui nous est arrivé en latin, mais qui aurait pu aussi nous venir en français et dont l'origine est germanique. Hagen se trouve à la cour d'Attila avec un Aquitain nommé Walter, en qualité d'otage. Or, dans le poëme des *Niebelungen*, Hagen raconte qu'il a été, pendant sa jeunesse, à la cour du roi des

---

(1) Voir à la page LX de ce volume.

Huns. Hagen, il est vrai, est un Frank dans *Walter*, mais ce poëme est en latin, peut-être traduit d'une autre version postérieure à l'arrivée des Burgondes en France, auquel cas Frank voudrait dire Germain du nord. Or, si le véritable Hagen de la tradition germanique est entré dans le poëme de *Walter*, pourquoi ne serait-il pas venu dans celui de Roland (1) ?

On ne trouve dans *la Chanson de Roland* aucune trace des deux femmes dont la rivalité est le nœud de l'action dans la *saga* scandinave et dans les *Niebelungen*. On peut se l'expliquer. Rappelons d'abord, car il faut toujours partir de là, que la version que les Franks ont pu apporter, n'est pas celle que l'évêque de Passau a rédigée au xe siècle, version dans laquelle Brunehilde est sacrifiée à l'épouse légitime. Cette dernière version aurait pu être adoptée par la France chrétienne; mais en est-il ainsi de la version dans laquelle la Valkyrie payenne représente l'élément supérieur tandis que l'épouse légitime représente l'alliance du héros de la lumière avec un élément inférieur? L'influence cléricale, dont nous avons signalé l'intervention puissante, n'a-t-elle pas dû, tout en conservant la fable même, s'appliquer à en faire disparaître cette donnée devenue à ses yeux impure? On croit que la rivalité de Frédegonde et de Brunehaut a contribué à raviver et à préciser les traits de Krimhilde et de

---

(1) M. Hertz, dans sa préface à la traduction allemande de la *Chanson de Roland*, indique déjà que Gane a plus d'un rapport avec le traître de la légende des *Niebelungen*.

Brunehilde. Il a pu en être ainsi dans les autres parties du monde germanique; mais, en France, ces événements ont dû contribuer, au contraire, à faire oublier les héroïnes du poëme, par cela même qu'on les aurait confondues avec les reines de l'histoire. Dans l'opéra de *Roland à Roncevaux*, M. Mermet a reproduit la donnée de la femme fatale, qui est cause de la mort du héros (1).

De ces coïncidences mythologiques, de ces témoignages empruntés à l'histoire, de ces rapprochements poétiques, nous nous croyons autorisés à conclure que Roland procède de Sigurd, de l'idée commune à toute la race indo-européenne. Assurément, si l'on le compare à Sigurd et surtout à Rama, le type primitif paraît singulièrement défiguré dans notre chanson; mais il ne l'est pas plus que dans la dernière version des *Niebelungen*, dans le *Schanameh* et dans l'*Iliade*. De tous les héros épiques aujourd'hui connus, Rama et Krisnah sont les seuls qui aient conservé à peu près intact le caractère rédemptif de la tradition originelle. Tous les autres l'ont plus ou moins perdu et par les mêmes raisons.

L'une de ces raisons est que la tradition mythique a été partout adaptée à quelque événement de l'histoire particulière d'un peuple, ce qui a dû nécessairement rétrécir le point de vue. L'autre

---

(1) S'il n'eût été gêné par les habitudes frivoles du public, l'ingénieux librettiste eût sans doute donné plus de consistance et de portée à cette heureuse inspiration.

raison est l'adoption d'un dogme religieux, ne devant supporter, à côté de lui, que dans une certaine mesure des rapprochements ou des contradictions qui pouvaient offrir des dangers réels pour la foi. Si ces causes n'ont pas produit les mêmes effets dans l'Inde, ou du moins à un degré aussi sensible, il faut l'attribuer au génie particulier des Arians-Indoux, qui n'a jamais séparé clairement le dogme, la légende, la mythologie, la météorologie, la vie des saints et l'histoire.

Ainsi que l'a remarqué le savant Max Müller (1), le mythe de Sigurd projette ses rayons sur les rois de Bourgogne, sur Attila et sur Théodoric. Mais ce ne sont pas, comme il le dit, ses derniers rayons. Les derniers rayons de Sigurd sont ceux qui entourent comme d'une auréole la figure de Roland. C'est pourquoi cette figure occupe une si grande place dans l'imagination du peuple, qui consent, qui travaille même à transformer ses héros, mais qui ne les oublie pas facilement, et qui a tant de peine à les remplacer. C'est ce qui fait que, même dans les versions les moins parfaites, *la Chanson de Roland* domine les plus belles chansons de gestes d'une hauteur incommensurable et d'un air si étrange.

Du reste, un héros peut procéder de la paternité la plus glorieuse, une aventure peut appartenir à l'ordre le plus sublime; mais il n'en résulte pas nécessairement que l'œuvre qui célèbre ce héros ou

---

(1) *Essai de mythologie comparée*, page 88 de la traduction.

qui raconte cette aventure soit digne elle-même d'une si noble origine; le résultat contraire se voit trop souvent : ainsi, un sujet véritablement épique se rencontre quelquefois dans le plus infime de nos romans d'aventures. Mais il ne faut pas exagérer l'importance de ce point de vue. On est trop disposé aujourd'hui à confondre la grandeur morale d'une époque on d'une nation avec sa valeur artistique, et à exalter outre mesure la seconde en négligeant la première. S'il est exact de dire que les peuples les plus nobles, les Indo-Européens ou Arians, ont été seuls aptes à produire de véritables épopées, il faut en même temps reconnaître qu'il y a quelque chose de contingent et de secondaire dans le fait même de cette production.

Ce qui fait la grandeur de la Grèce, ce n'est pas d'avoir produit Homère, mais d'avoir su concevoir Achille. Il aurait pu arriver que les cantilènes populaires d'où l'*Iliade* est sortie, n'eussent pas été recueillies par Homère et coordonnées par d'habiles grammairiens; mais il n'y aurait à tirer de là aucune conséquence contre la grandeur morale de l'Hellade aux premiers jours de son histoire. Qui sait même si le moment où un artiste se substitue au génie vivant de la nation, pour cristalliser sous une forme plus ou moins heureuse l'idéal commun, n'est pas aussi le moment où cet idéal commence à être délaissé et où bientôt il ne sera plus saisi que par le côté artistique? L'Hellène, qui s'enthousiasmait sincèrement, qui sentait croître sa propre énergie en entendant une cantilène peut-être rude et grossière, et qui s'en inspirait pour essayer de suivre lui-même les traces de Péléide, n'était-il pas plus véritablement grand que le lettré des temps postérieurs auquel Homère cache Achille, qui ne cherche pas son idéal dans le héros, mais dans le poëte, à qui l'épopée inspire non pas la noble passion d'imiter le fils de la déesse, mais le désir inférieur et toujours impuissant d'écrire aussi une *Iliade*, pour accoler son nom à celui d'Homère? Préférons Rama à Valmiki, saint Louis à Joinville, Sigfried à l'évêque de Passau, et mettons Roland au-dessus de son trouvère du xiie siècle, comme Achille au-dessus de son Homère. Sous ce rapport, les enfants ont le sens beaucoup plus juste que les lettrés, parce que la faculté de l'assimilation domine chez eux le sens critique. Ce que j'ai tenu à indiquer ici, c'est que la véritable grandeur de la France au moyen-âge est d'avoir conçu ou plutôt conservé le type de Roland et d'en avoir fait son idéal. Si l'on était ramené à reconnaître que notre épopée nationale est inférieure par quelque côté à celle d'un autre peuple, au point de vue de l'art, il n'y aurait rien à en conclure contre la véritable grandeur de nos ancêtres : ce ne serait qu'un accident artistique.

II

CONSIDÉRATIONS HISTORIQUES.

Avant d'indiquer quelle a été dans son ensemble notre œuvre épique au moyen âge, avant de rechercher les sentiments et les idées qui y sont exprimés, avant d'en caractériser et d'en apprécier la forme, il est utile de préciser les rapports de nos poëmes chevaleresques avec l'histoire, de faire ressortir en quoi ils se sont conformés à la vérité des faits, et sous quelles influences ils ont pu s'en écarter.

DU CHRISTIANISME.

On sait que l'Église adopta les Franks dès leur arrivée en Gaule, même avant leur conversion, et qu'elle contribua puissamment à établir leur prépondérance sur les autres barbares. « Ce sont les évêques, dit Gibbon, qui ont fait le royaume de France. » Clovis commence la restauration de l'empire d'Occident, en recevant la confirmation de l'Église en même temps que l'investiture impériale.

« *Et sis corona nostra,* lui écrit le pape Anastase, *gaudeatque mater Ecclesia de tanti regis, quem nuper Deo peperit, profectu. Lætifica ergo, gloriose et illustris fili, matrem tuam et esto illi in columnam ferream.* » L'invitation ne fut pas vaine. Aussitôt après leur conversion, les Franks s'enrôlent au service du christianisme. Le nom de la Sainte-Trinité figure dans le préambule de leurs capitulaires. Bientôt l'image de saint Pierre est peinte sur leur oriflamme (1). Les ambassadeurs franks demandent à Constantinople la délivrance du pape Vigile ; des miracles favorisent la marche de leurs armées, parce que leurs guerres sont religieuses, d'abord contre les Bourguignons ariens, ensuite, et à plus forte raison, contre les Lombards, oppresseurs de l'Église, contre les Saxons, les Avares, les Slaves idolâtres et contre les Sarrazins infidèles. Les Franks deviennent au nord, à l'est et au sud les grands arrêteurs des invasions dans le monde chrétien. L'exploit le plus éclatant de cette résistance est la victoire de Charles Martel qui sauva l'Europe de la conquête des Musulmans.

Arrêter les barbares et les convertir, telle est donc la mission que les Franks ont accomplie depuis Clovis jusqu'à Charlemagne, et cette mission émanait de la papauté, autant que celle de saint Columban ou de saint Boniface. D'un autre côté, c'est la France qui a affranchi définitivement l'Église du ré-

---

(1) *Histoire littéraire de la France,* tome XXII, page 774 ; — *la Chanson de Roland,* page 157 de ce volume.

gime romain, et qui, en établissant son pouvoir temporel, a assuré pour dix siècles l'indépendance du spirituel. Aussi comprend-on que, lorsque le Pape plaçait sur la tête du roi barbare la couronne d'Occident, le peuple poussât cette acclamation : *Christus vincit, Christus regnat, Christus imperat* (1).

Il n'est pas étonnant non plus qu'une poésie originaire de ces exploits à la fois guerriers et religieux, et revifiée par les croisades, se rattache directement à la papauté. Sous ce rapport, nos chansons de geste sont la traduction en chants populaires de la célèbre mosaïque de Latran dans laquelle saint Pierre donne l'étole à Léon III et l'étendard à Charlemagne. Aussi, dans *la Chanson de Roland*, l'empereur, avant de marcher contre l'émir Baligant,

> Recleimet Deu et l'apostle de Rome

De même, Guillaume au Court Nez,

> Deu reclama et le baron saint Père
> Qui le deffende de la gent pautonnière.

Renouart, dans le même poëme de *la Bataille d'Aleschamps*, s'écrie :

> En Deu me fi et cl baron saint Pière.

C'était l'un des cris les plus ordinaires de nos chevaliers. Je rappellerai aussi que, dans l'énumération des conquêtes de Charlemagne, le trouvère de *la Chanson de Roland* rapporte qu'il a conquis au Pape le tribut de l'Angleterre.

---

(1) Ozanam, *Études germaniques*, tome II, p. 60, 64, 133 et 145.

On a accusé Charlemagne d'avoir pesé sur le chef de l'Église, mais cette appréciation est au moins exagérée. S'il a mérité d'être appelé « le sergent de Dieu » et, comme Constantin, mais à plus juste titre, « l'évêque du dehors; » s'il a été le bouclier et l'épée de l'Église, il a respecté sa liberté au dedans, et fait appliquer ses canons. « Les Capitulaires, dit D. Pitra, ont laissé intacte la suprématie de l'Église; dictés et délibérés avec des évêques, ils n'ont, le plus souvent, réglé que ces questions mixtes où l'accord des deux puissances est indispensable (1). » Il faut ajouter que nos premiers rois, s'ils pesaient sur les élections ecclésiastiques, étaient peu disposés à dogmatiser. Ce sont les plus mauvais, notamment Chilpéric Ier, qui l'ont essayé.

D'ailleurs, nos poëmes chevaleresques ont été composés trois siècles après les événements qu'ils racontent. Ils reproduisent l'idéal, non du siècle de Charlemagne, mais de l'époque où Louis VII écrivait à Henri II : « Je suis roi tout aussi bien que « le roi d'Angleterre, mais je ne pourrais pas dé- « poser le plus petit clerc de mon royaume (2). » Le souffle de Nicolas Ier et de Grégoire VII a passé sur le monde chrétien. Au point de vue des rapports du spirituel avec le temporel, les poëmes français se meuvent dans une atmosphère plus normale, plus épique, si je puis m'exprimer ainsi que le *Ra-*

---

(1) *Des canons et des collections canoniques de l'Église grecque.* Paris, 1858.

(2) Cité par Hippeau, dans l'introduction à la *Vie de saint Thomas le Martyr.* Caen, 1859.

mayana, et surtout que le *Maha-Barata,* qui a les allures d'un plaidoyer clérical, ce qui est une mauvaise condition pour la beauté et l'harmonie d'un poëme.

TURPIN OU DU CLERGÉ.

Comment s'est introduit, dans *la Chanson de Roland* et ailleurs, cet étrange personnage de Turpin, archevêque de Reims, que le trouvère a rendu si touchant et si épique? Pour le bien comprendre, il faut se rappeler qu'il y a eu successivement, dans les premiers temps de la monarchie, deux types de prélats : d'abord l'évêque gallo-romain, et ensuite l'évêque frank.

Les évêques gallo-romains, comme le témoignent leur poésie et leur prose, donnaient dans tous les raffinements du bel-esprit, et ils employaient trop souvent des formes adulatrices envers les maîtres de la terre. Assurément, ces prélats ne manquaient pas de vertus; ils ont eu le courage d'un saint Loup, d'un saint Aignan, celui d'un pasteur qui se dévoue pour sauver son troupeau; leur héroïsme était celui du martyre. Mais il n'y eut pas, sous les premiers Mérovingiens, beaucoup d'exemples du genre d'énergie dont saint Nicétius fit preuve, lorsqu'en présence du roi d'Austrasie, Théodebert, il interdit à ceux de ses leudes qui étaient excommuniés, l'entrée de la cathédrale de Trèves.

Les Barbares étaient entrés de bonne heure et en assez grand nombre dans la vie monastique, et y avaient apporté leur fierté et leur indomptable énergie qu'ils y tournaient au bien. Bientôt Charles Martel opéra une véritable révolution, lorsqu'il fit arriver aux évêchés des seigneurs de race franque. Il y eut en Germanie des apôtres qui étaient neveux de Pepin le Bref, qui avaient siégé dans les conseils de Charlemagne et commandé ses armées comme les saints Adalhard et Wala. Ce dernier dormait en plein air dans un sillon, avec une selle pour oreiller. L'idéal chevaleresque s'était substitué à celui des catacombes (1).

La papauté prit parti contre cette nouvelle forme de l'épiscopat, qui, sauf l'hérédité, assimilait le monde ecclésiastique au monde féodal. Dès le règne de Charlemagne, et notamment aux conciles de 743, de 803 et de 813, il était fait défense aux évêques d'aller à la guerre; mais ils continuèrent à se battre, parce qu'ils étaient d'une race guerroyante et parce qu'ils craignaient, s'ils ne le faisaient pas, que les biens de l'Église fussent envahis par les laïques. Le caractère religieux ou défensif de la plupart des guerres, explique, justifie peut-être ces entraînements guerriers, auxquels, d'ailleurs, les évêques franks n'étaient pas capables de résister.

---

(1) H. Martin, *Histoire de France*, tome II, page 186. — Montalembert, *Les Moines d'Occident*, tome II, page 272, 500. à 573.— Ozanam, *Études germaniques*, tome II, pages 270-273.

Quelques années même après le concile de Mayence, les prélats avaient recommencé à conduire leurs vassaux à la guerre. L'évêque d'Albi, en 844, détruisit, à la tête des populations de son diocèse, les troupes qui l'avaient envahi. Les abbés de Saint-Quentin et de Saint-Ricquier périssaient dans cette même guerre (1). Rien de plus remarquable que le rôle attribué par une tradition, qui est historique, à saint Émilien, évêque de Nantes, qui vint détruire un corps de Sarrazins auprès de la ville d'Autun (2). Il est inutile de citer d'autres faits, puisque la coutume était générale, et se perpétua si bien, qu'à la bataille de Bouvines les exploits guerriers de l'évêque excitèrent plutôt l'admiration que la surprise. Les ordres chevaleresques avaient continué et entretenu cette tradition.

La poésie s'inspira donc de l'histoire pour représenter les prélats sous cette forme. Ainsi, dans la geste des Lorrains, l'abbé de Saint-Amand veut jeter le froc pour venger la mort de Bégon. Turpin, le fameux, le faux Turpin (car il ne paraît pas qu'il ait jamais existé), est le type le plus complet de ce genre de prélats, aussi bons prêtres que grands batailleurs :

> Par granz batailles et par mult bels sermons,
> Cuntre païens fut tuz tans campiuns....
> Des les Apostles ne fut on tel prophète
> Pur lei tenir et pur humes atraire.

Cependant, cent ans seulement après Charle-

---

(1) H. Martin, tome II, pages 346 et 428.
(2) *Notice sur saint Émilien, évêque de Nantes*, par l'abbé Cahour. Nantes, 1859.

magne, certains prélats qui avaient porté les armes en ressentaient déjà des remords et des scrupules. Francon, évêque de Liége, qui avait combattu de sa personne et avec succès contre les Normands, ne crut pas qu'il lui fût permis de toucher les choses saintes avec des mains qui avaient répandu le sang des hommes. Il fit prier le Pape, et il en obtint d'ordonner deux de ses clercs pour remplir à sa place les fonctions épiscopales (1). Peu à peu, le type exclusivement clérical, celui du martyr, le type de saint Thomas de Cantorbéry, a fini par prendre le dessus, même dans l'imagination des peuples où saint Bernard a détrôné Turpin. C'est pourquoi ce personnage de Turpin, si cher à l'ancienne poésie française, nous paraît aujourd'hui si extraordinaire; c'est pourquoi il était nécessaire de se reporter à l'époque de Charles Martel, pour rappeler que ce type est la reproduction aussi fidèle qu'intéressante d'une réalité historique.

CHARLEMAGNE OU DE LA ROYAUTÉ.

De même qu'on a représenté quelquefois Charlemagne comme un oppresseur de l'Église, on a cherché aussi à lui ôter son caractère germanique pour en faire un empereur romain. C'est

---

(1) Fleury, *Histoire ecclésiastique*, livre LIV, 39.

encore une erreur. Lorsque les Franks placèrent l'Austrasien Pépin sur le parvis, ce fut la royauté barbare qu'ils relevèrent. Malgré son titre impérial, malgré l'organisation officielle calquée sur celle de l'empire, Charlemagne reste essentiellement germanique (1).

Ce qu'il importe de contater, c'est que le Charlemagne de *la Chanson de Roland* appartient aux mœurs barbares. Ce n'est ni un césar romain, ni un khakan tartare. C'est un kœnig germanique, un pasteur du peuple, comme on appelle le roi dans le poëme de *Béowulf*.

D'abord, le pouvoir royal, dans les idées des trouvères de cette époque, émane encore conditionnellement de la nation. Ainsi dans la chanson des *Enfances Guillaume*, Louis le Débonnaire dit en recommandant son fils à Guillaume au Court Nez :

 « Celui lairai mes chastels et mes marches,
 « Et ma corone, se li François li laissent.

Telle était l'origine de l'autorité royale, mais cette autorité, depuis la conversion au christianisme, était rendue inviolable par le sacre. D'un autre côté, elle n'était pas absolue, et c'est là encore une condition favorable à l'épopée. « Charlemagne, disent les auteurs de l'*Histoire littéraire* (2) au milieu de ses ducs et de ses comtes, n'est que le prési-

---

(1) Ozanam, tome II, page 341.
(2) Tome XXII, page 744.

dent du conseil. Quand les chefs ont parlé, il doit suivre l'avis du plus grand nombre. » Le trouvère de Roland l'a exprimé dans ce vers qui est comme une déclaration de principes :

« Par cels de France voelt il del tut' errer. »

Charlemagne dit bien au comte Gane qu'il partira pour Saragosse parce que le roi le commande ; mais cet ordre est fondé sur le choix que les Français ont fait de Gane. Le prince a revêtu leur décision de la formule exécutoire.

Le Charlemagne de *la Chanson de Roland* représente exactement la royauté telle que l'ont faite le sang des Germains et la consécration de l'Église, la royauté idéale, c'est-à-dire « une autorité sanctifiée et contenue (1). » Charlemagne est supérieur sous ce rapport au roi Daçaratha du grand poëme indien, qui est trop absolu, et au roi Kaus, du *Schanameh*, qui n'est pas obéi du tout et à qui l'on ose dire qu'il serait mieux dans une maison de fous que sur un trône. C'est aussi l'écueil sur lequel devait échouer l'épopée française. Sous l'influence des idées féodales et pour plaire aux seigneurs, les trouvères ont fini par faire de Charlemagne et d'Arthur des radoteurs, des Cassandre, joués par leurs vassaux. Quelques paroles de Gane font pressentir cette tendance.

Un autre grand caractère de la royauté dans

---

(1) Montalembert, *les Moines d'Occident*, tome Ier, page 27.

les poëmes français, c'est d'être légitime. Tel est le sens principal de l'expression *droit* empereur, qui y revient si souvent. Aussi la monarchie est-elle considérée dès lors comme le palladium de la France :

> Puis que Franchois ont roy, n'y arons raenchon !

crient les assiégeants, lorsqu'ils entendent dire que les Parisiens ont élu Hugues-Capet.

Il y a encore une circonstance à signaler, et c'est celle qui grandit le plus Charlemagne. Je veux parler de la protection directe de la Providence. Dieu renouvelle le miracle de Josué pour lui laisser le temps d'achever la destruction de l'armée de Marsile. Dans un combat contre Baligant, il allait périr si Dieu n'eût détourné le coup. Il reçoit des songes. Un ange veille sur lui. Dieu l'aime :

> Oiez, Seignor, com Diex ot Karlon chier,
> Qu'il nel laissa honnir ne vergoingnier (1).

Dans *Agolant*, on le compare à un ange :

> Ange resemble du ciel jus devalé (2).

La protection de Dieu lui donne presque un caractère sacré. On ne dit pas, il est vrai, de Charlemagne comme de Rama qu'il guérit l'âme ; mais il bénit ses guerriers (3).

---

(1) *Gaydon*, page 8, édition de MM. Guessard et Saint-Luce.
(2) Édition Bekker, page 163.
(3) Voir *Agolant* (Aspremont), vers 33, et *la Chanson de Roland*, page 155 de ce volume.

d

En résumé, le Charlemagne de la *Chanson de Roland* réalise le plus bel idéal du roi des rois. Je le trouve plus grand et surtout plus complet que Daçaratha, qu'Agamemnon, qu'Attila. Si l'on ne connaissait l'origine de Roland, on ne comprendrait pas que notre trouvère eût pu produire un héros encore plus grand que son Charlemagne.

DE LA TRADITION NATIONALE.

Les diverses épopées des Arians, et il n'y a que les Arians qui aient des épopées, ne rendent pas le vieil idéal mythique de leur race d'une manière abstraite ou allégorique; mais, comme nous l'avons déjà indiqué, chaque nation a marié ce type primordial au souvenir d'un fait historique qui lui est propre. Ainsi, dans le *Ramayana*, l'action fondamentale, c'est-à-dire la défaite du dragon par un dieu incarné et uni à une femme fatale, rappelle en même temps le triomphe des Arians-Indoux sur les indigènes du Dekkan et la conquête de l'île de Ceylan avec le concours de ces indigènes soumis. L'*Iliade* rappelle la lutte des Hellènes de la Péninsule contre les populations des cités de l'Asie-Mineure. Dans la dernière rédaction des *Niebelungen*, l'antique fable de Sigurd, comme M. Amédée Thierry l'a démontré, a été remaniée sous l'influence d'une situation créée par l'invasion des Hongrois, etc., etc. Ce caractère important né manque pas à l'épopée française, qui est inspirée par l'union libre de la monarchie avec l'Église et par l'esprit des croisades, qui en a été la conséquence.

C'est l'esprit des croisades qui a revivifié et consacré le souvenir des luttes de Charles Martel et de Charlemagne contre les Sarrazins. La préoccupation de la croisade domine tous nos poëmes de l'âge d'or. Ce ne sont pas seulement les croisés de la *Chanson d'Antioche* qui jurent par le Saint-Sépulcre.

Dans *Raoul de Cambray*, Gautier s'écrie :

> Par le sépucre où Jhésu fu couchiés (1) !

Dans le même poëme, Bernier, pour expier la mort de Raoul, dit:

> Por l'amendise irai à Acre au port
> Servir au temple, jà ni aura recort (2).

« Dieu, dit Ogier en détresse, si vous m'ôtez sain et sauf de ce tourment,

> Vos chevaliers serai tôt mon vivant
> Mer passerai en nef ou en calant
> A Saint Sépulcre et à Jérusalem (3).

Dans le poëme de *Girard de Viane*, dont l'action précède immédiatement l'entrée de Charlemagne

---

(1) Page 157, édition de Leglay.
(2) Page 134. Voir aussi *Garin le Lohérain*, à la page 337 de la traduction de Paulin Pâris.
(3) Vers 6436, édition Barrois. Paris, 1842.

en Espagne, un ange vient séparer Roland et Olivier qui se battent dans une île du Rhône et leur dit :

> Dex le vos mande, de son ciel la amont,
> Laissiez ester icelle aïrison
> Mais en Espagne, sor cel pueple félon,
> Là esprovés qui es hardis ou non ;
> Parmi la terre le roi Marsilion,
> Là conquerrez par force le roïon
> Sor Sarrazin à force et à bandon (1).

Lorsque, dans le poëme de ce nom, Fierabras vient braver les chrétiens, le trouvère, après avoir raconté que ce héros encore payen a saccagé Rome et tué le Pape, ajoute comme dernier trait d'horreur :

> Si tint Jérusalem, qui tant fait à amer,
> Et le digne sépulcre où Diex vaut susciter (2).

Nulle part ce caractère n'est plus marqué que dans la *Chanson de Roland*, qui est elle-même une croisade contre les Sarrazins. Un des payens, qui y combattent, a détruit le temple de Jérusalem et tué le patriarche. Enfin, l'œuvre se termine par une invitation directe à la croisade :

> Seint Gabriel de part Deu li vint dire :
> « Carles, semon les oz de tun empire
> Par force iras en la tere de Sirie,
> Reis Vivien si sucurras en Imphe,
> A la citet que paien unt asise.
> Li chrestien te recleiment e crient. »

---

(1) *Poëtes français*, page 120. — Vers 3041 à 3047 dans l'édition de Bekker.

(2) Vers 63 et 64, édition de MM. Krœber et Servois.

A la tradition nationale se rattache l'amour de la patrie, qui est très-vif dans nos poëmes chevaleresques. Le zèle religieux n'étouffe pas le patriotisme et il lui vient, au contraire, en aide parce qu'il élève et consacre l'idéal national.

« Défendre le christianisme contre les infidèles, dit avec raison le traducteur allemand de *la Chanson de Roland*, voilà le grand mobile; mais les Franks marchent à la tête des autres nations, tout disposés à commencer le combat; le drapeau autour duquel tous les peuples se rangent, c'est l'oriflamme. Le triomphe de la bannière rouge de Saint-Denis, la victoire de Dieu, voilà ce qui fait l'orgueil et la gloire de la France. C'est à cela que *la Chanson de Roland* doit d'être une épopée nationale française. »

Cette patrie a deux caractères qui justifient l'amour des chevaliers français : sa supériorité et son charme.

> Quand Dex eslut nonnante et dix roiaume
> Tot le meillor torna en douce France (1).

La vue seule des fleurs de lis inspire la terreur aux ennemis dans le poëme de *Hugues Capet*:

> Car les armez de France sont de tel essient
> Qui les voit en bataille, grande paour l'en prent.

Dans *la Chanson de Roland* la supériorité de la France est exprimée par la qualification de *Terre-*

---

(1) *Li Coronemens Looys*, vers 13-14. — *La Chanson de Roland*, pages 86 et 154 de ce volume.

major. Le charme particulier à notre pays est exprimé par le mot *douce France*.

Les Sarrazins eux-mêmes se servent de cette expression :

> Tote iert la ville essiliée et gastée,
> Et douce France et prise et conquestée (1).

Les mœurs des âges héroïques accordent une grande importance aux richesses et plus particulièrement à celles qui sont conquises sur l'ennemi, au butin. C'est un signe de vérité et de naïveté qui se retrouve dans nos poëmes et dans nos chroniques rimées :

> Dex ! quel eschec fu illuec conquestez !
> Chascuns en ert menanz et asazez (2).

> Moult avint bien Tangré la nuit premièrement,
> Plus valut li eschès de trois mil mars d'argent ;
> Aus barons qu'il ama en fist riche présent,
> Por ce monta en pris en l'ost moult durement (3).

Roland parle aussi du butin, mais incidemment. En général, l'amour du butin n'a pas, dans les chansons françaises, le caractère d'âpreté qui peut choquer quelquefois dans les *Niebelungen*, où la possession d'un trésor est le principal nœud de l'action comme dans l'expédition des Argonautes.

---

(1) *Li Covenans Vivien*, page 169, édition de Jonckbloet. — *La Chanson de Roland*, pages 2 et 31 de ce volume.
(2) *La Bataille d'Aleschamps*, vers 6981.
(3) *La Chanson d'Antioche*, chant IV-XXVII.

III

LE CYCLE ET SES DIVISIONS.

La Chanson de Roland n'est pas une œuvre isolée : elle fait partie d'un cycle complet et fort étendu, dont nous allons essayer de donner une idée.

Les œuvres allégoriques et satiriques, les chroniques rimées et les romans d'aventure proprement dits ne rentrent pas dans les classifications suivantes.

LES TROIS MATIÈRES.

C'est à la poésie française elle-même qu'il faut demander des indications sur l'ensemble de notre cycle chevaleresque. Écoutons d'abord Jean Bodel, le trouvère de *la Chanson des Saxons* :

> Ne sont que trois *matières* à nul home antandant :
> De France, de Bretaigne et de Rome la grant.
> Et de ces trois matières n'i a nule samblant :
> Li conte de *Bretaigne* sont si vain et plaisant ;
> Cil de *Rome* sont sage et de san aprenant ;
> Cil de *France* de voir chascun jor apparant.

La matière que Jean Bodel appelle de Rome comprend toute l'antiquité sacrée et profane. La matière de Bretagne ou de la Table-Ronde, comprend les chansons relatives soit à la cour du roi Arthur, soit à la recherche d'un vase mystique, le Graal, qui aurait servi à la cène de Notre-Seigneur. Nous laisserons complétement de côté dans ce travail les matières de Rome et de Bretagne pour ne parler que de celle de France à laquelle appartient *la Chanson de Roland*, et qui en outre, est supérieure aux deux autres. Jean Bodel en donne la raison :

> La corone de France doit estre mise avant,
> Qar tuit autre roi doivent estre à lui apandant
> De la loi crestiene qui an Deu sont créant.

ainsi que le trouvère du *Coronemens Looys :*

> Quant Dex esleut nonante et dix roiaume,
> Tot le meillor torna en douce France.

Mais pourquoi la France est-elle supérieure aux autres nations ? Pour deux raisons : la première parce que Dieu présida lui-même par ses anges au couronnement de son premier roi :

> Le premier roi de France fist Dex par son comnant,
> Coroner à ses angeles dignement an chantant ;
> Puis le commanda estre en terre son sergent,
> Tenir droite justice et la loi metre avant.
> Cest commandemant tindrent après lui li auqant :
> Anséys et Pépin, cil furent conquérant,
> Et Charlemaigne d'Aiz qui Dex parama tant (1).

---

(1) *La Chanson des Saxons.* — Voir aussi *Histoire littérair de la France*, tome XXII, page 481, et *Guillaume d'Orange*, par Jonck-

La seconde raison est que Charlemagne a mis dans la garde de son épée une précieuse relique, le fer de la sainte lance :

> Asez avum de l'lance oït parler
> Dunt Nostre Sire fut en la cruiz naffret.
> Carles en ad l'amure, mercit Deu !
> En l'oret punt l'ad faite manuverer.
> Pur ceste honur et pur ceste bontet,
> Li nums *Joiuse* a l'espée fut dunet :
> Baruns franceis ne l'deivent ublier :
> Enseigne en unt de *Munjoie* escrier ;
> Pur ço ne's poet nule gent contrester (1).

On a aussi désigné la matière de la France par le nom de *cycle carlovingien*. Cette dénomination paraît bonne, soit qu'on sépare du cycle, soit qu'on y rattache les chansons dont l'action se passe sous la première ou sous la troisième race.

Il est difficile de savoir le nombre de poëmes qui ont été composés sur la matière de France. Nous en connaissons à présent une soixantaine, écrits en vers de dix ou de douze pieds, ordinairement di-

---

bloet, tome I, page 1, où suit l'énumération des qualités exigées d'un roi de France :

> Rois qui de France porte corone d'or
> Preudons doit estre et vaillans de son cors ;
> Bien doit mener cent mille hommes en ost,
> Parmi les pors en Espaigne la fort.
> Et s'il n'est home qui li face nul tort,
> Ne doit garir ne à plains, ne à bos,
> De ci que l'ait ou récréant ou mort ;
> S'ensi nel fait, France a perdu son los.
> Ce dit l'estoire, coronés est à tort.

(1) *La Chanson de Roland*, édition de Génin. Voir aussi à la page 127 de ce volume.

visés en strophes inégales, d'une même assonance ou monorimes. L'étendue de ces poëmes ou, pour les appeler par leur nom, de ces *chansons de geste* varie extrêmement. Les plus anciennes, aussi les meilleures, sont courtes, en vers de dix pieds et divisées en strophes assonantes.

La matière de France a aussi ses divisions qui, comme celle en trois matières, nous a été donnée par nos anciens poëtes et qui, à ce titre, mérite d'être conservée. Assurément, elle a quelque chose d'artificiel, mais il serait peut-être difficile d'en trouver une meilleure.

Voici ce que dit le trouvère inconnu de *Doon de Mayence* :

> Bien sceivent li plusor, n'en sui pas en doutanche,
> Qu'il n'eût que III *gestes* u réaume de Franche.
> Si fu la premeraine de *Pépin* et de l'ange;
> L'autre après de *Garin* de Monglane la franche;
> Et la tierce si fu de *Doon* de Mayence (1).

La *matière* de France se divise donc en *gestes*. C'est l'expression consacrée ici pour dire famille ou descendance (2). Cette division, inspirée par les idées du temps, est chère à nos anciens poëtes, qui ont fait entrer leurs héros de gré ou de force dans l'une des trois descendances, et qui ont même inventé des héros intermédiaires pour combler les lacunes ou pour donner des ancêtres à qui n'en avait pas encore. Avant d'indiquer les caractères

---

(1) Édition de M. Pey.
(2) Geste signifie aussi histoire. Voir *la Chanson de Roland*,

propres à chaque geste, mentionnons certaines œuvres, comme le cycle des Lorrains, qui font bien partie de la *matière* de France; mais qui n'ont pas leur place dans l'une des trois *gestes* ou qui n'y entrent que difficilement (1).

LES TROIS GESTES.

Voici comment un de nos trouvères apprécie la geste de Garin :

>. . . . . . . des III gestes que Damedieu créa,
> Et pour garder sa loi dedens Frenche estora,
> L'une est de Garin de Monglane decha
> Qui tout chel Toulousan de paiens délivra,
> Et tout le Nerbonnais et Orange combra,
> Venice (2) sur la mer et Biaulande aquita,
> Puille et Calabre aussi et quanque il i a.
> Chele geste ama Dex et bien le demonstra,
> Que sus trestoute l'acrut et assaucha (3).

La geste de Garin est encore mieux caractérisée dans les vers suivants :

> La tierce geste, qui molt fist à proisier,
> Fu de Garin de Monglaive le fier.

---

(1) Charles d'Héricault, *Essai sur l'origine de l'épopée française*. Paris, 1860.
(2) C'est peut-être Vauvenice dont il est fait mention dans *Parise la Duchesse* :

> « Il tenait Vavenice et la terre anviron
> « Beaucaire et Taracon et Valence anviron.

(3) *Doon de Mayence*, page 241.

> De son lignaige puis je bien tesmoignier
> Que il n'i ot ne coart ne lammier,
> Ne traïtor, ne felon losangier.
> Ainz furent saige, et hardit chevalier,
> Et combatant et nobile guerrier.
> Ainz roi de France il ne vorent boisier;
> Lor droit seignor se penoient d'aidier
> Et de s'onor en toz sens essaucier.
> Crestienté faisoient avancier
> Et Sarrasins confondre et essilier (1).

La pureté du lignage de Garin tient à ce que cette geste à été groupée autour de Guillaume au Court Nez, le type de l'héroïsme germanique dans le midi, le Cid de la France.

La famille de Doon de Mayence, au contraire, a donné le jour au traitre de *la Chanson de Roland*, à Gane, « al cuvert Ganelon. » Aussi cette geste est-elle appelée la *false*, c'est-à-dire celle qui est traître. Lorsque Savary de Champagne aspire à la main de l'héritière du royaume de France, Hugues lui démontre qu'il ne peut l'obtenir,

> Car de Guennellon furent vo millour anchessour;
> Onquez bien ne pensèrent vo parent ly millour (2).

et il le tue.

Mais il ne faut pas attribuer un caractère absolu à ces qualifications.

Le trouvère de *Doon de Mayence* caractérise la *false* geste de la manière la plus avantageuse, et sans restriction, dans une longue énumération où

---

(1) *Girard de Viane*, page 2. Reims, 1850.
(2) *Hugues-Capet*, page 35.

Gane n'est même pas nommé, et qui aboutit à Godefroy de Bouillon (1) :

> Godefrei en sailli, qui puis fu roy puissans
> Là en Jérusalem, outre les mescréans.
> Cheste geste ama Dieu; sainte fu et vaillans.
> Encore i a des hers, grant es li apparans
> Que meillor gent n'en a, tant com Dex est puissans.

Le chantre des *Quatre fils Aymon* ne trouve aussi que des expressions d'éloge pour la *false* geste à laquelle appartient le héros de sa chanson :

> Je vous chanteray une bonne chansons :
> Oncque meillor n'oystes, bien dire le puest hons,
> Car c'est des vaillans hoirs du pieux contes Doons,
> Cil qu'on dist de Mayence, que tant fu vaillans hons.

Le trouvère de *Girard de Viane*, qui célèbre un héros appartenant à une autre geste, est plus désintéressé ; il va faire la part du bien et du mal :

> Et l'autre [geste] après, bien est drois que je die,
> C'est de Doon à la barbe florie
> Cil de Maiance, qui tant ot baronie.
> En son lignaige ot gens fière et hardie :
> De tote France éussent seignorie
> Sé il ne fuissent plain de tel félonie.
> De cel, où tant ot de boïdie,
> Fu Guenelons, qui, par sa tricherie,
> En grant dolor mist France la garnie
> Dont furent mort entre gent paiennie
> Li XII Per de France.

Il compare ensuite les membres félons de cette geste aux anges déchus.

---

(1) Page 241.

La *Chanson de Roland* appartient à la troisième geste, appelée de *Pépin*, de *Charlemagne* ou plus communément du *roi*. De même que la *matière* de France, comme nous l'avons vu plus haut, est supérieure aux deux autres, la *geste* du roi est la première des trois :

> La tierche geste après, *celle qui miex valait,*
> Chele fu de Pépin (1)....

> A saint Denise, en la maistre abaïe,
> Dedans I livre de grant ancesserie,
> Truëve on escrit, de ce ne dout je mie,
> N'ot que III gestes en France la garnie.
> *Dou Roi de France est la plus seignorie*
> Et de richesce et de chevallerie (2).

La geste du roi doit sa supériorité à Charlemagne et surtout à son neveu Roland. Aussi les trouvères se sont-ils appliqués, comme pour Guillaume au Court Nez et pour Doon de Mayence, à chanter leurs ancêtres et même à leur en imaginer, soit en créant de nouvelles fictions, soit en y rattachant des fables déjà connues :

> Cou est du roi Floire l'enfant
> Et de Blancheflor la vaillant
> De qui Berte as grans piés fu née.
> Puis fu en France coronnée.
> Berte fu mère Charlemaine (3).

Mais avant de donner le jour à Charlemagne, Berte avait eu de Pépin la mère de Roland :

---

(1) *Doon de Mayence,* page 242.
(2) *Girard de Viane.*
(3) *Floire et Blancheflor,* édition de M. Duméril.

> Li premiers des enfans, de ce ne doutez mie,
> Que Pépin ot de Berte, la blonde, l'eschevie,
> Orent-ils une fille sage et bien enseignie :
> Femme Milon d'Ayglent, moult ot grant seignorie,
> Et fu mère Rollant, qui fut sans couardie,
> Ainz fu preus et hardis, plains de chevalerie.
> Apres ot Charlemaine à la chière hardie (1).

Ainsi la plupart des œuvres de la geste se groupent autour d'un même personnage à peine historique. *La Chanson de Roland* n'y a pas simplement sa place comme les autres : Roland est la cause de ses propres ascendants. Mais ce n'est pas seulement la geste du roi que domine la préoccupation du désastre de Roncevaux. Il est annoncé, même avec des détails précis, dans *Girard de Viane*, qui semble n'en être que le prélude (2). C'est en revenant de Roncevaux que Charlemagne donne Narbonne à conquérir à ses chevaliers et c'est le sujet de la chanson d'*Aymeri de Narbonne* (3). Le même Aymeri

> Le destrier heurte des esperons d'argent
> Que il conquist soz Sarragouce el champ
> Quand Karlemaine alla venger Rollant (4).

Dans *la Chanson des Saxons*, il est dit que c'est la nouvelle de la défaite de Roncevaux qui a fait prendre les armes aux Saxons. Le même souvenir se retrouve dans *Gaydon*, dans *Huon de Bordeaux*

---

(1) *Berte aux grands piés*, édition de P. Paris, page 189.

(2) Vers 3010 et 4050 de l'édition de Bekker. — Introduction de M. Tarbé, page xxv.

(3) Jonckbloet, *Guillaume d'Orange*, tome II, page 13. — *La Chanson de Roland*, page 186 de ce volume.

(4) *Guillaume d'Orange*, tome Ier, page 16.

et dans presque toutes les chansons de geste (1). D'ailleurs c'est un crime d'oublier le grand désastre :

> Ha! barnage de France, comme avez oublié
> Le grant duel de Rollant guerpi et trespassé (2).

L'aventure même de la *Chanson de Roland* est reproduite avec les mêmes détails dans le poëme intitulé : *li Covenans Vivien* (3).

Le retentissement de l'aventure de Roncevaux a été immense en dehors de la France. Mentionnons seulement que Dante n'a pas omis de nommer Roland et Gane (4). En entrant dans le cercle des traîtres, il entend un cor retentissant :

> Dopo la dolorosa rotta, quando
> Carlo Magno perde la santa gesta,
> Non sonò si terribilmente Orlando.

et il rencontre Ganelon parmi les traîtres :

> Gianni del Soldanier credo che sia
> Piu la con Gannellone e Tribaldello,
> Ch'apri Faenza quando si dormia.

---

(1) *La Chanson des Saxons*, page 12. — *Huon de Bordeaux*, page 171.
(2) *Aye d'Avignon*, édition de Guessard et Meyer, page 11.
(3) Parmi les passages où cette ressemblance de détail est le plus frappante, j'indiquerai les vers suivants de l'édition de Jonckbloet : 288, 292, 598, 673, 755, 1418, 1427, 1472, 1481, 1490, 1495, 1558.
(4) Chants xxxi et xxxii.

IV

LES SENTIMENTS ET LES IDÉES.

Après avoir recherché à quelle source a été puisée l'inspiration de notre épopée et quels en sont les liens avec l'histoire, après avoir donné une idée de l'ensemble du cycle chevaleresque, nous allons essayer d'en déterminer le caractère au point de vue des idées et des sentiments qui y sont exprimés. Nous laisserons, autant que possible, la parole à nos trouvères dans une série de citations empruntées à leurs meilleures productions.

Occupons-nous avant tout des rapports avec le monde surnaturel.

LE MERVEILLEUX.

Si le merveilleux n'est pas franchement fantastique et destiné au seul divertissement, il faut qu'il soit sérieux et qu'on y croie : ainsi les féeries de l'Arioste amusent, tandis que celles de la *Henriade* ne peuvent apporter au lecteur qu'un insurmontable ennui. Le sérieux du merveilleux est peut-être le trait le plus caractéristique de l'épopée (1). Encore faut-il que ce merveilleux soit de l'ordre divin, et non pas du merveilleux humain, c'est-à-dire de la magie, quand même on supposerait que la croyance y est complète et générale. Du moment que l'action surnaturelle, au lieu d'être exercée par la Providence ou le Destin, c'est-à-dire par Dieu, appartient à des êtres qui ne sont pas envoyés de Dieu, mais armés d'une puissance surnaturelle acquise par des voies plus ou moins illicites, on peut produire des effets de terreur ou d'intérêt, mais il faut renoncer au caractère épique (2). La magie a été, nous le rappellerons bientôt, une des causes de décadence de l'épopée chevaleresque au moyen âge.

Autant l'intervention du sorcier rabaisse le héros, autant la protection divine le relève. Jamais l'homme abandonné à lui-même ne s'élèvera, même au point de vue de l'art, aux hauteurs qu'atteint le héros guidé et protégé par la Providence, le héros qui est le complice de Dieu.

C'est là qu'est la grandeur. En tout cas, je le

---

(1) « Dans les œuvres des véritables poëtes épiques, rien n'est imaginaire, rien n'est arbitraire. Le merveilleux même que nous y voyons n'est qu'une décomposition, quelquefois une parodie de l'antique tradition religieuse. Ce n'est pas une invention du poëte. » (Mickievicz, *Les Slaves*, tome Ier, page 272.)

« Les inventeurs ne sont pas les poëtes, mais les générations dont ils consacrent les plus chers souvenirs. » (*Hist. litt. de la France*, tome XXII, page 270.)

(2) Je m'écarte ici de l'opinion exprimée par les savants auteurs de l'*Histoire littéraire de la France*, qui admettent le merveilleux, même inférieur, pourvu que l'auditoire y croie. (Tome XXII, p. 268.)

répète, c'est la seule condition où puisse se produire la véritable épopée. Dans les poëmes de l'antiquité, les héros sont toujours guidés par la divinité, et le plus souvent dieux eux-mêmes. Ce qui fait la grandeur de Rama, c'est l'incarnation de Vishnou (1). Achille n'a pas plus de fierté qu'Agamemnon, il n'est pas plus brave que Diomède; mais il est le fils de Thétis. Ulysse est guidé par Minerve. Il en est de même en peinture et en sculpture, où le surnaturel est l'expression la plus élevée de l'art (2).

J'ai déjà eu occasion de signaler l'intervention de Dieu en faveur de Charlemagne dans *la Chanson de Roland*. Olivier et Thierry sont aussi sauvés miraculeusement (3). Ce merveilleux se retrouve dans tous les poëmes français du genre sérieux. Contentons-nous d'indiquer ici quelques-uns des passages où l'assistance divine se manifeste dans le cycle semi-historique de Guillaume au Court Nez et dans la chronique rimée d'Antioche.

Dieu protége Vivien dans un terrible combat où il est déjà blessé :

> Granz fu l'estors, longuement a duré.
> De pasmoison s'est Viviens levé;
> De son bliaut li ont les flans bendez,
> En un cheval est Viviens monté,

---

(1) Si le *Ramayana* et le *Maha-Barata* dépassent quelquefois les limites du merveilleux sérieux, c'est dans les incidents qui ne tiennent pas à l'essence du sujet, et qui doivent avoir été ajoutés à la donnée primitive.
(2) Rio, *De l'art chrétien*, introduction.
(3) Pages XLIX, 68, 125, 198, etc., de ce volume.

> Par mi son cors avoit V plaies tieus,
> De la menor morust uns amirez;
> Mes Dex le tint et sa grant poestez (1).

Guillaume au Court Nez était brave, et il était aussi aidé de Dieu :

> Li cuens Guillaume ot moult la char hardie,
> Et Damledeu li estoit en aïe.

> Or, n'a Guillaume mes secors ne' aïe
> Fors Damledeu, le fil sainte Marie (2).

Aussi Guillaume dans un grand danger implore-t-il l'assistance divine qui ne lui fait pas défaut : il est en fuite et seul :

> En son un val XV rois encontra.
> Quand voit li cuens que plus paiens n'i a,
> Escordement Damledeu réclama;
> Très bien s'afiche par mi els s'en ira
> Et, se Deu plest, outre s'en passera.
> Cuer li revint, hardement recovra,
> Saint Esperit la force li doubla (3)....

Dans *la Chanson d'Antioche* (4), Godefroy de Bouillon fait le guet; les Sarrazins l'assaillent à l'improviste :

> Or chevalche li dus, Diex soit à cel besong !
> Es-vous parmi l'ost Dieu, poignant à esperon,
> Saint Jorge, saint Domitre, qui vienent abandon.

---

(1) *Li Covenans Vivien*, vers 1404-1410. Voir aussi le vers 1889.
(2) *La Bataille d'Aleschamps*, vers 446 et 516.
(3) Ibidem, vers 1015. Voir aussi une belle prière à Dieu aux vers 580 et 1043. Dans *Fierabras*, les Français reçoivent un secours inattendu par le mérite de saintes reliques, page 159.
(4) III, 35, et V, 20 ; pages 136 et 224 de la traduction de Mme la marquise de Saint-Aulaire.

> Li dus nes conut mie, à eus ne tint raison ;
> Or, s'en tornent ensemble tot troi li compaignon.
> Sarrasin ont connu la sainte légion :
> Fuiant s'en sont torné, li encriesmé félon.

Un Sarrazin décoche un trait empoisonné à Enguerrand de Saint-Pol,

> Son escu li perça et son aubert doublier,
> Par desous les costés li fit le fer glacier :
> Dame Diex le gari, en char ne pot touchier.

En résumé c'est Dieu, ce sont les saints ou les anges qui protègent nos héros dans les poëmes français de l'âge d'or. A cette époque il n'existe aucune trace d'intervention de fée ou de sorcier en leur faveur. Nous trouvons bien çà et là, dans *la Chanson de Roland*, quelque mention de sortiléges et de diablerie : Signorel est désigné comme un magicien ; c'est Satan qui a donné un bouclier au payen Abisme ; mais la manière même dont ces ressorts sont employés vient à l'appui de ce que nous disions. Ainsi, tandis que Dieu et ses anges favorisent les Français, le diable, d'où procède toute magie, apparaît de temps à autre à titre de complice des Sarrazins, des ennemis de Dieu. C'est avec le même sentiment instinctif ou le même art que Valmiki, dans le *Ramayana*, fait intervenir les dieux en faveur de Rama et la magie au secours de Ravana. Ces apparitions sont, du reste, fort rares dans *la Chanson de Roland*; non-seulement elles ne sont pas liées à l'action principale ; mais elles ne sont même le nœud d'aucun incident. Il faut, d'ailleurs, se garder d'attribuer à certains mots dans les poëmes de l'âge d'or, une signification qu'ils n'ont acquise que plus tard. Ainsi le *géant*, qui a pris dans la suite de si étranges proportions, indiquait primitivement un homme d'une taille au-dessus de l'ordinaire : Fierabras, qui est désigné ainsi, n'avait cependant qu'un pied de plus en hauteur qu'Olivier. Or, ce dernier était connu pour sa petite taille (1).

DE LA PIÉTÉ.

Dans certaines épopées, comme l'*Iliade* et les *Niebelungen*, les passions humaines dominent ; dans d'autres, c'est le sentiment exalté du devoir ; à cette catégorie appartiennent le *Ramayana* et *la Chanson de Roland*. Ce n'est aucune passion humaine, c'est la vertu même qui inspire Roland, Olivier, Turpin, car on ne peut pas appeler passion le sentiment de l'honneur et le soin de leur propre réputation. Le *Ramayana* et *la Chanson de Roland* sont comme de la morale en action : on peut inviter sans réserve à l'imitation de Rama et de Roland. Ce sont des saints, ce qui leur donne un degré de grandeur au-dessus des autres héros épiques. Tel est aussi le caractère de Guillaume au Court Nez ; non-seulement il est

Le meillor hom qui onc béust de vin (2)

---

(1) Voir la note de la page 107 dans *Raoul de Cambray*.
(2) *La Bataille d'Aleschamps*, page 347.

mais le service de Dieu est le but de toute sa vie :

> Moult se pena toz jorz de Dieu servir,
> Et de sa loi essaucier et chérir,

Il finit par se faire moine et a sa place dans les *Acta Sanctorum :*

> Tant fist en terre qu'es ciex est coronez (1).

Aussi le récit de la vie des chevaliers, et notamment de celle de Gérard de Rossillon, était-il traité dans les abbayes comme légende des saints :

> Quar on lit au mangier, c'est chose toute certe,
> Ainssin comme de sains les fais Girart et Berte.

Le sentiment religieux des chevaliers français se manifeste avec éclat dans toutes les grandes circonstances de leur vie. Ainsi, même lorsqu'il n'y a pas à proprement parler de miracle, le héros ne s'attribue pas ses propres succès :

> Voit le Guillaumes, Damledeu en loa,
> Lui et sa mère doucement réclama,
> De cele honor forment le mercia (2).

Au moment où Olivier déjà blessé va combattre le terrible Fierabras, Charlemagne ne pense qu'à prier Dieu :

> « Hé Dius, dist Karlemagnes, biaus rois de maïsté,
> De mon dru Olivier praigne vous en pitié,

---

(1) *Li Charrois de Nysme,* vers 13.
(2) *La Bataille d'Aleschamps,* vers 1494. Voir aussi les vers 6016, 6221, 6838.

K'encore le revoie harlige et en santé ! »
De son mantel de soie a son cief couverté,
A sa capele vint, le cief tint incliné,
Puis a du crucefis les II piés acolés;
Humelement de cuer à Jhésu réclamé
K'il en aïde soit Olivier, son privé (1).

Après la prise de Mautrible, le même empereur voit défiler ses chevaliers victorieux :

Vers le ciel regarda par grant humelité :
« Sire, père de glore, tant m'avés hui amé,
« Et donné en cest siucle si très grant poesté !:... »
Puis a seignié son cief, s'a le ciel encliné (2).

La confiance dans la divinité est telle que, chrétiens ou musulmans, les combattants sont toujours occupés à établir une comparaison entre la puissance de leurs dieux. Vivien dit à ses compagnons pour les rassurer :

Nos somes juesne et bacheler de pris,
Se avons armes tot à notre devis,
Et bons chevaus, coranz et arabiz,
Et bien créons el roi de paradis,
Que il fu morz et puis fu surrexis;
Et cil paien croient en or marsiz.
Tuit lor Deu sont doloreus et chétis;
Li nostre Dex vaut mielz que cent et dis (3).

Guillaume au Court Nez, assailli par les Sarrazins, s'écrie :

— Dex, dit Guillaumes, or ai de vos mestier,
Secorez, sire, le vostre chevalier !

---

(1) *Fierabras*, page 24, édition de MM. Krœber et Servois.
(2) Ibid., page 155.
(3) *Li Covenans Vivien*, édition de Jonckbloet, vers 391.

> Lors esperonne par delez un rochier.
> Paien li crient : « N'en irez, losengier !
> Ja vostre Deu ne vos aura mestier,
> Ne vos porra secorre né aïdier (1). »

Dans une autre rencontre, deux chefs sarrazins disent au même « chevalier de Dieu » :

> N'aurez garant de vostre roi Jhésu (2) !

Dans *la Chanson de Roland*, Turgis, pour rassurer Marsile, ne trouve rien de mieux qu'une comparaison entre saint Pierre et Mahomet :

> Ne vos esmaïez unches :
> Plus valt Mahum que saint Père de Rume,
> Se lui servez, l'onur del camp est nostre.

La Bataille d'Aleschamps contient un assaut théologique qui précède le combat par les armes et l'explique. On voit clairement que Guillaume et Aarofles ne se battent pas pour témoigner de la puissance de Jésus ou de Mahomet (3). Le chrétien a demandé à son adversaire s'il lui a fait quelque tort et s'est déclaré prêt à le réparer ; le Sarrazin lui répond qu'il ne s'agit pas de cela :

> Dist Aarofles : « Moult as or fol pensé.
> Par Mahomet ! ne me vient pas à gré
> Que nus homs croie la Seinte Trinité,
> Né le bautesme, né la crestienté,
> Né que Jhésus ait point de poesté....
> Je me combat à toi, et sez comment :

---

(1) *La Bataille d'Aleschamps*, vers 977. Voir aussi le vers 1008.
(2) Ibid., vers 1232.
(3) Vers 1370 à 1420.

Crestienté qu'ele ne vaut néant......
— « Gloz, dist Guillaumes, de tot ce vos desment. »

Non-seulement chaque champion soutient la supériorité de sa foi; mais il exige que son adversaire s'y convertisse. On trouvera un bel exemple de ces dialogues dans les paroles échangées entre Charlemagne et Baligant avant leur combat (1). Il en est de même dans les chroniques rimées :

> Renaut, dist Garsions, moult as esciant :
> Car fais ce que te dis, par itel convenant
> Que tu croies Mahom et no dieu Tervagant....
> — Paien, ce dist Renaus, que vas-tu sermonant?
> Né toi né tous tes dieus ne pris mie un besant.

Renaut Porquet est fait prisonnier et Garsion le vient sermonner de nouveau :

> Di va, Renaut Porquet, que as-tu empensé?
> Creras en Mahomet, n'en sa sainte bonté?
> — Naïe, ce dist Renaus, né qu'en un chien tué (2).

Le paradis est promis au chevalier chrétien qui périrait dans le combat livré pour la cause de Dieu. Cette promesse se trouve dans tous les poëmes de la bonne époque. L'archevêque Turpin, avant la bataille de Roncevaux, adresse aux Français ce sermon :

> Chrestientet aidez à sustenir!
> Bataille avrez, vos en estez tuz fiz,
> Kar à voz oilz véez les Sarrazins.

---

(1) Pages 181 et 182 de ce volume. — *La Bataille d'Aleschamps*, vers 6588 à 6642.
(2) IV, 47 et 48.

> Clamez vos culpes, si preiez Deu mercit!
> Asoldrai vos pur voz anmes guarir;
> Se vos murez, esterez seinz martirs,
> Sièges avrez el greignor paréis. »
> Franceis descendent, à tere se sunt mis,
> E l'arcevesque de Deu les benéist,
> Par penitence lur cumandet à férir (1).

Dans *la Chanson d'Antioche* (2), l'évêque du Puy parle ainsi aux croisés :

> El non nostre Seigneur soient li escu pris.
> Sor moi prens les pechiés, les grans et les petis;
> Par nom de pénitence ferés sor Arabis.
> Cil qui morra des nos, bien soit chascuns fis,
> Avoec les innocens sera parés ses lis.

Aussi ne doit-on pas s'affliger de la mort d'un chevalier ni avoir d'inquiétude sur le sort de son âme :

> Dist li vesque del Puy : « Por quoi vous démentés?
> Laissiés ester cest dol et joie demenés,
> Et priés Dame Dieu, le roi de majestés,
> Por nous, qui somes vif, que il en ait pités;
> Quer sé Gouses est mors, l'arme iert à salvetés.

Mais c'est au moment de la mort que la piété du chevalier se montre de la manière la plus touchante. La mort de Roland est l'une des plus belles. Il y manque, cependant, un détail d'un effet poétique incomparable et qui se trouve, par exemple, dans le cycle des Lorrains quand le héros s'administre à lui-même la communion avec

---

(1) Édition de Théodore Müller, page 71. — Voir page 59 de ce volume.
(2) II, 17 et III, 27.

des brins d'herbe. C'est un des actes de foi les plus dramatiques. Voici les derniers moments de Bégon (1) :

> « Glorious peres, qui tos tans fus et ies
> Aiez de m'ame et mercis et pitié.
> Ha! Biautrix, gentïs franche moillier,
> Ne me verrez a nul jor desoz ciel.
> Garins, biaus freres, qui Lohéraine tiens,
> Jamais tes cors n'iert servis par le mien.
> Mi doi afant, li fil de ma moillier,
> Sé je véquisse, vous fuissiez chevalier,
> Or, vos soit pères, li glorious del ciel ! »
> Trois foilles d'erbe a prins entre ses piés,
> Si les conjure de la vertu del ciel,
> Por corpus Deu les reçut volentiers.
> L'ame s'en va del gentil chevalier. »
> Or, en ait Diex et manaide et pitié.

Il arrive aussi qu'au lieu de dire ses fautes à Dieu, le mourant se confesse à l'un de ses compagnons. Dans *la Bataille d'Aleschamps*, Guillaume au Court Nez assiste son neveu Vivien à ses derniers moments :

> A s'aumonière mist Guillaumes sa main,
> Si en tret hors de cel beneoit pain
> Qui fu seigniez sor l'autel Sain-Germain.
> « Niés, dist li cuens, or te ferai certain,
> De tes péchiez verai confès remain,
> Je sui tes oncles, n'i as or plus prochain
> Fors Damledeu le verai soverain;
> En leu de lui serai ton chapelain;
> A ce bautesme voil estre ton parrain :

---

(1) *Garin le Lohérain*, tome II, page 239; dans la traduction de P. Pâris, page 244. — Voir dans le même ouvrage la mort de Huon de Cambray, page 318.

Plus vos serai que oncles né germains.... »
Vivien fist en son devant cliner,
Moult doucement le prist à acoler :
Toz li gehist, n'i lessa que conter
De ce qu'il pot savoir et remembrer.

Dans *Raoul de Cambray*, Bernier commence par maudire l'ennemi qui l'a frappé à mort : puis il se recueille et se ravise :

« Diex notre père, qui pardon fist Longis,
Par tel raison, si com moi est avis,
La soie mort pardonna à Longis,
Li doi-je bien pardoner autresis :
Je li pardoins : Diex ait de moi mercit ! »
A icet mot apella Savari.
De ses pichiés à lui confès se fit,
Car d'autre prestre n'avoit-il pas loisir.
III fueilles d'erbe maintenant li rompi.
Si le resut por *corpus domini*.
Ses II mains jointes anvers le ciel tendi,
Bati sa colpe et Dieu pria mercit ;
Li oel li tremble, la color li noircit,
Li cors s'estent et l'arme s'en issi.
Diex la resoive en son saint paradis (1) !

Je rappellerai ici la piété des héros du *Schanameh*. Ainsi Rustem pendant une partie de la nuit qui s'écoula entre ses deux combats contre Sohrab, était resté prosterné faisant ses dévotions au Tout-Puissant. Rustem et Sohrab reconnaissent que leur force vient de Dieu. Sohrab proclame qu'il dispersera les Perses, avec l'aide de Dieu. Rappelons aussi les paroles de Rustem citées à la page XIX. On

---

(1) Page 327.

trouvera bien çà et là dans le *Ramayana* quelques sentiments fatalistes (1) et même un chapitre dicté par les esprits forts des bords du Gange ; mais ces dissertations sont en opposition directe avec le ton général de l'œuvre et évidemment ajoutées à une époque relativement récente.

DE L'IDÉE DU DROIT.

L'un des caractères les plus saillants de nos épopées chevaleresques est la préoccupation du droit, préoccupation qui correspondait à un besoin impérieux de l'esprit public pendant la première période du moyen âge. Au même ordre d'idées se rattachent les inventions reproduites, par exemple, dans *Reali di Francia* et dans la légende allemande de saint Annon, et qui sont relatives, soit à l'origine des Franks, soit au droit de leurs princes à exercer l'empire. « Jamais, dit à ce sujet Ozanam, on ne produisit plus de titres faux, parce que jamais les peuples ne se montrèrent moins disposés à reconnaître les pouvoirs sans titres. Les imaginations étaient crédules, mais les consciences étaient exigeantes (2). »

---

(1) « Le destin est irrésistible. » Tome III, page 69. — « L'homme ici-bas n'est pas libre dans ses actes ni maître de lui-même. C'est le destin qui le traîne à son gré çà et là dans le cercle de la vie. » Tome III, page 268.
(2) *Études germaniques,* tome II, page 370.

Dans le poëme de *Raoul de Cambray*, le droit est toujours mis en avant (1) :

> Diex soit au droit ! à tort me laidangiez....
> Car il ot tort, siens ne fu pas li drois....
> Mais Diex et drois aida Berneçon tant.....

De même, dans le cycle des Lorrains, on trouve des phrases comme celles-ci : L'homme déloyal ne peut durer. — Jusque-là il avait le droit. — Il faut toujours s'en tenir au droit, si l'on ne veut pas renoncer à Dieu (2). La même préoccupation se rencontre dans le *Ramayana* et notamment dans le combat de Rama contre quatorze démons (3).

La victoire est attribuée à Dieu ; mais Dieu donne la victoire à celui qui a le droit. C'est ainsi que, dans la guerre contre Baligant, les Français proclament qu'ils doivent suivre Charlemagne, non-seulement parce qu'il est leur empereur, mais parce qu'il a le droit :

> Carles a dreit, ne li devons faillir.

Le combat s'engage, et l'empereur après avoir excité ses chevaliers à venger leurs parents tués à Roncevaux, arrive à l'argument décisif :

> Ja savez vous contre paiens ai dreit.

Mais il faut que les Français le reconnaissent :

> Respondent Franc : Sire, vos dites veir.

---

(1) Pages 194, 233 et 121.
(2) Pages 145, 272 et 312 de la traduction de M. P. Pâris.
(3) Pages 146 et 208 du tome IV.

Lorsque l'émir Baligant voit l'étendard de Mahomet renversé par Ogier, il doute de son droit, contre lequel semble déjà se prononcer le jugement de Dieu :

> Li amirals alques s'en aperceit,
> Que il ad tort e Carlemagnes dreit.

Le combat ne peut pas finir sans que la question de droit soit décidée :

> Josque li uns sun tort i reconnuisset.

Dans la même chanson, Roland s'écrie au milieu des combats :

> Chrétiens ont droit et Sarrazins ont tort.

Ils ont tort d'être Sarrazins, c'est-à-dire renégats :

> Carles a dreit envers la gent resnie.

Aussi sont-ils félons à Dieu, c'est-à-dire les félons, les traîtres, par excellence. Cette théorie place les musulmans en dehors du droit des gens, comme on le trouve clairement expliqué dans *la Bataille d'Aleschamps* (1) :

> Respont Guillaumes : « Vos dites cruauté :
> Puisque li home n'aime crestienté,
> Et qu'il het Deu et despit charité,
> N'a droit en vie, je 'l di par vérité,
> Et qui l'ocist, si destruit un maufé...

---

(1) Vers 1173 à 1180, et 671 à 675. — Voir aussi *la Chanson de Roland*, pages 6, 185 et 186 de ce volume.

DE L'IDÉE DU DROIT.   LXXXI

> Tuit estes *chien* par droiture apelez,
> Car vos n'avez né foi né léauté. »

Guillaume agissait en conséquence :

> Onc n'ot nul jor vers paiens de loisir,
> Quand le tenoit, ne'l fesoit pas languir,
> Mes a droit ore l'âme del cors partir;
> Il ne'l met mie en sa prison gésir.

La loyauté envers un ennemi de cette nature, envers un *chien*, n'était peut-être pas dans la théorie religieuse et politique de l'époque; mais les mœurs chevaleresques étaient plus fortes que la théorie. Presque toujours le Sarrazin est traité chrétiennement et chevaleresquement. Le trouvère d'*Agolant* et bien d'autres n'hésitent pas à leur attribuer les plus nobles qualités :

> Agolans sire, nobile justisier.

Dans le roman de *Raoul de Cambray*, le payen Corsuble a une oriflamme comme le roi très-chrétien; il dit à Bernier :

> Je vos comment m'oriflambe à porter (1).

Renouart, aux prises avec le payen Baudus, défend à ses compagnons d'assaillir son ennemi.

> « Baron françois, gardès n'i ait meslée ;
> Que por celui cui j'ai m' ame voée !
> Se commenciez né orgueil ne posnée,
> Par quoi sa char soit par vos entamée,

---

(1) Édition Leglay, page 301.

> Ja en auroiz dolereuse soudée. »
> Quant François l'oent, s'ont lor resne tirée :
> Tuit quoi se tindrent en mi une valée.
> La bataille ont tot en pais esgardée.

La première règle du droit des gens, dans nos poëmes, était la théorie du respect dû aux ambassadeurs.

On voit par *la Chanson de Roland*, par le roman de *Garin*, par celui de *Fierabras*, par *la Chevalerie Ogier*, par le roman des *Quatre Fils Aymon*, et surtout par *la Prise de Pampelune*, que les ambassades étaient chose fort dangereuse, d'autant plus que les messagers se faisaient un point d'honneur d'être le plus insolents. Le droit est souvent violé, mais non impunément. Ainsi Charlemagne fonde son agression contre Marsile sur ce que ce prince a tué ses envoyés Basan et Basile. Il était reconnu, même par les payens qu'un tel acte est une vilenie, témoin ce passage fort curieux du poëme même où est raconté l'assassinat de Basan et de Basile. Les Sarrazins se précipitent sur un autre messager pour lui faire un mauvais parti (1);

> Mes Balugant sourvint che oy le remour.
> Quand vit ensi envaïr li frans ambaseour,
> As Paiens escria : « Tres vous arier, seignour,
> Ce est grand vilénie, par Dieu le roi de Sour! »
> A cist mot se tréïrent arière tretous celour;....
> Lour s'en vint à Marsile Balugant plein d'urour,
> Et dist : « Foy que doi Dieu, ci a cétis labour,
> Quand pris e honour avés torné à desenour. »

---

(1) *La Prise de Pampelune*, édition de Mussafia. Vienne, 1864. Page 85. — Voir aussi page 12 de ce volume.

Un payen protége aussi le duc Nayme dans son ambassade auprès d'Agolant (1).

C'est ainsi que, dans le *Ramayana*, l'on trouve un discours sur les droits et les devoirs des ambassadeurs, et que Lakshmana se croit obligé d'insulter le roi Sougriva auprès duquel il est envoyé en ambassade, comme Gane brave Marsile dans *la Chanson de Roland*.

Les luttes étaient aussi assujéties à des règles : il fallait, comme cela se pratique encore aujourd'hui entre les montagnards albanais ou monténégrins, prévenir son adversaire qu'il eût à se tenir sur ses gardes. Lorsqu'Olivier, aveuglé par le sang qui coule sur ses yeux, ne reconnait pas Roland et le frappe, celui-ci lui fait observer qu'il ne l'a pas défié. Pour sauver l'horreur du rôle de Gane, le trouvère de *la Chanson de Roland* met à la bouche du traître un défi public contre Roland et les douze pairs. Aussi dans son procès, Gane dit-il qu'il ne doit pas être regardé comme traître, attendu qu'il a défié publiquement les héros qu'il a fait périr. Dans *la Chanson de Girard de Viane*, Olivier et Roland, qui vont se battre, échangent le dialogue suivant :

— « Sire Roland, puisque il est ansi
Ki envers vos ne puis trover merci,
Ne dites mais ke vos aie traï.
Gardeiz voz bien; désormais vous défi.
Devant le cop, vos en ai bien garni. »
— Respont Rollan : « Je vos ai bien oï. »

---

(1) Édition Bekker, pages LXIV et LXV.

Il est question sans cesse de ces défis dans le beau poëme de *Raoul de Cambray* :

> De la lor part loiaument vos deffi.
>
> G'il deflai dedens son povilon.

Voici un autre exemple dans lequel se trouve indiquée la formalité extérieure de ces défis :

> Il prent III pox de l'ermin qu'ot vesti,
> Parmi les mailles de l'auberc esclarci,
> Envers Raoul les geta et jali.
> Puis li a dit : *Vassal, je vos desfi!*
> *Ne dites mie je vos aie traï* (1).

Nous retrouverons dans le cycle des Lorrains les mêmes délicatesses de conscience sur la nécessité du défi préalable. Le roi lui-même est tenu de se conformer à cette règle, comme il résulte de ce passage de *Garin* (2) :

> Et chanterons dou riche roi Pepin...
> Li mesagiers au tref le Flamant vint,
> Iluec trouva sur une coute assis.
> Com il le voit fièrement li a dit :
> « Li rois vous mande, qui chevalier vous fist,
> Donna toi Flandre et l'onor à tenir,
> Par votre orgueil avez son home assis.
> Flandres penra, si en seras fors mis. »
> Et dit li quens : « Follie avez requis :
> Ains que Pepins soit de Flandre saisis,
> En morront cent qui aincores sont vis. »
> Di li messages : « Je vous ai bien oï,
> Il n'i a autre : de par lui vous défi.
> Se atandez que li rois vengne ici,
> Il vous fera coureçous et marris. »

---

(1) Pages 86, 191 et 91.
(2) Tome Ier, page 211. — Page 85 de la traduction.

> Quant li mes ot la parole féni,
> Tornés s'en est desor son bon roncin.
> A Loon vint lendemain ains midi.

On observait la même règle pour défier le roi. Guillaume au Court Nez veut rompre avec Louis le Débonnaire :

> Il s'abessa, si a pris un bâton,
> Et dist au roi : « Vostre flé vos randon ;
> N'en tiendrai mais vaillissant un bouton,
> Né vostre amis ne serai né vostre homs (1). »

Voici un exemple tiré de *Garin le Lohérain* :

> « Vostre home estoie huimais, bien le savez,
> Et ge et nos estiens accordé ;
> Li vostre homage soient quite clamé ! »
> Lors prent deus peus de l'ermin engoulé,
> Au roi les a emmi le vis geté :
> « Girbers, dit-il, or soies défiés ! »

Le plus grand reproche qu'on puisse faire à un chevalier, c'est d'avoir assailli son ennemi sans le défier :

> Haï, biaus sire, le ferez-vous ensi ?
> Foi que dois Dieu, tort avez envers mi.

Isoré se repent :

> « Droit en avez, dist Isorés le gris,
> S'ai contre vous trop durement mespris.....
> Mais contre vous, foi que dois saint Denis,
> Ne porterai mais armes, biaus anmis. »
> Son escuier apelle, si li dist :
> « Retorne arrière et ta gent autresi (2). »

---

(1) *La Bataille d'Aleschamps*, vers 3293 à 3297.
(2) *Garin le Lohérain*, tome Ier, pages 170-172.

L'envoyé du duc Bégon, frère de Garin, se plaint aussi à Pépin de ce que les hommes-liges l'ont assailli sans l'avoir défié, et sans que le roi ait fait contre lui la moindre plainte. Les mêmes scrupules se retrouvent dans *la Chanson d'Antioche :*

> Or, dites que pensés,
> Des bons barons de France que destruire volés ?...
> Sé vous mal lor faisiés, ce semblerait viltés,
> Quant ne avés encor de nient escriés (1).

On accordait des trèves soit pour enterrer les morts, soit pour mettre fin aux hostilités. Après la mort de Raoul de Cambray, son oncle Géri fait demander une trève à l'ennemi :

> « Geri vos mande, li preus et li hardis
> Respit et trives, par le cors saint Denis,
> Tant que ces niès soit dedens terre mis. »
> — « Nous l'otrions, dist Ybers li floris,
> Cil les demande jusqu'al jor del juis. »

Au lieu d'accepter cette trève jusqu'au jugement dernier, Géri veut recommencer le combat dès qu'il a fait enlever le corps de son neveu; mais il faut que la cessation de la trève soit dénoncée. Il dit à l'un de ses chevaliers :

> « Piere d'Artois, r'alez à ox corant :
> Rendés lor trives, n'es quier porter avant. »
> Et cil respont : « Tout à vostre commant. »
> As fix Herbert s'en va esperonnant.
> Si lor escrie hautement en oiant :
> « Geris vos mande, par le cors saint Amant,

---

(1) II, 4.

> Tenez vos trives ; saichiès à esciant,
> C'il en a aise, n'arés de mort garant. »

Tout ce roman roule sur le droit des seigneurs et de leurs enfants à l'endroit des fiefs. C'est un grand procès féodal. Le même ordre d'idées se trouve dans *Garin* et dans *li Charrois de Nysmes* où le roi dit à Guillaume au Court Nez :

> Pren donc la terre au marchis Bérengier,
> Mort est li cuens, si prenez sa mollier.

Guillaume, qui est, par excellence, le défenseur du droit, lui répond :

> Il n'a en France si hardi chevalier,
> S'il prent la terre au petit Bérengier,
> A ceste espée tost ne perde le chief !

Puisque nous avons parlé du droit, rappelons, avec M. Guizot, que, « pendant le moyen âge, c'est la papauté qui a été l'interprète, le défenseur, le patron du droit des gens (1). » Du reste, sous ce rapport et sous beaucoup d'autres, il ne faut pas confondre, comme on l'a fait trop souvent, l'âge d'or de la poésie et de la chevalerie avec les temps qui ont suivi immédiatement. Ainsi, à l'époque où furent composés *le Héron* et *le Combat des Trente*, les mœurs et les sentiments ont bien dégénéré de ce qu'ils sont dans nos anciennes chansons de geste.

---

(1) *L'Église et la société chrétienne en* 1861, page 103.

DE L'AMOUR.

Après l'intervention du pouvoir surnaturel, l'amour est le ressort le plus habituel des compositions poétiques. Mais ce sentiment s'y montre sous des formes bien différentes, et la façon dont il est traité correspond au caractère de l'œuvre. Dans toutes les compositions réellement épiques, l'amour apparaît avec une véritable grandeur et il ne s'écarte pas des lois de la nature. Ou bien c'est le sentiment de personnes qui s'aiment pour devenir époux; ou bien, et le plus souvent, c'est l'amour des époux dans toute la tendresse et la gravité de la vie conjugale, comme Rama et Sita, comme Ulysse et Pénélope, comme Sigfried et Krimhild, comme Gérard de Roussillon et Berthe, comme Bégon et Béatrix, comme Rodrigue et Chimène; ou bien encore ce peut être la passion physique dans sa vérité. Mais dans une véritable épopée, on ne trouvera rien qui ressemble à ce sentiment faux, à cette sensibilité nerveuse, à cette exaltation sophistique, à cette mièvrerie énervante, à ces théories paradoxales, à ces débauches d'esprit qui jouent un si grand rôle dans les œuvres d'un ordre inférieur et qu'on peut caractériser et flétrir sous le nom de galanterie. La débauche et l'adultère n'ont été poétisés que dans l'époque de décadence. Mais la galanterie a apparu de bonne heure dans les compositions des poëtes provençaux où elle s'allie assez malheureusement à un mysticisme religieux dont on retrouve des traces, à la vérité épurées, dans les œuvres de Dante et de Pétrarque.

La Chanson de Roland est remarquable par une absence complète de galanterie (1). L'amour y apparaît, cependant, dans toute sa force puisque Aude meurt en apprenant la mort de son fiancé. La femme du roi des Sarrazins, Bramimonde est aussi un personnage plein d'intérêt. Ces figures d'épouses chastes, discrètes, dévouées ne sont pas rares dans nos poëmes de la grande manière. Nous nous contenterons d'indiquer *Berte aux grans piés, Raoul de Cambray, Girart de Rossillon* et *Garin le Lohérain* (2). Le duc Begon, frère de Garin, est dans son château avec sa famille (3) :

> Un jor fu Begues au chatel de Belin,
> Dejouste lui la belle Biatris.
> Li dus li baise et la bouche et li vis,
> Et la duchoise moult doucement en rist.
> Parmi la salle vit ses deus fis venir.
> Ce dist la lettre; li ains nés est Gerins,
> Et li mains nés ot à non Hernaudin :
> L'un ot douze ans et l'autres en ot dix.
> Ensemble o aus sis damoisiaus de pris.
> Vont l'un vers l'autre et corre et tressaillir;
> Juer et rire et mener lor délis.

---

(1) Article de M. Vitet dans la *Revue des Deux-Mondes* du 1er juin 1852.

(2) Voir dans le poëme saxon de Beowulf, au vers 1215, l'apparition de la reine à un banquet.

(3) Tome II, pages 217 et 240, et page 233 de la traduction de P. Paris.

Sur le point d'expirer dans une chasse, dont Béatrix avait voulu le détourner, il s'écrie :

> Ha! Biautrix, gentis franche mollier,
> Ne me verrez a nul jor desoz ciel !

L'amour de Guillaume au Court Nez pour sa femme est peut-être le plus touchant (1). Dans toutes les circonstances de sa vie, la pensée du héros se reporte immédiatement vers Guiborc et il jure par elle :

> Foi que je doi Guiborc, que moult ai chière.

Resté seul sur le champ de bataille avec quatorze chevaliers, au milieu des Sarrazins, Guillaume au Court Nez s'écrie :

> Dex, dist Guillaumes, dame sainte Marie!
> Or voi-je bien, moult es corte ma vie.
> Dame Guibor, douce suer, bele amie,
> La nostre amor sera hui départie.
> A toz jorz mès nostre joie fenie !

Il tombe dans un nouveau danger et il adresse cette prière à Dieu :

> Dex, dist Guillaumes, s'aïde ton vassal...
> Qu'encor revoie Guiborc au cors léal,
> Et Looys l'empereor vassal
> Et Aymeri, mon chier père charnal,
> Et Ermangart, ma mère natural,
> Et mes chiers frères qui sont bien principal.

Dans *la Chanson d'Antioche* (2) Raimbaud Creton,

---

(1) *La Bataille d'Aleschamps*, vers 630, 465 et 580.
(2) IV, 43. — Traduction de la marquise de Saint-Aulaire, page 189.

pris par les Sarrazins, pense aussitôt à sa femme et prie Dieu de bénir ceux qui lui feront du bien :

> Ahi ! amie bele, ja mais ne me verrés
> Né jou vous né vous moi, tant sui-je plus irés.
> Hui matin quant partis, et je fui retornés,
> Quatre fois me baisastes par moult grans amistés :
> Cil qui bien vous fera soit de Dieu honorés.

Aussi les femmes qui inspiraient de tels sentiments aux chevaliers de la première croisade en étaient bien dignes. Tancrède et Bohémond sont aux prises avec les Sarrazins et accablés par la chaleur ; les femmes « de leur pays » leur apportent à boire sur le champ de bataille :

> Li jors fu biaus et clers et li solaus levés,
> Tout droit à miedi fu li jors escaufés.
> Li barnages ot soif, si fu moult oppressés ;
> Forment désirent l'aigue li chevalier Tangrès.
> Mestier lor ont éu celes de leur regné,
> Les dames et pucieles dont il i ot assés ;
> Quar eles se rebracent, les dras ont jus jetés,
> Et portèrent de l'aigue aus chevaliers lassés
> As pos et as escueles et as henas dorés :
> Quant ont bu li baron, tout sont resvigorés (1).

Mais c'est encore dans *la Bataille d'Aleschamps* (2) qu'on trouve le plus beau type de l'épouse dont on peut dire avec le grand poète allemand : « Mon Dieu, donne une femme comme elle à ceux que tu aimes ! » ou avec Shakespeare : « Ô dieux, rendez-moi digne de cette noble femme ! » Guillaume au Court Nez se rappelle sur le champ de bataille que

---

(1) III, 12. Page 105 de la traduction.
(2) Vers 1105, 2162 et 2190.

Guiborc a partagé ses travaux pour la défense de la chrétienté :

> Sainte Marie, aiez de moi pitié!
> Biax sire Dex, menez-me à saveté
> A la contesse, qui moult m'a désiré!
> Ensemble avons tant grant mal enduré
> Por essaucier sainte crestienté!

Lorsque Guillaume est rentré vaincu dans Orange où les Sarrazins l'assiégent, sa femme l'empêche de se laisser abattre et lui conseille d'aller réclamer le secours de Louis le Débonnaire. Avec les autres dames, elle défendra Orange en son absence :

> « Sire Guillaume, dit Guiborc en plorant,
> Car i alez par le vostre commant.
> Je remendré en Orenge la grant
> Avec les dames dont il a çaienz tant....
> Je ère armée a loi de combatant,
> D'auberc et d'elme et d'espée tranchant.
> Par cel apostre que quièrent pénéant,
> N'i a paien, Sarrazin né Persant,
> Se je l'atieng d'une pierre en ruant,
> Ne le coviègne cheoir de l'auferrant. »
> Ot le Guillaume, Guiborc vet embraçant.
> Par grant amor se vont entrebesant ;
> Li uns por l'autre vet de dolor plorant.

Guillaume va à Laon, il en ramène une armée, Orange est délivrée, les Sarrazins battus. Le père, les frères de Guillaume et ceux des chevaliers qui ne sont pas blessés rentrent dans leurs pays. Alors le comte d'Orange est pris de douleur et de découragement en pensant à tous ceux qu'il a perdus à la première bataille d'Aleschamps, et surtout à son neveu Vivien; mais Guiborc le soutient. Elle s'élève ici, comme compagne, bien au-dessus de toutes les autres femmes épiques, au-dessus de Pénelope et de Chimène. Je ne vois plus que Sita qui puisse lui être comparée (1) :

> Plore Guillaumes : Guiborc le conforta :
> « Gentix cuens, sire, ne vos esmaiez jà,
> Tex a perdu qui regaaignera,
> Et tex est poures qui riches devenra.
> Tex rit au mains, au vespre plorera.
> Ne se doit plaindre li homs qui santé a.
> Bone pièce a li siècles commenca,
> Mors est Adans que Dex primes forma,
> Et si enfans quanques il engenra;
> Par le delouve, toz li mondes noia,
> Fors que Noé plus nus n'en eschapa.
> Ensi le volt. Le monde restora.
> Moult a duré et encor duerra;
> Jà de la mort uns seus n'eschapera.
> Tant com el siècle chascuns demouerra.
> Si se contiegne au miex que il porra,
> Se il sert Deu, à bone fin venra.
> Moult doit liez estre qui bone femme a,
> Et s'il est bons de fin cuer l'amera,
> Le bon consell qu'el li donne créra;
> Et je suis cele qui bon vos le donra
> Refai Orenge, à grant pris tornera;
> Del grant avoir qu'en l'Archant ariva,
> Mande sergans, assez en i venra.
> Se le pues faire, jà mès garde n'aura,
> Et je suis cele qui moult s'en pènera. »
> — « Dex ! dist Guillaumes, quel contesse ci
> Jà mès el siècle itèle ne naistra ! »

---

(1) Vers 8020 à 8057.

DE L'AMITIÉ.

Les chevaliers français sont entre eux d'une grande courtoisie. Ainsi Roland

> Vers Sarrazins reguardet fièrement,
> E vers Franceis humèle et dulcement (1).

Guillaume au Court Nez fait le même éloge de son neveu Vivien :

> Mès ainz lions ne fu si combatanz.
> N'estiez mie estoz né ramponanz,
> Desor vos pers orgueilleus né proisanz,
> N'onques ne fustes de proesce ventanz,
> Ainz estiez douz et humelianz,
> Et sor paiens hardiz et conquéranz (2).

Cette courtoisie n'a rien de fade et n'exclut pas l'explosion de la passion.

Mais nos chevaliers sont animés de sentiments plus intimes les uns envers les autres. Lorsque l'un d'eux a fait un beau coup, les autres y applaudissent avec entraînement. Il y a entre eux une fraternité vraie.

L'amitié de Roland et d'Olivier est le plus beau type connu de ce sentiment. Les deux chevaliers s'adoptent comme frères sur le champ de bataille. Ce sont les Ἀδελφόποιήτι de la Grèce, les Po-brati

---

(1) Édition de Müller, page 73.
(2) *La Bataille d'Aleschamps*, page 236.

serbes. Rama contracte de même une fraternité d'armes avec Sougriva (1).

Dans le roman de *Fierabras* Olivier s'exprime avec enthousiasme sur son ami devant lequel il se rabaisse lui-même :

> Onques Dius ne fist homme, tant soit de haute gent,
> Si Roland s'i combat, ne faice recréant;
> Oliviers ne vaut mie encontre li I gant (2).

Aussi l'amitié des deux chevaliers était-elle devenue proverbiale :

> Plus ne s'amèrent Rollans e Oliviers (3).

L'affection des héros prend un caractère encore plus touchant quand elle s'unit aux sentiments de famille. Le duc Bégon entouré de sa femme et de ses enfants se met à soupirer. La duchesse lui explique qu'il a tout ce qu'un homme de son rang peut désirer :

> Dist li dus : « Dame vérites avez dit;
> Mais d'une chose i avez moult mespris.
> N'est pas richoise né de vair né de gris,
> Né de deniers, de murs né de roncins;
> Mais est richoise de parens et d'amins;
> *Li cuers d'un homme vaut tout l'or d'un païs...*
> En ceste marche m'a haubergié Pépins,
> Où je n'ai nul de mes prochains amins,
> Fors que Rigaut, et le sien père Hervi.
> Je n'ai qu'un frère, le Lohérenc Garin,
> Bien a set ans passés que ne le vis.

---

(1) Tome V, page 88.
(2) Édition de MM. Krœber et Servois, pages 17 et 14.
(3) *La Chevalerie Ogier*, vers 3441.

> S'en sui dolens, ouréciés et marris.
> Or, m'en irai à mon frère Garin
> Et si verrai l'afant Girbert, son fil,
> Si m'aït Diex! que je onques ne vis (1). »

LES PETITS.

Je parlerai maintenant des rapports des chevaliers avec les gens de la ville et de la campagne. Le chevalier français aime ses inférieurs ; il a souci d'eux et il les traite en père de la famille (2). Ainsi, lorsque le seigneur assiégé fait une sortie, c'est son devoir et son honneur de ne rentrer que le dernier, quand tous les autres sont déjà en sûreté et il n'y manque jamais :

> Mais Bernars sait de guerre à grant plenté,
> Que bien en fu norris tout son aé ;
> Dist à sa gent : « Trop i avons esté,
> Tornons nous en. » Et ils s'en sunt tornés ;
> Trestout le pas ne s'i sant arrestés.
>
> Va s'en Bernars, li sires de Naisil,
> De tournoier ne fu plus entreprins ;
> Les siens enmaine, *tout derrière s'est mis*,
> Au chief du pont fu grans li fouléis ;
> Garins enchauce et ses niés Auberis ;

---

(1) *Garin le Lohérain*, tome II, page 220 du texte. — Page 234 de la traduction.

(2) La solidarité était si bien dans les mœurs au moyen âge, qu'un orateur politique très-célèbre en parlait le 11 janvier 1864 au Corps législatif comme d'un des caractères généraux de cette époque. « A côté des violences de ce temps, disait M. Thiers à propos de n'importe quoi, la Providence avait placé le sentiment de la protection du faible. »

> Et dist Bernars : « Passez tôt à loisir,
> Ne doutez home tant com je soie vis (1). »

Dans la même chanson, le trouvère raconte qu'Aimon donne à ses gens le signal du retour dans la ville et qu'en chevalier courageux et hardi, il reste avec ses fils sur le dernier rang pour supporter le grand poids de la poursuite (2).

L'auteur du poëme sur le couronnement de Louis le Débonnaire fait ainsi l'éloge de la cour de Charlemagne :

> Por la jostice, la poure gent i vet;
> Nus ne se claime qui très-bon droit n'en ait (3).

Dans *la Bataille d'Aleschamps*, voici venir Renouart,

> L'espée au poing, plus est fier que sangler.

Tout fier qu'il se montre, et il a lieu de l'être après les grands coups qu'il a frappés sur les Sarrazins, voyons l'accueil qu'il va faire à un paysan dont les fèves ont été endommagées (4) :

> Un poures homs li commence à crier :
> « Sire, merci, je vueil à vos parler.
> Des Sarrazins me vieng à vos clamer.
> Que en mes fèves vi ier matin entrer :
> Onques por moi ne vorrent remuer,
> Totes lor vi essillier et gaster.
> Je's cuidai vendre et del pain acheter

---

(1) *Garin le Lohérain*, tome II, page 51.
(2) *Garin le Lohérain*, page 259 de la traduction.
(3) Vers 32, édition de Jonckbloet.
(4) Vers 7063 à 7170.

> Por mes enfanz et por moi gouverner :
> Ne lor avoie autre chose à doner,
> Or les convient trestoz de faim enfler. »
> Dit Renoars : « Mar l'osèrent penser.
> Par saint Denis, ferai lor comparer,
> Tot le domage te ferai restorer,
> Chascune cosse un denier acheter. »
> Dist li vilains : « Jhesus vos puist sauver ! »

Ayant obtenu de Guillaume au Court Nez la permission de punir les Sarrazins qui ont « robé la vitaille à ses hommes, » Renouart

> O lui enmaine le poure home chenu.
> Desi as fèves ne sont arestéu.
> Renoars monte sor un fossé herbu,
> Voit maint paien armé et fervestu,
> A sa voiz clère les escria à hu :
> « Fil à...... (1), Sarrazin mescréu,
> Mar i avez la favière abatu.
> Je gart les fèves, g'en aurai le tréu :
> J'à en dourés mil mars d'or fin molu
> Où jà serés par les gueules pendu.
> Fil à......, trop éustes béu
> Quant un poure home avez le sien tolu....
> Fil à......, mar entrastes ès fèves ;
> Ne's aviés errées né semées,
> Li poures hom les avait ahanées,
> Se's devoit vendre à petites denrées. »

Après avoir ainsi vidé la question de droit, circonstance obligée dans une chanson de geste, Renouart tue les Sarrazins et donne leurs armes et leurs chevaux au paysan.

> Dist li vilains : « Ci a bones soldées ;
> Or sont moult bien mes fèves achatées.
> Bien soit de l'eure qu'eles furent semées ! »

---

(1) Courtisanes.

Guillaume au Court Nez, poursuivi par les Sarrazins, se présente sous les murs d'Orange et demande à sa femme de lui ouvrir les portes. Celle-ci ne le veut faire qu'à bon escient. Pendant que le héros cherche à se faire reconnaître, les Sarrazins massacrent ses vassaux : la noble dame lui répond qu'il n'est pas Guillaume :

>Or puis je bien prover
>Que tu n'es mie dans Guillaume li bers,
>La Fièreblace qu'en solait tant loer;
>Ja n'en lessasses paiens nos genz mener,
>Né à tel honte batre ne dévorer;
>Ja ne's soffrisses si près de toi mener (1).

Le même chevalier arrive à Laon pour réclamer le secours de Louis le Débonnaire contre les Sarrazins qui assiégent Orange. Il est dans le malheur ; personne de la cour ne vient le saluer, ni prendre son cheval, ni lui offrir l'hospitalité excepté un bon bourgeois (2) :

>Quand ils le virent qu'il ert si denuez,
>Onques ne fu basiez né acolez;
>Mauvaisement fu li cuens saluez;
>Mès par contraire fu assez apelez,
>Et d'uns et d'autres escharniz et gabez....
>Un frans borjois, Guimar l'oï nomer,
>L'enmaine o lui, si l'a fet osteler,
>Et son cheval richemant establer..
>A une table l'a fet la nuit souper.

Guillaume raconte toutes ses affaires au bon bour-

---

(1) *Guillaume d'Orange*, page 265. Édition de Jonckbloet. La Haye, 1854.
(2) *La Bataille d'Aleschamps*, vers 2661 et 3729.

geois Guimar. Le lendemain, il force le roi à lui venir en aide, il y a une réconciliation générale et Guillaume est aussi fêté alors qu'il était dédaigné la veille; mais le « marquis au visage fier » n'oublie pas ses hôtes de la veille; il les amène avec lui au banquet dans lequel l'empereur, l'impératrice et toute la cour célèbrent la réconciliation :

> As mestres tables, sist la flor del barnèz.
> La fist Guillaume che frans homs honorez,
> Qui dans Guimar et ses fiz a mandez,
> Et sa moiller au gent cors honoré :
> De joste lui les assist lez à lez.
> Li suens ostage fu bien reguerdonez....
> Et dit Guimar : « Sire, merciz et grez.
> Dex me doinst vivre qu'encor vos serve assez ! »
> — « Voir, dit Guillaumes, de moi estes amez. »

Mais il ne faut pas croire que quelqu'un se soit scandalisé de la présence de Guimar à la table impériale. Transportons-nous, en effet, dans la salle où a lieu le repas du noble duc Aymon et voyons qui il y avait convié.

> A ung iour solempnel tint cour dévotement
> Après le saint servische de Dieu omnipotent.
> Estoient ou palais assis moult noblement
> Au diner devant lui et ses hommes et sa gent,
> Chevaliers, escuyers et bourgois molt gramment,
> Dames et damoiselles assez et largement,
> Et bourgoises ossy, clerc et prestre ensement,
> Chanoines et prélas, et tant maint autre gent :
> *Chascun selon son estat fu assis franchement.*
> De tous mes ont assez, dont ils orent talent,
> Vins vieulx et vins blans et clare et piment....
> Après diner se lièvent li petits et li grands (1).

---

(1) *Agolant*, vers 55 à 110.

Le roman de *Hugues-Capet* est très-remarquable par le rôle politique qu'y jouent les bourgeois (1). Du reste les inférieurs ne sont pas oubliés non plus sous le rapport du courage. Je me bornerai à indiquer ici le poëme des Lorrains et plus particulièrement encore celui de *Parise la duchesse* (2), où Richier et les autres bourgeois se montrent héroïques à faire envie aux douze pairs de France, si ces nobles chevaliers eussent été capables d'éprouver un tel sentiment.

La bienveillance à l'égard des petits était tellement dans les mœurs que le trouvère d'*Agolant* attribue le même sentiment aux chefs Sarrazins :

> Et fier et fel envers les orguillios,
> Envers povres, et humbles et pitos (3).

Aussi chacun s'intéresse au sort des héros : après avoir annoncé que Charlemagne finira par se réconcilier avec Renaud de Montauban, le trouvère ajoute :

> De quoy moult rejoy furent duc, conte et per,
> Chevaliers et *bourgois*, escuyer et bacheler,
> Et tous bons chrestiens delà et desà mer.

Les petits ne sont pas oubliés dans les chroniques rimées; ainsi dans *la Chanson d'Antioche* (4),

> Et ribaut les férirent qui nes vont espargnant,
> A peles et à haves en vont moult occiant.
> Paien sont desconfi, si s'en tornent fuiant.

---

(1) Pages cviii, 27 *et passim*.
(2) Voir page 60 et suivantes.
(3) Vers 841.
(4) II, 37. Page 89 de la traduction.

J'ajouterai que telle est la grande tradition épique. Ainsi le roi Daçaratha appelle les quatre classes à la célébration de son grand sacrifice de l'Asvamédah. Est-il besoin aussi de rappeler que, dans le *Schanameh*, qui a tant d'analogies avec nos chansons de geste, l'énergique résistance d'un simple forgeron délivre la Perse de la tyrannie de Zohak et que le tablier de cuir de Kaveh devient l'oriflamme des Iraniens?

De tout ce qui précède, il résulte que le héros des grandes chansons de geste représente dans toute sa vérité, l'idéal chevaleresque et chrétien. Cet idéal, saint Louis le réalise dans l'histoire; Guillaume au Court Nez, notre Cid, en est le type le plus complet dans la poésie légendaire. Roland en est l'expression véritablement épique. Roland peut nous dire comme Béatrix à Dante :

<blockquote>Guardami ben, ben son, ben son Beatrice !</blockquote>

Regarde-moi bien; je suis bien, je suis bien Béatrix,

c'est-à-dire l'idéal.

V

DE LA FORME.

LA COMPOSITION ET LE STYLE.

Celles des épopées indienne, persane, grecque, germanique, qui nous sont parvenues, ont été si librement remaniées par les rapsodes, par les rajeunisseurs, même par les copistes, qu'on n'y rencontre pas ordinairement l'unité qui est une des conditions de la beauté parfaite. Si les poëmes homériques présentent aujourd'hui cette unité, au moins dans la forme, on sait qu'ils la doivent au travail des grammairiens. Et encore, dès qu'on examine le fond même du récit, il n'est pas difficile de trouver les traces de la rapsodie. Dans les *Niebelungen*, il y a, pour ainsi dire, deux actions et même deux inspirations bien différentes, assez maladroitement cousues l'une à l'autre, si bien que même le nom générique des héros y change de sens. Le *Maha-Barata* est une espèce d'encyclopédie où l'on aurait fondu en un même corps d'ouvrage *la Divine Comédie*, *l'Iliade* et *la Légende dorée*.

Il y a beaucoup plus d'unité dans *la Chanson de Roland*. On peut dire, avec *l'Histoire littéraire de la France*, « que l'ordonnance du poëme est d'une régularité irréprochable et que l'unité d'intérêt lui donne une sorte d'avantage sur les autres épopées. L'action se lie, se développe et se dénoue avec une extrême clarté. » Un autre juge compétent, M. Vitet, trouve même que cette unité serait parfaite si l'on supprimait les épisodes de la guerre de Baligant et du procès de Gane.

La forme de nos chansons de geste est celle d'un récit entremêlé de dialogues. Les batailles sont une série de combats singuliers auxquels les héros s'excitent par des paroles. Comme dans Homère, ils s'injurient avant de s'assaillir, et ce dialogue, comme nous l'avons indiqué, est presque toujours consacré à la justification ou à la glorification de la cause pour laquelle le héros combat. Ces explications préliminaires sont si bien entrées dans les mœurs chevaleresques que, lorsqu'elles n'ont pas lieu, c'est une particularité que le trouvère se croit obligé de mentionner, comme, par exemple, au 5385e vers de *la Bataille d'Aleschamps* :

> Là ont la nôtre gent paiene encontrée :
> Ni ot parole dite ne devisée.
> Tant chevalier corent de randonée,
> Se vont férir sanz nule demorée.

Les nombreuses citations qui précèdent ont pu donner une idée du style de nos chansons de geste. Ce style est naturel et vivant ; il a un caractère bien marqué de sincérité et de force ; on se sent transporté dans une atmosphère saine. Cependant la fleuraison des chansons de geste ayant duré près de quatre siècles, il y a de grandes différences d'une œuvre à l'autre. *La Chanson de Roland* est la plus remarquable sous le rapport de la forme.

« On reconnaîtra, disent avec raison les auteurs de l'*Histoire littéraire de la France*, que le style en est simple, grave, imposant, d'une chaleur pénétrante... Le vers se forme de lui-même sans recherche, sans travail, sans ôter au langage ordinaire rien de sa libre allure. L'esprit poétique n'est pas dans un certain agencement de mots, dans l'emploi des comparaisons et des métaphores ; il résulte de la nature de l'action et de la grandeur des personnages. Cherchez, pour raconter les mêmes choses, d'autres vers et d'autres paroles : vous jugerez de la difficulté de mieux rencontrer en faisant autrement, et vous sentirez le mérite réel de cet inestimable monument de la poésie nationale. L'auteur ne tombe jamais dans les lieux communs, les longueurs, les négligences (1). »

Il appelle les choses par leur nom, comme la Bible, comme Homère et Dante. Il ne pense pas qu'il y ait des mots nobles dont on peut se servir en poésie, et d'autres mots qui ne doivent jamais entrer dans ce genre de composition (2).

---

(1) Tome XXII, page 735.

(2) « Jamais ce mot ne doit entrer dans la tragédie, » s'écrie de temps en temps Voltaire en ses commentaires sur Corneille.

Creuzé de Lesser dit dans la préface d'un poëme sur Roland : « Pour bien peindre des hommes qui se battent, il faut pouvoir dire où ils se blessent. Cependant il y a très-peu de parties du corps humain qu'il soit permis de nommer en poésie française..... On

On ne trouvera pas dans *la Chanson de Roland,* des passages ou des vers à effet : il n'y en a pas non plus dans *l'Iliade.* Si quelques morceaux, quelques vers peut-être, produisent plus d'impression que les autres, c'est à leur place dans l'ensemble et ils perdraient presque toute leur valeur à en être isolés. Cependant il y a certains moments où l'émotion augmente, non pas, je le répète, par les artifices du style, mais par l'intérêt ou la grandeur de la situation et par le développement correspondant des caractères. J'ai déjà parlé de la scène dans laquelle Gane brave le roi Marsile ; elle peut se comparer à tout ce qu'il y a de plus grand dans ce genre, avec le passage du *Schanameh* où Rustem reçoit les envoyés du roi Kaus, et même à la scène admirable des *Niebelungen* dans laquelle Hagen et Walter refusent de se lever devant Krimhilde. J'appellerai aussi l'attention sur le portrait de Roland au moment où les Français se disposent

---

ne peut presque rien spécifier..... Dans le combat de Roger et de Mandricart, l'Ariosto dit tout simplement :

Durindana tagliò cotenna, ed osso,
E nel capo a Ruggiero entrò due dita.

Durandal pénétra la peau, les os, et entra de deux doigts dans la tête de Roger.

« J'avoue, continue M. de Lesser, que, dans l'innocence de mon cœur, j'avais parlé de ces *deux doigts*, qui expriment si positivement la profondeur de la plaie. Les craintes unanimes de plusieurs littérateurs *pleins de goût* m'ont forcé à retrancher cette expression et à faire un autre vers plus poétique, mais plus vague, et tel qu'on ne sait pas bien jusqu'à quel point Roger est blessé. »

Le trouvère de Roland n'a pas de ces scrupules ; ce n'est pas lui qui, pour éviter le mot tambour, a appris à un traducteur de Dante cette *jolie* périphrase : « L'intrument bruyant qui excite nos guerriers. »

à attaquer les infidèles. Le second combat, celui dans lequel le gros de l'armée de Marsile, après la défaite de l'avant-garde, se rue sur les Français, est le nœud de l'action; il y a de ces luttes décisives dans presque toutes les épopées, et la nôtre n'a rien à envier au combat d'Ulysse et de Télémaque contre les prétendants, ni à la grande tuerie qui termine le poëme des *Niebelungen*. Les scènes qui suivent entre Turpin et Roland et les derniers moments du héros sont aussi remarquables par une sensibilité vraie que par le sentiment religieux. Il semble que Roland grandisse encore quand il sent que la mort lui est proche, comme Œdipe au moment où il entre dans le bois sacré pour y mourir. « Qui n'admire pas une telle page, dit avec raison M. Léon Gautier, n'a pas une goutte de sang chrétien ni de sang français dans les veines (1). » L'émotion va toujours croissant et notre épopée atteint les dernières limites du pathétique sans être tombée une seule fois dans l'exagération et dans les images dégoûtantes, lorsque l'empereur va seul chercher sur le champ de bataille le corps de son neveu. « Devant ces admirables scènes, dit M. Vitet, un seul mot vient à l'esprit, le mot *sublime*. » L'apparition de la fiancée dans la forme discrète du manuscrit d'Oxford vient terminer dignement l'œuvre de notre trouvère (2).

---

(1) *Études historiques pour la défense de l'Église,* page 268.
(2) Je ne puis pas, comme le font les auteurs de l'*Histoire littéraire,* excuser les additions verbeuses qui dénaturent cette admirable scène dans les autres manuscrits. Tome XXII, page 752.

LES RÉPÉTITIONS.

Les répétitions qu'on remarque dans presque toutes les épopées se trouvent aussi dans *la Chanson de Roland* et dans nos autres poëmes. Je ne puis nullement partager l'opinion de Fauriel et de quelques autres critiques qui y voient une imperfection. Ces répétitions sont souvent nécessaires pour indiquer une situation qui se prolonge. La poésie épique répugne à mentionner que le personnage a accompli tel acte pendant tant de temps : le poète répète alors ce qu'il a déjà dit, en mettant dans la forme des variantes et des gradations qui ajouteront à la vérité et à l'intérêt du tableau. Dans un récit en prose, on aurait mentionné qu'Olivier a invité trois fois Roland à avertir Charlemagne du danger où il se trouve ; il est dans le génie de la poésie épique ou dramatique qu'Olivier répète son invitation, à trois reprises, séparées par les refus de son ami. De même il n'est pas naturel de supposer qu'un homme, qui se sent mourir, n'a que le temps de recommander une seule fois son âme à Dieu ; il est plus vrai et à la fois plus dramatique de prolonger cette situation. L'historien dirait que le mourant s'est recueilli pendant quelques minutes ; le poëte fait répéter plusieurs fois à Roland ou à Vivien le *meâ culpâ* et leur fait recommander leur âme à Dieu plusieurs fois, comme cela arrive dans la réalité. Ainsi dans le *Ramayana*, lorsque le démon Ravana veut décider la chaste Sita à le suivre, il fait briller devant elle ses avantages et en recommence plusieurs fois l'énumération. Rien de plus juste et de plus impressionnant.

Ce qui est admissible, c'est que le chanteur ait tenu en réserve, pour les passages les plus intéressants, plusieurs couplets différant seulement par l'assonance, afin de les répéter en *variations*, si l'émotion de l'auditoire lui indiquait de le faire (1).

Il y a un autre genre de répétitions qui consiste à faire dire la même chose dans les mêmes termes, par exemple à un roi qui donne un ordre et au messager qui le porte, comme dans Homère, ou à répéter, sans changer d'expressions, la demande et réponse comme dans le psaume : *In exitu Israel*. Ce procédé n'a pas besoin de justification : il produit des effets d'une grande beauté et particulièrement appropriés à la poésie populaire.

En se plaçant au même point de vue, c'est bien à tort qu'on reproche à nos trouvères de se répéter, parce que leurs chansons contiennent de temps en temps de longues récapitulations, qui s'expliquent d'elles-mêmes dans des œuvres destinées à être récitées ou chantées comme l'étaient nos poëmes chevaleresques. Lorsqu'on n'a pas la faculté de relire les feuillets précédents, les récapitulations sont indispensables pour graver les points capitaux dans la mémoire d'un auditoire inattentif ou illettré. On

---

(1) *Histoire littéraire de la France*, tome XXII, page 262.—*Guillaume d'Orange*, par Jonckbloet, tome II, page 297. — *La Chevalerie Ogier*, page 54 de la préface.

ne fait pas une lecture suivie devant des enfants ou des femmes, sans être obligé, à chaque reprise et à certaines situations, d'improviser de ces résumés comme on les trouve tout faits dans *la Chanson de Roland*, dans le *Ramayana* et ailleurs. Quant au reproche portant sur ce que ces récapitulations sont souvent conçues dans les mêmes termes, je ne saurais l'admettre davantage. Lorsque le trouvère a rencontré une forme saisissante et heureuse, il a raison de la reproduire afin de la graver dans la mémoire, au lieu de compromettre son succès et la compréhension du sujet par la recherche puérile et pénible d'une variété artificielle, qui ne saurait être agréable qu'aux blasés et aux pédants.

DE LA NATURE.

En lisant nos poëmes chevaleresques, mais particulièrement ceux de la grande manière, il est difficile de ne pas être frappé de la vérité et de la simplicité des comparaisons tirées du règne animal et végétal ou des phénomènes météorologiques. Ainsi dans *Garin le Lohérain*, aux pages 189, 204 et 208 du second volume,

> Entre aus se fiert li Lohérens gentis
> Come faucon entre oisillons petits.

> Diex! com le fait li Borgoins Auberis
> Et li baron qui furent avoc li !
> Charpentier semblent qui en gaut soient mis.
> Bien i parut quant li dus Begues vint;
> Ensi les mainne com li lous fet berbis.

Dans *la Mort de Garin*, à la page 330,

> Tex gist Garins entre les mors occis,
> Comme li chesnes entre le bois petit.

Au vers 1648 du *Covenant Vivien*,

> Et Viviens i fiert par grant vigor,
> Et les decope ausi com féist flors.

Dans *la Bataille d'Aleschamps*, aux vers 5569, 5874 et 6302,

> Si les abat com la faus fct les prez.

> Bien fu armés desus Passelevrière;
> Plus tot l'emporte très par mi la jonchière
> Que Faucon chasse l'aloe menuière.

Dans *Agolant*, au vers 672,

> Salatiel regarde le destrier
> Qui plus iert blans que n'est fleur de pomier
> Et plus isnaus que faux ni espervier.

Les citations suivantes sont relatives au printemps de la nature ou de la vie. Dans *li Covenans Vivien*, aux vers 165 et 299,

> A Pentescoste que l'on dist en été,
> Lors nest la fior et reverdist li prez.

> En icel temps que chantent les oiseaus
> Et li bocages devient floriz et beaus.

Voici comment le trouvère de *la Chanson d'Antioche* parle du printemps à la 34° strophe du 1ᵉʳ chant :

> Seigneur, or faites pais! que Diex vos bénéie!
> Ce fu un jour de mai que chascuns oisiaus crie,

> Que li rossignaus chante et la merle et la pie,
> Et l'aloe s'en voise en l'air à vois série,
> Que li bos est ramés et vers la praérie.
> A Clermont en Auvergne fu la chevalerie
> De France, d'Engleterre, de toute Normendie,
> Et prince et duc et conte, chascuns a sa mesnie.
> L'Apostole de Rome quant la messe ot fenie,
> Issi fors del castel, enmi la praérie.
> Tout se furent assis sor l'erbe qui verdie.

La comparaison suivante s'applique à la jeune princesse Alice (1) :

> La rose semble en mai la matinée :
> Elle est plus blanche que n'est noif sor gelée.

Les rapports directs des héros avec la nature animée ou inanimée sont aussi simples, aussi pleins de charme :

> Li jors fu biaus, li solaus esclarcis,
> Li quens Fromons se gisoit en son lit;
> La fenestrelle un seul petit ouvrit,
> Et la clartés le fiert enmi le vis.

Voici un autre passage du même poëme (2); c'est le commencement d'une chasse :

> Or va le dus en la foret chascier;
> Li chien avant se prinrent à noisier,
> Quant il commencent ces raimes à brisier,
> Truevent les routes dou pors qui a fumé.
> Li dus demande Brochart son liemier,
> Par devant lui li amaine uns breniers;
> Li dus le prent et si l'a desloié.
> Il li menoie les costes et le cief

---

(1) *La Bataille d'Aleschamps*, vers 3098.
(2) *Garin le Lohérain*, tome II, pages 159 et 224.

> Et les oreilles por mieus encouragier ;
> Met l'en la route et il prent à tracier,
> Jusques au lit vint li vrais liémiers.
> Entre deux chesnes chéus et esrachiés,
> Si com li ruis d'une fontaine vient,
> Là se gisoit por son cors réfroidier.
> Quant il entent le grant aboi des chiens,
> Encontre mont li sangles est dréciés.
> Il estela, en après s'est vuidiés.
> Ne fuit pas, ains print à tornoier,
> Là giéta mort le gentil liémier,
> Nel voulsist Bègues por mille mars d'or mier.

Comparez ce morceau si précis, si simple, si vrai, avec la chasse pompeuse de Charlemagne décrite par Théodulfe pour voir la différence qu'il y a entre la rhétorique et la vraie poésie.

Le duc Nayme, dans *Agolant*, passe la nuit sur la montagne ;

> Li dus out froit, si li trembla la pel,
> La nuit n'out dent dont ne féist martel.

Il suffit d'ouvrir un de nos poëmes chevaleresques pour trouver des passages pleins de grâce et de sensibilité sur les rapports des chevaliers avec leurs destriers. Ainsi dans *la Bataille d'Aleschamps* (1), Guillaume au Court Nez, en détresse, parle à son cheval Baucent, harassé de fatigue :

> « Cheval, dist-il, moult par estes lassez...
> Mes or sai bien qu'aidier ne me poez.
> Si m'aïst Dex, n'en doiz estre blasmez,
> Car tote jor moult bien servi m'avez.

---

(1) Vers 538, 693 et suivants. — *La Chanson de Roland*, page 60 de ce volume.

> Petit fu ore ne fussiez galopez
> Et coréuz, point et espéronnez.
> De ton servise te rant merciz et grez...
> S'estre péusses à Orenge menez,
> N'i montast sele devant XX jorz passez;
> Ne mengassiez d'orge si fust purez,
> II foiz ou III o le bacin colez,
> Et li forrages fust gentil fein de prez,
> Tot esléuz et en seson fenez;
> Ne béussiez s'en vessel non dorez;
> Le jor fussiez IIII foiz conréez
> Et de chier poile trestoz envelopez.
> Se en Espaigne es de paiens tuez,
> Si m'aïst Dex! moult en serai irez! »
> Baucent l'oï, si a fronchié le nés,
> Ausi l'entent com s'il fust hom senez :
> La teste crolle, si a des piez hoez,
> Reprent s'alaine, tost est revigorez;
> Cuer li revint, si est toz recovrez.
> Ausi henist com s'il fust gitez
> Fors de l'estable et de novel ferrez.
> Quand vit Guillaumes qu'il est revigorez,
> Ne tust si liez por XIIII citez.

Il y a une scène très-touchante au moment où le cheval Broiefort retrouve et reconnait son maître Ogier :

> Au bon ceval s'est d'Ogier remembré,
> Fronque et henist, si a du pié graté,
> Encontre tière est couchiés et poseis
> Devant Ogier par grant humilité.
> Li dus le voit, si l'en prist grant pitié,
> S'il ne plorast, li cuers li fust crevés.
> Et Kallemaine a de pitié ploré,
> Et li dus Namles et trestos li barnés (1).

On ne saurait trop remarquer la vérité, la préci-

---

(1) *La Chevalerie Ogier de Dannemarche*, page 443.

sion et le charme des passages relatifs à la nature, parce que c'est un des principaux symptômes du grand style à toutes les époques.

POPULARITÉ DES CHANSONS DE GESTE.

Un des caractères qui permettent de placer plusieurs de nos chansons de geste, et en particulier, *la Chanson de Roland* parmi les véritables épopées, c'est d'être écrites sous une forme accessible à tous.

Ce n'est pas une tâche facile de diviser les œuvres de l'esprit suivant la classe de la société à laquelle elles s'adressent. Néanmoins on reconnaîtra que les œuvres destinées au peuple seul sont généralement grossières et sans goût, comme en témoigne le recueil publié récemment par M. Nisard. J'ajouterai que le peuple est facilement accessible à la crédulité, mais qu'il veut de la simplicité et une certaine franchise. L'esprit bourgeois accepte volontiers la vulgarité des formes, il aime les satires, les plaisanteries grivoises sur les femmes et sur les clercs, les petites impiétés, les petites taquineries politiques, mais il exige impérieusement le bon sens. La littérature destinée aux classes élevées tombe facilement dans l'immoralité mondaine, dans les complications infinies, dans les subtilités de sentiment, dans les raffinements spirituels ; mais elle est empreinte d'un goût plus délicat.

Il y a dans cette distinction un obstacle invincible à la véritable grandeur dans les œuvres de l'esprit. Les œuvres réellement grandes sont accessibles à tous, aussi éloignées de la grossièreté populaire que de la vulgarité bourgeoise et du raffinement aristocratique, mais réunissant la simplicité et la franchise au bon sens et au goût.

Ce sera la gloire éternelle de la poésie française aux premiers siècles du moyen âge de n'avoir été ni rustique, ni bourgeoise, ni aristocratique, mais nationale. Elle s'adresse, en effet, à toutes les classes de la société. Écoutons le trouvère d'*Aubery le Bourgoing* :

> Or, escoutez, pour Deu le creator,
> (Qu'il nous garde par la soie douchor!)
> Bonne chançon du tems anciennor.
> Oïr la doivent dus, prince et contor,
> Dames, puceles, bourjois et vavassor....

et celui des *Quatre Fils Aymon* :

> Seigneurs, or, faites pais, chevaliers et barons,
> Et rois et ducs et contes et princes de renons,
> Et prélas et bourgois, gens de religions,
> Dames et damoiselles et petis enfansons.

Ces œuvres étaient chantées non-seulement dans le château, mais sur les places publiques à la foule assemblée dans les jours de fête (1). Pendant tout le moyen âge, *la Chanson de Roland* fut, sous une forme ou une autre, le chant de guerre de l'armée

---

(1) Leroux de Lincy, *Chants historiques français*, page XXI. — *Histoire littéraire de la France*, tome XXII, page 262.

française, ainsi qu'en témoigne l'aventure si connue de Taillefer, à la bataille d'Hastings :

> Taillefer, qui moult bien cantoit,
> Sur un roncin qui tost aloit
> Devant eux s'en aloit cantant
> De Carlemagne et de Rolant
> Et d'Olivier et des vassaus
> Qui moururent à Roncevaus.

La poésie chevaleresque au moyen-âge faisait vibrer les mêmes sentiments chez tous les Français sans distinction; car, si elle faisait appel aux facultés les plus élevées et les plus délicates de l'âme, c'était sous une forme accessible au plus humble comme au plus orgueilleux; c'était dans une langue née de l'idiome populaire, qui avait complétement remplacé la langue des conquérants et qui n'avait emprunté à ces conquérants que les ailes de l'épopée.

La manière même dont les chansons de geste ont circulé a agi sur le style en l'obligeant à être clair et simple (1), parce qu'il devait être compris en même temps par le seigneur d'origine franke et par le paysan gallo-romain.

D'ailleurs entre ces deux hommes de race, de condition et de destinée si différentes, la croyance commune était un lien et les mœurs du moyen-âge ne créaient pas une séparation absolue; ils vivaient beaucoup ensemble et côte à côte. Qu'on se représente la table du seigneur pendant le repas du soir, telle qu'un éminent romancier nous en a laissé le

---

(1) *Guillaume d'Orange,* par Jonckbloet, tome II, page 211.

tableau dans le roman d'*Ivanhoë*, ou plutôt, sans passer le détroit, transportons-nous de nouveau au banquet du duc Aymon, dont nous avons déjà parlé et où les seigneurs sont assis avec les bourgeois et les bourgeoises, *chascun selon son estat*. La table était commune : grâce à ce contact, le plus intime de tous et qui a même quelque chose de religieux, le grand ne pouvait pas s'isoler dans des subtilités oiseuses et immorales : il avait un auditoire d'hommes simples et occupés de rudes labeurs ; mais, en même temps, le petit, habitué à entendre la conversation sur les grands intérêts de la religion, de la patrie, de la province, ne pouvait pas tomber dans une grossièreté qui n'y eût pas été tolérée. La vie commune était un obstacle à l'un et à l'autre mal. Tout d'un coup, le trouvère ou le jongleur, qui avait pris place à la même table, comme le marchand forain ou le mendiant, tirait son petit instrument et chantait à toutes les oreilles attentives *la Chanson de Roland* ou *la Bataille d'Aleschamps*. Ni le prêtre, ni la jeune fille, noble ou paysanne, n'étaient exposés à rougir, car le récit était aussi pieux que le sermon du prêtre, aussi pur que le rêve de l'enfant. Le dernier valet pleurait comme le seigneur, lorsque le chanteur racontait, sous une forme également accessible à tous par sa supériorité même, comment Roland, près de mourir, traînait les cadavres des autres pairs, auprès de Turpin blessé pour que

  L'arcevesque, que Deus mist en sun num,

leur donnât l'absoute avant de rendre le dernier

soupir. Tout le monde voulait savoir comment le traître Gane serait puni ; si Guillaume au Court Nez échapperait au désastre causé par son imprudent neveu et rejoindrait sa ville d'Orange, le boulevard de la chrétienté, où une honnête et héroïque épouse allait lui rappeler, du haut des remparts, qu'un chevalier chrétien ne doit pas laisser ses vassaux exposés au fer des ennemis. La paysanne souriait aussi discrètement que la plus grande dame, aux inquiétudes de Guiborc sur les dangers auxquels la beauté des dames de la cour allait exposer son mari. Électrisé par les exploits de Roland ou de Guillaume au Court Nez, le seigneur engageait son donjon pour aller combattre les ennemis de Dieu; mais il n'y allait pas seul : plus d'un paysan a été aussi chanté par les trouvères, après avoir été inspiré par eux.

Ce n'est pas seulement la poésie, mais l'art plastique qui avait ce caractère précieux de popularité. Les sculptures des églises étaient avant tout « les archives du peuple ignorant (1). » M. Viollet-le-Duc, dans ses *Entretiens sur l'architecture*, montre le caractère essentiellement populaire de l'architecture gothique. Comme M. Taine l'a fait remarquer avec raison en parlant du dôme de Strasbourg, la cathédrale « parlait toute entière aux yeux, au premier venu, à un pauvre bûcheron... dont nul raisonnement n'eût pu percer la lourde enveloppe...

---

(1) Ces paroles de David d'Angers sont citées par M. Renan à la page 204 du XL⁰ volume de la *Revue des Deux-Mondes*.

Un homme n'a pas besoin de culture pour en être touché (1). »

Saluons donc avec amour, avec vénération, avec reconnaissance, les monuments écrits ou sculptés qui ont pu unir dans un même sentiment les âmes de tous les Français, non point en les écrasant sous le niveau de la bassesse, mais en les entraînant toutes dans les sphères les plus hautes et les plus pures, sur les ailes de la poésie et de l'art.

Du reste, le moyen âge n'a pas joui longtemps de cet avantage. Une scission s'est opérée peu à peu dans la société, qui a perdu insensiblement tout caractère simple et patriarcal. La transition est déjà indiquée, dans le roman de Walter Scott, par la différence qu'il y a entre les mœurs de Cédric et celles de Wilfrid d'Ivanhoë. Combien le père est supérieur au fils sous le rapport social! La séparation des classes s'étant ainsi opérée dans les mœurs, ce qui conserva l'enveloppe extérieure de l'épopée s'égara dans la galanterie, la magie, les raffinements et les intrigues du roman d'aventures. Descendue des hauteurs pures de l'épopée vraie, d'où elle éclairait et réchauffait tous les coins de la France comme un soleil de midi, la poésie n'a plus fait que dorer quelques sommets d'une lumière froide. Bientôt, sous la conduite de Jean de Meun, le poëte de Philippe le Bel, cette littérature vint encore donner sur le récif de l'allégorie antireligieuse et antisociale. En supposant que ces

---

(1) *Revue des Deux-Mondes,* tome LVI, p. 803.

œuvres pussent encore être comprises de tous, ce qui n'était pas, Cédric le Saxon n'aurait jamais permis qu'on les récitât devant sa nièce et devant son porcher. Il fallait à ces délicates horreurs le huis-clos du salon.

Quant au roman d'aventures, il vint échouer misérablement dans la vulgarité de la *Bibliothèque bleue* (1). On a eu tort de reprocher à Cervantes d'avoir tué les épopées chevaleresques. Le mutilé de Lépante n'eût pas raillé *la Chanson de Roland*. Lui et Arioste n'ont fait que donner le coup de grâce aux derniers romans d'aventures, pour qui c'est déjà trop d'honneur d'avoir reçu d'aussi grands coups.

L'esprit bourgeois ne s'éleva pas au-dessus des rouerics de Maître Renart, c'est-à-dire d'une satire, qui, assez inoffensive au début, devient à la fin aussi irréligieuse et aussi révolutionnaire que l'allégorie aristocratique. Le peuple était encore tombé plus bas dans la grossièreté, comme on peut malheureusement s'en assurer en étudiant certaine classe de fabliaux et de facéties (2).

Il n'est pas inutile de mentionner ici que, lorsque

---

(1) M. Jonckbloet (tome II, page 55), a bien caractérisé les conséquences de cette séparation pour nos épopées. « Cette tendance de plaire par des détails grotesques, dit-il, se manifeste du moment où le peuple et la noblesse ne se trouvent plus à la même hauteur de civilisation. Les barons prêtent plus facilement l'oreille au genre de poésie plus cultivée ; les anciens chants épiques, trop simples et trop naïfs, restent du domaine du peuple, mais non sans perdre quelque chose de leur dignité, de leur majesté primitive. »

(2) Le roman de *Renart contrefait*, dit avec raison M. Moland,

l'on essaya encore de chanter quelques sujets sérieux et vraiment populaires, on retrouva, dans la chronique rimée, avec le ton épique, la forme accessible à tous. Le début de la chronique de Duguesclin le prouve bien :

> Or, me veillez oïr, chevalier et meschin,
> Bourjoises et bourjois, prestres, clers, Jacobins!
> Et je vous chanterai commencement et fin
> De la vie vaillant Bertran Dugüesclin.

Ce qu'on est convenu d'appeler la *Renaissance* vint, suivant l'expression de M. Littré, « troubler le courant naturel de la littérature française, » et consomma la scission dans le domaine des lettres et des arts par le culte indiscret et inopportun de l'antiquité mal comprise. Le pauvre peuple s'intéressait, avant le seizième siècle, aux représentations plastiques de l'ancien Testament et du nouveau Testament, au bas-relief du jugement dernier comme au vitrail déroulant la vie de saint Martin, de sainte Geneviève ou de saint Louis. Et parce qu'il fallait intéresser à ces représentations la plus simple paysanne comme la plus noble châtelaine, l'artiste, on ne saurait trop le répéter, avait dû rester simple et grand. David d'Angers, en vrai artiste, a parfaitement formulé cette loi, dans le passage déjà cité : « Les sculptures gothiques étaient les archives du peuple ignorant. Il fallait donc que cette

---

est une œuvre toute bourgeoise, et de la moyenne plutôt que de la haute bourgeoisie. C'est l'esprit, les idées, la science, les sentiments et les besoins de cette classe qu'exprime ce vaste recueil de rimes. (*Les Poëtes français*, tome Ier, pages 304 et 235.)

écriture devint si lisible que chacun pût la comprendre. » Mais lors de la Renaissance, Jupiter et Cupidon, que le pauvre peuple ne comprend pas du tout, tombèrent sous la mauvaise influence de l'art italien déjà en décadence (1), et y tombèrent d'autant plus facilement que les classes éclairées elles-mêmes se préoccupaient peu du sens profond de ces mythes.

Aussi est-il devenu très-difficile, sinon impossible, aux différentes classes de la société de lire les mêmes livres (2). Qu'importe au domestique qui nous sert, au cultivateur dont le labeur nous nourrit tous, à son fils qui va se faire tuer en Crimée sans savoir pourquoi, à l'Auvergnat qui nous apporte de l'eau et à sa femme rondelette qui nous mesure avec parcimonie le charbon de bois, qu'importe à tous ces honnêtes gens, nos frères en Jésus-Christ et nos compatriotes, que leur importe ce que nous chantons en prose ou en vers de toute dimension sur des sujets qui leur sont indifférents et dans une langue qu'ils ne comprennent plus?

Quel résultat étrange et bien digne de faire réfléchir les gouvernants et les penseurs! Quand les

---

(1) Vitet, *Études sur l'histoire de l'art*, t. III, p. 94.
(2) « L'influence des livres ne s'exerce qu'à la surface et dans une couche très-mince de la société ; on ne sait pas assez combien ils pénètrent par avant et à quel point la masse de la population demeure étrangère aux idées et aux connaissances qui ne se propagent que par cette voie. En sorte que, là où la littérature est le principal agent des notions politiques, la sympathie et l'équilibre intellectuel se rompent entre les classes élevées et le peuple. Ils cessent bientôt de se comprendre et de penser en commun. » (Guizot, *L'Église et la société chrétienne en* 1861, page 228.)

différences de race et les institutions sociales élevaient, entre les diverses classes de la société, des barrières infranchissables, tous les Français, sans distinction, s'intéressaient au même art et s'enivraient à la même source de poésie. Et, aujourd'hui que toutes les autres barrières sont détruites, il s'est dressé entre les uns et les autres la barrière du goût.

Ce n'est pas, du reste, le peuple qu'on doit accuser le plus de cette séparation anormale, et par conséquent de la grossièreté des habitudes et du langage. C'est bien plutôt la faute des rhéteurs, des légistes, des pédants, et celle des classes supérieures qui se sont séparées de la communion intellectuelle et morale avec le reste de la nation, et qui, en outre, ont trop souvent donné l'exemple de la frivolité, de la démoralisation, de l'égoïsme et de l'incrédulité.

Sous le rapport de la popularité des œuvres de l'esprit, je suis plus que *libéral*, je veux le *partage*. Aussi, je demande aux œuvres de l'esprit d'être accessibles à tous pour atteindre la véritable grandeur; mais je leur demande surtout d'être grandes pour devenir accessibles à tous.

Prions Dieu que nous puissions écrire un jour, en tête de nos œuvres, la strophe que les rhapsodes du Gange ont placée au début du saint Ramayana:

Tout homme qui, pur et l'esprit attentif, lit, dans un jour saint, cette histoire du magnanime Rama, est lavé de ses fautes pendant sa vie, et son âme, après sa mort, s'en va heureuse par la route des élus.

On verra, s'ils ont lu ce poëme, le prêtre *s'élever à toute la supériorité de la parole;* le guerrier *s'élever jusqu'à posséder le trône de la terre;* le commerçant *s'élever à l'opulence par la fructification de ses marchandises,* et le paysan *même qui en écoute une lecture, s'élever sans aucun doute à la grandeur!*

QUELQUES MOTS

SUR

CETTE NOUVELLE TRADUCTION.

La Chanson de Roland est écrite dans la langue d'oïl, qui est l'ancien français des provinces du nord. Or, cette langue n'est pas seulement difficile à suivre comme celle de Rabelais, de Montaigne ou de Charles d'Orléans : elle n'est pas compréhensible pour les personnes qui n'en ont pas fait une étude spéciale. On ne sera pas en mesure de lire utilement et agréablement *la Chanson de Roland*, sans avoir étudié la grammaire d'oïl, et sans recourir fréquemment aux lexiques. C'est dire assez que le texte même de *la Chanson de Roland* ne pourra jamais être abordé que par un petit nombre d'élus, et qu'il n'arrivera pas à la popularité.

Assurément il faut reproduire ce texte, l'étudier, l'épurer, le conserver précieusement et engager tous ceux qui en ont le loisir à se mettre en état de le goûter ; mais si ce que nous avons dit de notre épopée est vrai, la France n'a-t-elle pas le droit de demander davantage? Ne peut-elle pas exiger que son épopée soit mise à la portée de tous autant que la *Détresse des Niebelungen* l'a été en Allemagne, où ce poëme a exercé sur le génie national une influence aussi incontestable qu'utile? Il en serait de même chez nous. « C'est aux chansons de geste, dit avec raison M. Paulin Pâris, qu'il appartiendra de raviver les sources de notre littérature moderne. C'est elles qui nous feront entrer, si jamais nous y entrons, dans la terre promise du romantisme. » Il fallait donc traduire *la Chanson de Roland*. M. Jônain l'a reproduite en vers de dix pieds; MM. Delécluze, Génin, Vitet et A. de Saint-Albin en ont publié des traductions en prose.

Le but que je me suis proposé, en travaillant à cette traduction d'après un autre système, c'est de vulgariser les précieux restes de nos épopées nationales sans en altérer les traits, sans leur ôter la couleur, sans en abaisser le ton, c'est-à-dire en leur laissant la vie. Je n'ai pas cherché à refaire *la Chanson de Roland* : on ne refait pas à une époque le poëme d'une autre époque. Ce que j'ai essayé c'est de *reproduire* plutôt que de traduire; c'est de conserver le style de Théroulde. Pour atteindre ce but, il fallait s'appliquer à ne pas altérer la forme. On ne pouvait pas se permettre d'ajouter un seul ornement ni de changer l'allure du texte original. Je n'ai donc rien ajouté et j'ai modifié le moins possible.

Le vers de *la Chanson de Roland* n'a que des assonances. Pour y ajouter la rime, il aurait fallu modifier le texte, et l'on n'aurait pu le faire sans altérer la forme, sans compromettre le ton épique de Théroulde. Je ne l'ai pas tenté, reconnaissant avec les auteurs de *l'Histoire littéraire de la France* qu'en voulant remplacer les assonances par des rimes exactes, les trouvères postérieurs ont corrompu le caractère et altéré le style de la composition primitive telle qu'elle se trouve dans le manuscrit d'Oxford. Devais-je garder l'assonance? On aurait pu l'essayer; mais j'ai cru devoir sacrifier l'assonance, qui, à la vérité, dit quelque chose à l'oreille, et qui a de la valeur dans les œuvres chantées, mais qui ne parle pas beaucoup aux yeux.

J'ai conservé le vers de dix pieds, d'abord parce que c'est le vers même de Théroulde; en second lieu, parce qu'il me paraît préférable à tous les autres pour la gravité et la vivacité du récit épique. Il a une allure plus libre que l'alexandrin et il n'offre pas les mêmes difficultés. D'ailleurs le vers décasyllabique employé dans les chansons de geste probablement dès le dixième siècle, est né sur le sol français et c'est à nos poëtes que les Italiens l'ont emprunté.

Me voici donc arrivé à faire des vers blancs de dix pieds, comme M. Hertz a traduit en allemand la même chanson par des ïambes libres. Or je crois, par ce procédé, ne pas trop défigurer un texte qui n'a que des assonances.

Un vers existe par lui-même et isolé. Ce qui le constitue essentiellement, c'est le nombre de pieds et la position des accents (1). Privé du moyen de faire sentir la versification par la rime, je me suis imposé, d'une manière absolue, la règle de placer les accents de mon vers de dix pieds, là où Théroulde les a placés, et comme l'usage l'a généralement consacré, c'est-à-dire à la quatrième syllabe et à la dixième.

---

(1) Sur l'accent, voir Quicherat, *Versification française*.

Je me suis appliqué à éviter l'hyatus, et si je l'ai laissé quelquefois, c'est seulement dans des passages peu nombreux où il aurait fallu modifier quelque phrase saisissante du vieux trouvère. Si j'ai fui l'hyatus, ce n'est pas que je reconnaisse la légitimité de cette loi bizarre, mais pour respecter les habitudes des oreilles françaises. La règle absolue qui exclut l'hyatus de nos vers est une de ces puérilités qui ont contribué à rendre notre versification épineuse, sans y ajouter aucun charme nouveau. Telle est l'opinion de Voltaire, de M. Quicherat et de M. Littré.

On a exclu l'enjambement qui est une innovation et que nos anciens poëtes n'admettaient pas parce qu'il déplace l'accent, cet élément essentiel de la versification française ; mais on n'a pas rejeté absolument l'inversion qui se trouve dans nos poëmes primitifs.

Le traducteur a évité autant que possible les expressions et les tournures archaïques et croit n'avoir conservé aucun mot qui ne soit intelligible. Il n'y a, en effet, aucun charme ni aucun intérêt à dire *mire* au lieu de médecin, *navré* au lieu de blessé, *prouvaires* au lieu de prêtres, etc., etc. Si quelques tournures paraissent un peu anciennes, qu'on m'accuse d'impuissance à trouver une forme moderne sans altérer le vers, mais non de parti pris.

Je n'aime pas ce procédé à l'aide duquel on croit faire de la poésie naïve et se donner les airs du moyen âge, en supprimant quelques articles et pronoms. Est-ce à dire que je n'en ai jamais supprimé ? Je l'ai fait quelquefois, mais c'est toujours à mon vers défendant et alors que Théroulde me serre de trop près. Du reste, cette suppression de l'article et du pronom se rencontre fréquemment dans le seizième et même dans le dix-septième siècle. Quant à l'omission de la négative *pas* ou de la négative *ne*, à laquelle je n'ai pu toujours échapper, on la trouve encore dans Lafontaine, dans Molière et même dans Racine et dans Voltaire (1).

Le lecteur trouvera en notes quelques éclaircissements sur les personnages, sur les usages et sur les idées, ainsi que quelques explications sur le texte ; j'ai aussi indiqué des rapprochements avec nos autres chansons de geste, pour lui inspirer le désir d'étudier l'ensemble de notre poésie chevaleresque.

---

(1) Quicherat, *Versification française*.

LA CHANSON DE ROLAND

I

COMMENT LE ROI MARSILE ENVOIE DES MESSAGERS A CHARLEMAGNE (1).

Notre grand roi, l'empereur Charlemagne
Sept ans tout pleins en Espagne est resté.
Jusqu'à la mer il conquit le pays.
Il n'est château qui tienne devant lui.
Cités ni murs ne restent à forcer,
Hors Saragosse, en haut d'une montagne.
Marsile y règne : il n'adore pas Dieu,

---

(1) Ces divisions n'existent ni dans les manuscrits ni dans les éditions qui ont été publiées en France et en Allemagne.

Le mot AOI se trouve à la fin d'un grand nombre de strophes de *la Chanson de Roland*. Le sens de cette particule n'est pas bien connu : les uns y voient une exclamation guerrière, tandis que d'autres pensent que c'est une indication musicale à l'usage du jongleur qui chantait ce poëme.

Sert Mahomet et réclame Apollon (1).
Il ne pourra se garder de malheur. AOI.

Le roi Marsile était à Saragosse.
Il est allé dans un verger à l'ombre,
Sur un perron de marbre il s'est couché.
Autour de lui sont plus de vingt mille hommes.
Il interpelle et ses ducs et ses comtes :
« Sachez, seigneurs, quel malheur nous encombre :
« Car l'empereur Charles de douce France (2)
« En ce pays nous est venu confondre.
« Je n'ai d'armée à pouvoir le combattre,
« Ni gent capable à disperser la sienne.
« Conseillez-moi comme mes hommes sages :
« Préservez-moi de la mort, de la honte. »

(1) Les musulmans n'adorent pas Mahomet, mais le Dieu unique. Les poésies chevaleresques confondent ces *infidèles* avec les payens de l'antiquité, et leur attribuent un culte à Jupiter et à Apollon. A ces noms, celui qui s'ajoute le plus souvent, est celui de Tervagan, dans lequel on a cherché à reconnaître une divinité de l'olympe scandinave. Ces noms et celui de Cahu, se retrouvent dans presque tous les poëmes chevaleresques, notamment dans *Raoul de Cambray*, pages 309 et 340; dans *Fierabras*, page 18, édit. Krœber et Servois; dans *la chevalerie Ogier de Danemarche*, page 449; dans *Guy de Bourgogne*, page 103; dans *Agolant* (Aspremont), vers 907. — Voir au mot *Mahomet* le glossaire de M. F. Michel à la suite de son édition de *la Chanson de Roland*.

(2) L'épithète de *douce* est ordinairement jointe au nom de la France, même par les Sarrazins. — Voir *Raoul de Cambray*, page 229, *la Bataille d'Aleschamps*, vers 2804, édition de Jonckbloet; *Garin le Loherain*, page 69 de la traduction de M. P. Paris.

Pas un payen qui réponde un seul mot,
Fors Blancandrin, du castel de Val-Fonde (1).

Blancandrin fut des plus sages payens ;
Un chevalier de beaucoup de courage,
Homme de bien pour aider son seigneur.
Il dit au roi : « Ne vous effrayez pas.
« Offrez à Charle, à l'orgueilleux, au fier
« Loyal service et très-grande amitié.
« Présentez-lui des ours, lions et chiens,
« Sept cents chameaux et mille autours mués (2),
« D'or et d'argent trois cents mulets chargés.
« Il en fera remplir cinquante chars,
« Bien en pourra payer tous ses soldats.
« En ce pays, c'est assez guerroyer ;
« Dans Aix, en France, il s'en doit retourner.
« Vous le suivrez au jour de Saint-Michel,
« Vous recevrez la loi de chrétienté,
« Serez son homme en tous biens, tous honneurs.
« Vous enverrez des otages, s'il veut,
« Ou dix ou vingt pour qu'il ait confiance.
« Envoyons-lui les enfants de nos femmes.
« Dût-il périr, j'y enverrai le mien !

---

(1) *Valfonde.* Voir *la Bataille d'Aleschamps*, vers 2268 ; *Girard de Viane*, page 144 ; le glossaire de M. F. Michel.

(2) Mués, après la mue. C'est le moment où les oiseaux de chasse ont le plus de valeur. Voir *Aubery le Bourgoing*, page 4.

« Il est bien mieux qu'ils y perdent leurs têtes
« Que nous perdions et l'honneur et nos biens,
« Que nous soyons réduits à mendier ! » AOI.

Il dit encor : « Sire, par ma main droite,
« Et par la barbe à mon sein ventelant (1) !
« Vous allez voir leur troupe se défaire ;
« Les Franks iront en France, sur leur terre ;
« Chacun sera dans son meilleur domaine :
« Charles sera dans Aix, à sa chapelle ;
« A Saint-Michel il fera grande fête.
« Le jour viendra, le terme passera :
« Il n'entendra de nous mot ni nouvelle.
« Charles est fier, et son cœur est cruel.
« Il tranchera les têtes des otages ;
« Mais il est mieux qu'ils y perdent la tête,
« Que nous perdions notre Espagne la belle,
« Que nous ayons des maux et des souffrances. »
Chaque payen dit : « C'est peut-être bien ! »

Le roi Marsile a fixé son dessein.
Il appela Clairon de Balaguet,

---

(1) *A mon piz ki ventèle*, c'est-à-dire qui flotte au vent devant ma poitrine. On le dit aussi des bannières, notamment dans *Garin le Loherain*, page 187 de la traduction. Il est regrettable que l'on ait laissé vieillir cette expression précise et pittoresque.

Estamarin et son pair Eudropin,
Et Priamus et Garlan le barbu,
Et Machiner et son oncle Maheu,
Et Joymer et Malbien d'Outre-mer,
Et Blancandrin pour conter ses raisons.
Des plus félons il en appela dix.
« Seigneurs barons, allez vers Charlemagne.
« En la cité de Cordoue il réside.
« Branches d'olive en vos mains porterez,
« Signifiant paix et humilité.
« Si par votre art vous pouvez m'accorder,
« Vous recevrez beaucoup d'or et d'argent,
« Terres et fiefs, tant que vous en voudrez. »
— « Nous en avons assez, » répondent-ils. AOI.

Le roi Marsile a fixé son dessein.
Il dit aux siens : « Donc, seigneurs, vous irez,
« Branches d'olive en vos mains porterez
« Et vous direz à Charlemagne, au roi
« Que, pour Jésus, il ait merci de moi ;
« Qu'il ne verra ce premier mois passer
« Sans que je vienne avec mille des miens ;
« Je recevrai la loi de chrétienté,
« Serai son homme, et de cœur et de foi
« Et s'il en veut, il aura des otages. »
Blancandrin dit : « Vous aurez bon succès. » AOI.

Marsile a fait venir dix mules blanches,
Que lui donna le roi de Suatilie ;
Les freins sont d'or, les selles argentées.
Les messagers sont montés sur les mules,
Ils ont en main des branches d'olivier.
Ils rejoindront Charles, le roi de France.
Il ne pourra faire qu'ils ne le trompent (1). AOI.

II

COMMENT CHARLEMAGNE REÇOIT LES AMBASSADEURS
DE MARSILE.

Notre empereur est en fête, en liesse,
Cordoue est prise et le mur mis en pièces,
Par ses pierriers il a détruit les tours.
Ses chevaliers en ont un grand butin
D'or et d'argent, de riches vêtements.
Il n'est resté nul payen dans la ville
Qui ne soit mort ou devenu chrétien (2).

---

(1) Le texte dit : que *alques* ne l'engignent, c'est-à-dire qu'ils ne le trompent en quelque chose, un peu.

(2) C'est dans les chansons de geste un usage constant de tuer ceux qui refusent le baptême ; cependant plusieurs papes, et notamment

Notre empereur est dans un grand verger,
Sont avec lui Roland, sire Olivier,
Sanche le duc et le fier Anséis,
Geoffroy d'Anjou, gonfalonier du roi,
Gérin y fut et son ami Gérer.
Il y avait aussi bien d'autres preux :
De douce France ils étaient quinze mille.
Ces chevaliers sur de beaux tapis blancs
Jouent au damier pour s'amuser entre eux,
Au jeu d'échecs les vieux et les plus sages.
Les bacheliers légers jouent à l'escrime.
Dessous un pin, auprès d'un églantier
Est un fauteuil qu'on a fait tout d'or pur.
Là sied le roi qui tient la douce France.
Blanche est sa barbe et sa tête fleurie ;
Noble est son corps, sa contenance fière.
Le cherche-t-on, n'est besoin qu'on le montre !
Les messagers descendent de cheval ;
Avec respect et grâce ils le saluent.

C'est Blancandrin qui parle le premier.
Il dit au roi : « Soyez béni de Dieu,

saint Grégoire le Grand, s'étaient prononcés contre les conversions forcées. Voir d'autres exemples, dans *Floire et Blancheflor*, Éd. Duméril, page 123, et dans *Guy de Bourgogne*, page 104 :

    L'arcevesque Turpin va les fons aprestant,
    Le seignor i baptisent et des siens ne sai quans ;
    Et qui Dieu ne veut croire, tous les vont ociant.

« Le glorieux que l'on doit adorer !
« Vous fait mander le brave roi Marsile :
« Qu'il s'est enquis d'un moyen de salut,
« De son avoir vous veut donner beaucoup,
« Ours et lions, levriers enchaînés,
« Sept cents chameaux et mille autours mués,
« D'or et d'argent trois cents mulets chargés ;
« Vous en ferez remplir cinquante chars.
« Tant y aura de besans d'un or pur
« Que vous pourrez bien payer vos soldats.
« Assez longtemps vous fûtes en Espagne :
« Dans Aix, en France, il vous faut retourner.
« Là vous suivra mon maître, il le promet. »
Notre empereur étend les mains vers Dieu,
Baisse la tête et commence à penser. AOI.

Notre empereur tient la tête inclinée.
De sa parole il n'est jamais hâtif,
Sa coutume est de parler à loisir.
Il se redresse, et son visage est fier.
Puis il répond : « Vous avez bien parlé.
« Le roi Marsile est fort mon ennemi ;
« A ce discours, que vous venez de dire,
« Par quel moyen pourrai-je me fier ? »
Le Sarrazin lui dit : « Par des otages,
« Dont vous aurez ou dix ou quinze ou vingt.
« Dût-il périr, j'y mets un fils à moi ;

« Vous n'en aurez, certes, aucun plus noble.
« Quand vous serez dans le royal palais,
« A célébrer le jour de saint Michel (1),
« Là vous suivra mon maître, il le promet;
« A vos bains d'Aix, que Dieu pour vous a faits,
« Il a dessein de se faire chrétien. »
Charles répond : « Il pourra se sauver ! » AOI.

Le soir fut beau; le soleil était clair.
Le roi fait mettre à l'étable les mules.
En un verger il fait tendre une tente,
Les messagers il y fait héberger;
Douze sergents les ont bien accueillis.
Jusqu'au jour clair ils y passent la nuit (2).
De grand matin s'est levé l'empereur;
Charles ouït la messe et les matines,
Et sous un pin l'empereur est allé.
Pour le conseil il mande ses barons (3) :
Par ceux de France il veut en tout marcher. AOI.

---

(1) Le texte dit : *Saint-Michel del péril*, ce qui veut dire, patron du monastère de Saint-Michel en péril de mer. Voir *Garin le Loherain*, page 184 de la traduction.

(2) Voir dans *Gérard de Rossillon*, édition F. Michel, pages 320 et 334, et dans *Agolant*, vers 1247, la réception faite aux messagers.

(3) Ici et aux pages 4, 5 et 10, le trouvère met : *son cunseill finer* ou *fenir*, ce qui veut dire : fixer sa résolution.

III

COMMENT LES FRANÇAIS DÉLIBÈRENT SUR LES PROPOSITIONS DU ROI MARSILE.

Notre empereur est allé sous un pin.
Il a mandé ses barons au conseil,
Le duc Ogier, l'archevêque Turpin,
Richard le vieux et son neveu Henry,
Le vaillant comte Asselin de Gascogne,
Thibaut de Reims et Milon son cousin;
Gérer y fut et son ami Gérin.
Le preux Roland y vint en même temps,
Avec le noble et vaillant Olivier.
Des Franks de France (1) ils étaient plus de mille.
Ganes y vint, qui fit la trahison.
Lors commença ce conseil de malheur. AOI.

« Seigneurs barons, dit Charles l'empereur,
« Le roi payen m'a transmis un message.

---

(1) C'est-à-dire de la France proprement dite. Le mot *francs* servait aussi à désigner les hommes libres.

« De son avoir il m'offre grande part :
« Ours et lions, levriers enchaînés,
« Sept cents chameaux et mille autours mués,
« Trois cents mulets chargés de l'or arabe (1) ;
« Avec cela plus de cinquante chars.
« Mais il entend que je m'en aille en France.
« Il me suivra dans Aix, ma résidence ;
« Il recevra notre loi salutaire,
« Sera chrétien, de moi tiendra ses terres ;
« Mais je ne sais s'il en a le dessein. »
Et les Français disent : « Prenons bien garde ! » AOI.

Notre empereur a fini ses raisons.
Le preux Roland, qui point ne les approuve,
Saute sur pieds (2) et vient y contredire.
Il dit au roi : « Ne croyez pas Marsile !
« Depuis sept ans nous sommes en Espagne.
« Je vous conquis et Noples et Commible,
« J'ai pris Valterne et la terre de Pine,
« Et Balaguet, et Tudèle et Sézile.
« Le roi Marsile ! il n'a fait que trahir.
« Il nous manda quinze mille des siens,
« Chacun portant une branche d'olive ;

---

(1) Le texte dit ici et plus haut *quatre cents* mulets.

(2) *Saute sur pieds.* Cette expression se trouve dans les chants serbes et dans presque tous nos poëmes chevaleresques, notamment dans *Fierabras*, page 116 ; dans *Raoul de Cambray*, pages 27 et 64 ; dans *Garin le Lohérain*, page 272 de la traduction.

« Ils vous disaient tous ces mêmes discours.
« De vos Français vous prîtes les avis.
« On conseilla quelque accommodement.
« Vers le payen vous mandâtes deux comtes ;
« L'un fut Basan et le second Basile :
« Il leur coupa la tête auprès d'Haltile (1).
« Faites la guerre entreprise par vous ;
« Vers Saragosse amenez votre armée,
« Assiégez-la plutôt toute la vie,
« Et vengez ceux que le félon occit. » AOI.

Notre empereur tient la tête baissée,
Flatte sa barbe et tire sa moustache,
A son neveu ne répond bien ni mal.
Tous les Français se taisent, hormis Gane.
Il saute en pieds ; il vient devant le roi,
Et fièrement commence ses raisons.
« N'écoutez-pas, a-t-il dit, les vauriens,

---

(1) L'histoire de Basan et de Basile est racontée dans le roman de *la Prise de Pampelune*, dont M. Adolphe Mussafia vient de publier une édition à Vienne en Autriche, 1864.

> Lour dist as siens païens : « Ces mesaces che voi
> « Prenies si li pendés dehors en mi l'erboi. »
> Lour li courèrent sour plus de cent et vint trois
> Des Paiens et pristrent li dous à celle foi,
> Et pues les meinèrent sens nul autre coroi
> Dehors, si li pendrent. . . . .
> Ensi furent pendus sens nul délaiement
> Li messagiers Carlon.   (Vers 2640 à 2650.)

« Ni moi ni d'autre, hors qu'il vous en profite.
« Lorsque le roi payen vous fait mander
« Qu'il deviendra votre homme à deux mains jointes,
« Par votre don tiendra toute l'Espagne,
« Et recevra la foi que nous gardons,
« Celui qui dit de rejeter cette offre
« N'a nul souci quelle mort nous mourions.
« Conseil d'orgueil n'a droit d'être suivi.
« Laissons les fous et tenons-nous aux sages. » AOI.

Nayme le duc vient après Ganelon (1) ;
Il n'y avait plus brave homme à la cour.
Il dit au roi : « Vous avez entendu
« Ce que le preux Ganes a répondu ?
« Il a raison ; qu'il soit donc écouté.
« Le roi Marsile est vaincu dans la guerre ;
« Vous avez pris toutes ses forteresses,
« Par vos pierriers avez brisé ses murs,
« Vaincu sa troupe et brûlé ses cités.
« Quand il vous prie avoir merci de lui,
« Qu'en garantie il offre des otages :
« Lui faire plus, ce serait un péché.
« Faut mettre fin à cette longue guerre. »
Les Franks disaient : « Le duc a bien parlé ! » AOI.

(1) Diminutif très-usité de Gane. L'on dit de même Karl-on, Marsili-on.

IV

COMMENT ROLAND FAIT DÉSIGNER GANE POUR ALLER
EN AMBASSADE AUPRÈS DE MARSILE.

« Seigneurs barons, qui donc enverrons-nous
« A Saragosse, auprès du roi Marsile? »
Nayme répond : « J'irai, si vous voulez;
« Donnez-m'en donc le gant et le bâton (1). »
Le roi répond : « Vous êtes homme sage ;
« Non, par ma barbe et par cette moustache,
« Si loin de moi vous n'irez cette année.
« Asseyez-vous, quand nul ne vous appelle !

« Qui donc, seigneurs, pourrons-nous envoyer
« Au Sarrazin qui garde Saragosse? »
Roland répond : « J'y puis aller très-bien. »
Olivier dit : « Non, vous n'en ferez rien.
« Votre courage est trop fier et farouche,

---

(1) Le gant et le bâton indiquent l'investiture d'une charge ou d'une mission. Roland blessé offre son gant à Dieu comme pour faire hommage de lui-même. Dans *Fierabras*, page 10 :

Karles tient son gant destre, Olivier l'a baillé,
Et li quens l'en rechut, si l'en a merchiié.

Il en est de même chez les Sarrazins. Voir *Gaufrey*, page 47.

« Et je craindrais que vous vous disputiez.
« Si le roi veut, j'y puis aller très-bien. »
Le roi répond : « Tous les deux, taisez-vous ;
« Ni vous ni lui n'y porterez les pieds.
« Par cette barbe, ici qu'on voit blanchir,
« Les douze pairs y seront mal venus. »
Tous les Français se taisent, restent cois.

Turpin de Reims se lève de son rang.
« Laissez, dit-il, vos Français reposer.
« En ce pays vous fûtes sept années ;
« Ils ont eu tant de travaux et de mal !
« Donnez à moi le bâton et le gant :
« Je m'en irai vers ce payen d'Espagne.
« Je voudrais voir un peu comme il est fait. »
Notre empereur lui répond en colère :
« Asseyez-vous sur votre tapis blanc ;
« Ne parlez plus, si je ne vous commande. » AOI.

« Chevaliers franks, dit le roi Charlemagne,
« Choisissez donc un baron de ma terre,
« Qui portera mon message à Marsile. »
Roland lui dit : « C'est Gane, mon parâtre (1). »
Et les Français : « Certe, il le peut bien faire ! »

(1) Rien de plus légitime que les mots *parâtre* et *filâtre* qui manquent à la langue usuelle, comme le fait remarquer M. Génin.

« Vous n'enverrez aucun qui soit plus sage. »
Le comte Gane en eut beaucoup d'angoisses.
Il rejeta son grand manteau de martre ;
Il reste alors en blouse de satin ;
Ses yeux sont clairs et son visage fier,
Son corps est noble et sa poitrine large ;
Il est si beau ! tous ses pairs le regardent.
« Roland, dit-il, fou, pourquoi cette rage ?
« Chacun sait bien que je suis ton parâtre (1) ;
« Tu m'as nommé pour aller chez Marsile ?
« Si Dieu permet que de là je revienne,
« Je t'en aurai si grand ressentiment
« Qu'il durera pendant toute ta vie ! »
Roland répond : « C'est orgueil et folie !
« Je n'ai souci, chacun sait, des menaces.

(1) Voir *Berte aux grands piés* :

> Li premiers des enfans, de ce ne doutez mie,
> Que Pépins ot de Berte la blonde, l'eschevie,
> Orent-ils une fille sage et bien enseignie
> Femme Milon d'Ayglent, moult ot grant seignorie ;
> Et fu mère Rollant.

La mère de Roland, qui avait épousé Milon en premières noces, fut ensuite mariée à Gane. Sur Milon, voir *Garin le Lohérain*, page 161 de la traduction, et l'édition provençale de *Fierabras*, par Immanuel Bekker, page 156 :

> Ainsi prist Challemaine vers sa suer à aler
> En un chastel où molt amoit à seiorner,
> Assez près de Bretaigne : Vanes l'oy nomner,
> Un chastel que li dux (Milon) avoit là fet fermer.

Cette indication coïncide avec le passage d'Eginhard où Roland est désigné comme préfet de la Marche de Bretagne.

« Pour un message, il faut un homme sage;
« Si le roi veut, je le ferai pour vous. »

Gane répond : « Pour moi tu n'iras pas : AOI.
« Tu n'es mon homme et je ne suis ton sire (1).
« Si l'empereur, pour son service, ordonne,
« J'irai trouver Marsile à Saragosse;
« Mais j'y mettrai quelque retardement
« Pour dissiper cette grande colère. »
Lorsqu'il l'entend, Roland commence à rire. AOI.

V

GANE DÉFIE ROLAND ET LES AUTRES PAIRS.
IL SE REND A SARAGOSSE.

Quand Gane voit que Roland rit de lui,
Il est tout près d'éclater de colère,
Il s'en faut peu qu'il ne perde le sens.
« Roland, dit-il, je ne vous aime pas (2) :
« Vous m'avez fait choisir perfidement.

(1) Ne soies sis hom liges et il tis sire.
(*Gérard de Rossillon,* page 289.)
(2) Dans *Raoul de Cambray,* page 109 :
Par Dieu, Raous, jamais ne t'aimerai.

« Droit empereur (1), me voici devant vous :
« Je veux remplir votre commandement.

« Je sais qu'il faut que j'aille a Saragosse. AOI.
« Qui va là-bas, ne peut en revenir.
« J'ai cependant épousé votre sœur :
« J'ai d'elle un fils : il n'en est de plus beau !
« Baudoin ! l'on dit déjà qu'il sera brave.
« Je laisse à lui mes fiefs et mes domaines.
« Gardez-le bien ; je ne le verrai plus ! »
Charles répond : « Trop avez le cœur tendre.
« Puisque j'ordonne, il faut que vous alliez. » AOI.

Il dit encor : « Ganelon, avancez
« Et recevez le bâton et le gant.
« Vous l'entendez, les Français vous choisissent. »
Gane répond : « Roland seul a tout fait !
« Je haïrai Roland toute ma vie,
« Sire Olivier, pour être son ami,
« Les douze pairs, parce qu'ils l'aiment tant !
« Je les défie ici, sire, à vos yeux ! »

---

(1) *Droit* comme *droiturier* signifie à la fois légitime et juste. Cette expression très-caractéristique des idées du moyen âge, revient fréquemment dans nos poëmes, dans *li Charrois de Nysmes*, vers 188; dans *les Quatre Fils Aymon*, vers 291 et 374, éd. Bekker; dans *Girard de Viane*, page 103 (Reims, 1850); dans *Raoul de Cambray*, page 241; dans *Agolant*, vers 300, 308 et 1046, etc., etc.

Le roi lui dit : « Vous avez trop de haine,
« Or, vous irez, puisque je le commande. »
— « J'y peux aller, mais n'aurai de garants : AOI.
« Basan n'en eut, ni son frère Basile (1) ! »

Le roi lui tend le gant de sa main droite ;
Mais Ganelon voudrait n'être pas là.
Il va le prendre et le gant tombe à terre.
Les Franks de dire : « O Dieu ! qu'est ce présage ?
« De cet envoi nous viendra grande perte. »
— « Vous en saurez, dit Gane, des nouvelles. »
Il dit au roi : « Donnez-moi le congé.
« S'il faut aller, je n'ai plus à tarder. »
Le roi lui dit : « Pour Jésus et pour moi ! »
Il le bénit, l'absout de sa main droite,
Et lui remet le bâton et la lettre.

Le comte Gane à son hôtel retourne :
D'équipements se met à s'occuper,
Prend le meilleur qu'il a pu retrouver (2),
Fixe à ses pieds des éperons d'or pur,
A son côté ceint Murglès, son épée,
Sur Tachebrun, son destrier, il monte.

(1) Comparer ce qui suit avec le récit de l'ambassade de Gane auprès de Balan dans *Fierabras*, pages 164 à 167.
(2) *Gérard de Rossillon*, page 313. Michel.

C'est Guinemer qui lui tint l'étrier.
Vous eussiez vu maint chevalier pleurer.
Ils disent tous : « Quel dommage pour vous !
« Vous avez tant hanté la cour du roi !
« Noble guerrier l'on vous y proclamait.
« Celui qui vous désigna pour aller,
« Même le roi ne pourra le défendre.
« Le preux Roland n'eût dû penser à vous :
« Vous êtes né de si grande famille. »
« Emmenez-nous, sire, » lui disent-ils.
Gane répond : « Ne plaise au Seigneur Dieu !
« Mieux mourir seul qu'avec tant de bons preux !
« Vous en irez, seigneurs, en douce France.
« Vous saluerez ma femme de ma part
« Et Pinabel, mon pair et mon ami,
« Baudoin, mon fils, que vous connaissez bien.
« Aidez à lui, tenez-le pour seigneur ! »
Ganelon part et s'est acheminé. AOI.

Il chevauchait : sous un haut olivier (1)
Sont réunis les messagers payens.

---

(1) Les trouvères placent l'olivier sous toutes les zones. Ainsi :
Li baron vinrent à la cort à Paris,
A pié descendent par de soz les olis.
(*Raoul de Cambray*, p. 34.)
Voir aussi la page 264. Il y avait un olivier à Laon.
Devant la sale avoit un olivier.
(*La Bataille d'Aleschamps*, vers 2549.)

C'est Blancandrin qui, pour lui, s'attardait.
L'un parle à l'autre avec grande finesse.
Blancandrin dit : « Merveilleux homme est Charles !
« Il prit la Pouille et toute la Calabre,
« Passa la mer (1), entra dans l'Angleterre,
« Dont il conquit le tribut à saint Pierre (2),
« Que nous vient-il chercher sur notre terre ?
Gane répond : « Si grand est son courage !
« Homme jamais ne vaudra contre lui. » AOI.

Blancandrin dit : « Les Français sont très-braves ;
« Mais bien grand mal font ces ducs et ces comtes,
« A leur seigneur qui donnent tels conseils :
« Ils ruineront les autres et lui-même. »
Gane répond : « Je n'en connais pas d'autre,
« Hormis Roland ; mais il en aura honte.
« Charles un jour (3) à l'ombre était assis
« En la prairie, auprès de Carcassonne.
« Son neveu vient, vêtu de sa cuirasse ;
« Il tient en main une pomme vermeille.
« — Tenez, beau sire, a dit Roland à Charles,

---

(1) Le texte dit : « la mer salse, » salée.

(2) La conquête à saint Pierre du tribut de l'Angleterre est rappelée par une inscription dans une salle du Vatican. Voir aussi le glossaire de F. Michel.

(3) Le texte dit : *Er main*, c'est-à-dire hier matin. Charlemagne ne pouvait se trouver la veille à Carcassonne, au nord des Pyrénées.

« De tous les rois j'offre à vous les couronnes ! —
« Son grand orgueil le devrait bien confondre,
« Car chaque jour il s'expose à la mort.
« Roland occis, nous aurions tous la paix ! » AOI.

Blancandrin dit : « Roland est très-cruel,
« Qui veut dompter toutes les nations,
« Et disputer ainsi toutes les terres.
« Par quelle gent croit-il exploiter tant ? »
Gane répond : « Par la gent des Français.
« Ils l'aiment tant qu'ils ne lui faudront pas :
« Il leur a tant donné d'or et d'argent,
« Mulets, chevaux, armures et soieries ;
« Même le roi fait tout à son caprice.
« Jusqu'au Levant (1), il lui conquerra tout ! » AOI.

Chevauchent tant et Gane et Blancandrin
Que l'un à l'autre ils engagent leur foi :
Ils chercheront que Roland soit occis.
Chevauchent tant, par voie et par chemin,
Qu'à Saragosse ils viennent sous un if.

---

(1) *D'ici qu'en Orient* est une locution familière et proverbiale qui rappelle l'époque et la préoccupation des croisades. On la retrouve dans *Huon de Bordeaux*, page 171; dans *Raoul de Cambray*, page 105; dans *la Bataille d'Aleschamps*, vers 5977, etc., etc.

Ce vers a douze pieds dans le texte. L'on en rencontre quelquefois de cette mesure dans les poëmes décasyllabiques.

Sur un fauteuil, mis à l'ombre d'un pin,
Enveloppé d'une soie égyptienne,
Était le roi qui tient toute l'Espagne.
Autour de lui sont vingt mille payens.
Il n'est aucun qui dise ou souffle mot ;
Tant ils voudraient apprendre les nouvelles !
Ils voient venir Ganes et Blancandrin.

VI

COMMENT GANE BRAVE LE ROI MARSILE.

Blancandrin vient devant le roi Marsile,
Et par le poing il tient le comte Gane (1) :
« Soyez sauvé, dit-il, par Apollon
« Et Mahomet, dont nous gardons les lois !
« Nous avons fait votre message à Charles.
« Il éleva ses deux mains en amont,
« Loua son Dieu, ne fit autre réponse.
« Il vous envoie un sien noble baron ;

(1) Gérard de Rossillon reçoit de même l'envoyé du roi Charles :
Guérart dréça en piez, quant Perron vit,
E prist le par lo poing, leiz sei l'asist...
(Page 318.)

« Il est de France; il est homme puissant.
« Sachez par lui si c'est la paix ou non. »
— « Qu'il parle donc, dit Marsile, on l'écoute. » AOI.

Le comte Gane avait bien réfléchi;
Avec grand art il commence à parler,
Comme celui qui le sait faire bien.
Il dit au roi : « Soyez sauvé de Dieu,
« Le glorieux, que l'on doit adorer!
« Charles le brave à vous mande ceci :
« Si recevez la sainte loi chrétienne,
« Aurez en fief la moitié de l'Espagne;
« Si ne voulez accepter cet accord,
« Vous serez pris de force, mis aux chaînes,
« Au siége d'Aix vous serez amené.
« Par jugement là-bas vous finirez;
« Vous y mourrez en honte et vilenie. »
Le roi Marsile en fut exaspéré.
Il tient en main un dard empenné d'or;
Veut l'en frapper; mais on l'a retenu. AOI.

Le roi Marsile a changé de couleur,
Et de son dard la hampe en a tremblé.
Gane le voit, met la main à l'épée,
Et de deux doigts la tire du fourreau;
Puis il lui dit : « Vous êtes belle et claire;

« Devant ce roi, tant que je vous tiendrai,
« Notre empereur Charles ne dira pas
« Que je meurs seul au pays étranger.
« Les plus hardis vous auront bien payée ! »
Les Sarrazins : « Empêchons la mêlée ! »

Les chefs payens ont tant prié le roi,
Qu'en son fauteuil Marsile s'est assis.
Son oncle dit : « Vous avez mal agi,
« Quand vous cherchiez à frapper le Français :
« Vous le deviez écouter et l'ouïr. »
Gane lui dit : « Je peux bien l'oublier,
« Mais ne voudrais, pour tout l'or que Dieu fit,
« Et tous les biens qui sont en ce pays,
« Si le loisir m'en reste, ne pas dire
« Ce que, par moi, Charles le roi puissant
« Vous mande, à vous, son mortel ennemi. »
Gane portait un grand manteau de martres
Et recouvert d'une soie égyptienne,
Il l'a jeté, Blancandrin le reçoit ;
Mais, son épée, il ne veut la lâcher :
De sa main droite il tient la garde d'or.
Payens disaient : « C'est un noble baron ! » AOI.

Auprès du roi Gane s'est avancé ;
Puis il lui dit : « A tort vous vous fâchez,

« Quand l'empereur de France vous fait dire
« De recevoir la sainte loi chrétienne.
« Vous garderez la moitié de l'Espagne ;
« Il donnera l'autre part à Roland.
« Quel partenaire orgueilleux vous aurez !
« Si ne voulez accepter cet accord,
« A Saragosse il va vous assiéger ;
« Vous serez pris de force et mis aux chaînes.
« Puis vous serez conduit dans Aix, en France.
« Vous n'y aurez palefroi ni mulet,
« Ni destrier pour chevaucher dessus ;
« Serez jeté sur un mauvais sommier (1).
« Par jugement, vous y perdrez la tête.
« Notre empereur vous écrit cette lettre. »
Il l'a remise en la main du payen.

VII

COMMENT MARSILE DÉLIBÈRE AVEC GANE.

Marsile était tout pâle de colère.
Il rompt le sceau, dont il jette la cire,

---

(1) Le chevalier monte à la bataille et à la parade un destrier, en route un palefroi ou un mulet. La bête de charge s'appelle roussin, sommier ou bidet.

Voit les raisons écrites dans la lettre :
« Charles m'écrit, qui tient la douce France,
« En rappelant la peine et la colère
« Qu'il ressentit pour Basan et Basile,
« Dont j'ai coupé la tête au mont d'Haltile.
« Si, de mon corps, je veux sauver la vie,
« Faut envoyer mon oncle, le calife;
« Sinon, jamais Charles ne m'aimera. »
Alors le fils de Marsile parla ;
Il dit au roi : « Gane a dit des folies !
« Il a tant fait qu'il n'a plus droit de vivre.
« Livrez-le moi, j'en ferai bien justice. »
Gane l'entend ; il brandit son épée,
Et sur le tronc du pin va s'appuyer.

Dans le verger s'en est allé le roi,
Et les meilleurs des payens avec lui.
C'est Blancandrin, à la tête chenue ;
Jurfalet, fils et l'héritier du roi ;
Son oncle aussi, le fidèle calife.
Blancandrin dit : « Appelez le Français;
« De nous servir il m'engagea sa foi. »
Le roi lui dit : « Vous-même, amenez-le. »
Il a pris Gane au doigt par la main droite,
Dans le verger l'a mené jusqu'au roi.
On pourparla l'injuste trahison. AOI.

« Beau sire Gane, a dit le roi Marsile,
« Je vous ai fait tout à l'heure une offense (1)
« Quand j'ai voulu vous frapper par colère :
« Je la répare avec ces zibelines,
« Qui valent plus de cinq cents livres d'or.
« Avant demain, j'en paierai belle amende. »
Gane répond : « Je ne refuse pas ;
« Qu'il plaise à Dieu vous bien récompenser ! » AOI.

Le roi lui dit : « Gane, sachez-le bien,
« J'ai le désir de vous aimer beaucoup.
« Je veux ouïr parler de Charlemagne.
« Il est bien vieux ! Il a fini son temps !
« Il a, je sais, bien deux cents ans passés.
« Par tant de lieux il démena son corps !
« Il a reçu tant de coups sur l'écu !
« Il a conduit tant de rois à l'aumône !
« Quand sera-t-il las de faire la guerre ? »
Gane répond : « Non, Charles n'est pas tel ;
« Nul ne le voit, et n'a pu le connaître,
« Qui ne dira que l'empereur est noble.
« Je ne saurais le louer et vanter
« Autant qu'il a d'honneur et de bonté.
« Et sa valeur, qui pourrait la conter ?

(1) Jo vos ai fait *alques* de legerie.

« Dieu fit briller en lui tant de noblesse !
« Mieux vaut mourir que quitter son service ! »

Le payen dit : « Je suis émerveillé
« Que l'empereur soit si vieux et chenu !
« Je sais qu'il a bien deux cents ans et plus !
« Par tant de lieux son corps a travaillé
« Et tant reçu coups de lance et d'épieu !
« Il a conduit tant de rois à l'aumône !
« Quand sera-t-il las de faire la guerre ? »
— « Tant que Roland vivra, jamais ! dit Gane.
« Il n'a d'égal sous la cape du ciel.
« Son compagnon Olivier est si brave !
« Les douze pairs, que Charles chérit tant,
« Font l'avant-garde avec vingt mille preux.
« Charle est tranquille ; il ne craint aucun homme ! »

AOI.

Le payen dit : « C'est vraiment merveilleux
« Que l'empereur soit si blanc et chenu !
« Je sais qu'il a bien plus de deux cents ans !
« Il est allé conquérant tant de terres,
« A tant reçu de coups d'épieux tranchants !
« Il a défait et tué tant de rois !
« Quand sera-t-il las de faire la guerre ? »
— « Tant que Roland vivra, jamais ! dit Gane.
« Il n'a d'égal jusques en Orient !

« Son compagnon Olivier est si brave !
« Les douze pairs, que Charles aime tant,
« Font l'avant-garde avec vingt mille Franks.
« Charle est tranquille, homme vivant ne craint. »

AOI.

— « Beau sire Gane, a dit le roi Marsile,
« J'ai telle gent, plus belle n'en verrez.
« Je puis avoir quatre cent mille preux,
« Pour attaquer Charles et les Français ! »
Gane répond : « Ne vous y fiez pas.
« De vos payens vous auriez grande perte.
« Pas de folie, et tenez-vous aux ruses.
« A l'empereur donnez tant de richesses
« Que les Français en soient émerveillés.
« Envoyez-lui vingt otages aussi.
« En douce France il s'en retournera.
« Il laissera bien loin l'arrière-garde ;
« Le preux Roland y sera, je l'espère,
« Puis Olivier, le brave, le courtois.
« Tous deux sont morts, si l'on veut bien me croire.
« Charles verra son grand orgueil tomber.
« Il n'aura plus désir de vous combattre. » AOI.

— « Beau sire Gane, ainsi Dieu vous bénisse !
« Par quel moyen puis-je occire Roland ? »
Gane répond : « Je vais donc vous le dire :

« Le roi sera dans les grands défilés ;
« L'arrière-garde au loin sera restée ;
« Roland le fier y sera, son neveu,
« Puis Olivier, en qui tant il se fie ;
« Vingt mille Franks ils auront dans leur troupe.
« De vos payens envoyez-leur cent mille,
« Qui tout d'abord leur livreront bataille.
« Les Franks seront affaiblis et blessés.
« Il y aura grand martyre des vôtres.
« Livrez aux Franks une seconde attaque :
« Dans l'une ou l'autre, il faut que Roland reste !
« Vous aurez fait une belle bataille,
« Et n'aurez plus de guerre en votre vie. AOI.

« S'il se pouvait que Roland y fût mort,
« Charles perdrait le bras droit de son corps ;
« Sa merveilleuse troupe y resterait.
« Il ne pourrait réunir telle force.
« Terre-major (1) resterait en repos. »
Quand il l'entend, le roi le baise au cou.
Puis il a fait apporter ses trésors. AOI.

Le roi répond (que diraient-ils de plus?) :
« Bon conseiller celui dont on s'assure.

---

(1) Terre *major, garnie, prisée* et *louée*, désignent la France.
　　Et quant ge vin de France la loée. (*Agolant,* vers 792.)
L'on dit aussi *la grant région.* Voir *Parise la Duchesse,* page 10.

« Donc, s'il y est, jurez-moi de trahir ! »
Gane répond : « Qu'il soit comme il vous plaît. »
Sur la relique en son épée enclose,
Il a juré : la trahison est faite ! AOI.

Il y avait un fauteuil en ivoire.
Le roi Marsile y fait porter un livre
Qui renfermait la loi de Mahomet (1),
Ceci jura le Sarrazin d'Espagne,
S'il peut trouver à l'arrière Roland,
De le combattre avec toute sa troupe
Et, s'il le peut, de le faire mourir.
Gane répond : « Votre ordre s'accomplisse ! » AOI.

Alors s'avance un payen, Valdabrun.
Il éleva le roi Marsilion.
Clair et riant : « Vous voyez mon épée,
« Dit-il au Frank, nul n'en a de meilleure ;
« La garde vaut plus de mille mangons (2).
« Par amitié, sire, je vous la donne :
« Contre Roland le baron aidez-nous,
« Que nous puissions le trouver à l'arrière. »
— « Ce sera fait, » répond le comte Gane.
Puis à la joue, au menton ils se baisent.

(1) Le texte dit : La lei i fut Mahum e *Tervagant*.
(2) Mangons, pièce de monnaie.

Arrive après le payen Climorin.
Clair et riant, il dit à Ganelon :
« Prenez mon casque ; on n'en vit de meilleur !
« Contre Roland le marquis, aidez-nous,
« Que nous puissions sûrement le honnir. »
— « Ce sera fait, » lui répond Ganelon.
Puis à la bouche, à la joue ils se baisent. AOI.

Arrive alors la reine Bramimonde.
Elle lui dit : « Je vous aime beaucoup,
« Car mon seigneur et tous ses gens vous prisent.
« Deux bracelets j'envoie à votre femme :
« Ils ont tant d'or, de grenats, d'améthystes,
« Qu'ils valent plus que tout l'avoir de Rome (1).
« Votre empereur n'en eut jamais de tels. »
Gane les prend et les place en sa botte. AOI.

---

(1) Le trouvère dit ici l'avoir de Rome comme plus bas l'or de Galice. Ces noms viennent pour l'assonance. Dans le seul poëme de *Raoul de Cambray*, j'ai noté l'or ou le fief de Tudèle, Avalon, Montpellier, Baudas (Bagdad), Damas, Rains, Aquilance, Abbeville, Paris, Millan. Il y a Saint-Omer dans *la Bataille d'Aleschamps*, Bénévent dans *Garin le Lohérain*, Montpellier dans *la Chanson d'Antioche*, etc. On lit dans *Gérard de Rossillon*, page 319 :

>   Por autretan d'or cuit, por tant mangon,
>   Comme l'en porueit metre en cest donjon.

3

Le roi demande au trésorier Mauduit :
« Les dons pour Charle avez-vous préparés ? »
Le trésorier répond : « Oui, sire, bien :
« Sept cents chameaux chargés d'or et d'argent,
« Et vingt enfants, les plus nobles otages. » AOI.

Marsile tient Ganelon par l'épaule :
« Vous êtes brave et sage, lui dit-il ;
« Par cette foi, que vous tenez la bonne,
« Ne changez pas de sentiments pour nous.
« De mon avoir vous aurez grande part :
« Dix forts mulets chargés d'or le plus fin ;
« Je vous ferai de même tous les ans.
« Prenez les clés de cette cité vaste,
« A l'empereur présentez ces grands dons.
« Faites-moi mettre à l'arrière Roland.
« Si je le puis trouver aux défilés,
« A lui je livre une bataille à mort. »
Gane répond : « M'est avis que je tarde. »
Il monte en selle et se met en voyage (1). AOI.

(1) La tradition a maudit le lieu où cette trahison a été préparée. Voir *Aye d'Avignon*, page 50 :

> Si grant vertu i fist Damediex por Karlon
> Que des loriers qui furent là planté environ
> Ainc puis n'en porta nul né foille ne boton.

XI

CHARLEMAGNE SE MET EN ROUTE AVEC LA GRANDE ARMÉE.

Notre empereur regagne ses quartiers :
Il est venu dans la cité de Gaune.
Le preux Roland l'a prise et renversée ;
Pendant cent ans elle en resta déserte.
De Ganelon il attend des nouvelles
Et le tribut du grand pays d'Espagne.
Or, un matin, quand l'aube apparaissait,
Le comte Gane arrive au campement. AOI.

De grand matin l'empereur s'est levé,
Charles ouït la messe et les matines.
Sur l'herbe verte, il est devant sa tente.
Roland y fut et le brave Olivier,
Nayme le duc, beaucoup d'autres aussi.
Ganelon vint, le traître, le parjure !
Avec astuce il commence à parler
Et dit au roi : « Soyez béni de Dieu !
« J'apporte ici les clés de Saragosse.
« De grands trésors je vous fais amener.

« Et vingt enfants ; faites-les bien garder !
« Le brave roi Marsile aussi vous mande
« De ne le pas blâmer pour le calife.
« Car de mes yeux j'ai vu trois cent mille hommes,
« Casques fermés, vêtus de leurs hauberts,
« Ceints d'une épée à garde d'or niellée,
« Qui se sont tous embarqués avec lui,
« Fuyant le roi parce qu'ils ne voulaient
« Ni recevoir, ni garder notre foi.
« Ils n'avaient pas navigué quatre lieues,
« Que la tempête et le vent les accueillent.
« Ils sont noyés; vous n'en verrez pas un.
« S'il n'était mort, j'amenais le calife.
« Au roi payen, sire, vous pouvez croire :
« Vous ne verrez ce premier mois passer
« Sans qu'il vous suive au royaume de France.
« Il recevra la foi que vous gardez,
« Votre vassal à mains jointes sera,
« De vous tiendra le royaume d'Espagne. »
Le roi lui dit : « Grâces en soient à Dieu !
« Bien avez fait; en aurez grand profit. »
Mille clairons sonnent parmi l'armée.
On déménage, on charge les sommiers ;
Vers douce France on s'est acheminé. AOI.

Charles le Magne a ravagé l'Espagne,
Pris les châteaux, violé les cités.

L'empereur dit que sa guerre est finie ;
Vers douce France il tourne son armée.
Le preux Roland fixe son étendard
En haut d'un tertre et vers le ciel dressé.
Par le pays les Français s'hébergeaient.
Et les payens, par ces longues vallées,
Vont chevauchant, enseignes déployées,
Casques lacés et ceints de leurs épées,
Écus au cou et les lances dressées.
Sur les hauteurs, dans un bois ils s'arrêtent :
Quatre cent mille y attendent l'aurore.
Dieu ! quel malheur que les Français l'ignorent ! AOI.

Le jour s'en va ; la nuit devient obscure.
Charles s'endort, le puissant empereur.
Il songe alors qu'il est aux défilés ;
Entre ses mains il tient sa lance en frêne,
Quand Ganelon vient la saisir sur lui,
Qui la secoue et la brandit si fort
Que vers le ciel en volent les éclats.
Charles dormait ; il ne s'éveille pas.

Après, il songe une autre vision,
Qu'il est en France, à son Aix-la-Chapelle.
Un ours le mord au bras droit durement.
Il voit venir d'Ardenne un léopard

Qui fièrement s'attaque à son corps même.
Un lévrier sort alors du palais ;
Il vient à Charle au galop et par bonds,
Tranche d'abord l'oreille droite à l'ours,
Puis, furieux, combat le léopard.
Les Franks disaient : « Quelle grande bataille ! »
Mais on ne sait lequel la gagnera (1).
Charles dormait ; il ne s'éveille pas. AOI.

IX

COMMENT GANE FAIT DÉSIGNER ROLAND POUR COMMANDER L'ARRIÈRE-GARDE.

La nuit s'en va, l'aube claire apparaît.
Notre empereur chevauche fièrement,
Sur son armée il regarde souvent.
« Seigneurs barons, a dit l'empereur Charles,
« Voici les ports et les étroits passages :

---

(1) MM. Michel et Génin lisent un *verrat* au lieu d'un ours. J'ai préféré la leçon des Allemands, MM. Müller et Hertz. M. Génin explique ainsi ce second songe. L'ours est Gane, le léopard Baligant, et le lévrier Thierry. Le bras droit de l'empereur est Roland, et Pinabel serait représenté comme l'oreille droite de Gane. Ce qui rend cette explication assez plausible, c'est que Roland est appelé le bras droit de Charles ici et dans *la Chanson des Saxons*, dont plusieurs passages sont évidemment inspirés par *la Chanson de Roland*, notamment aux strophes 255 à 265.

« Nommez quelqu'un pour rester à l'arrière. »
Gane répond : « C'est Roland, mon filâtre (1) :
« N'avez baron d'un aussi grand courage. »
Le roi l'entend, fièrement le regarde.
Puis il lui dit : « Vous êtes un vrai diable (2) !
« Mortelle rage au corps vous est entrée :
« Et qui fera devant moi l'avant-garde ? »
Gane répond : « Ogier de Danemark :
« N'avez baron qui mieux que lui la fasse. »

Le preux Roland entend qu'on le désigne ; AOI.
Il a parlé comme un vrai chevalier :
« Je vous dois bien aimer, sire parâtre :
« Vous m'avez fait désigner pour l'arrière.
« Charles, le roi de France, n'y perdra,
« Je le promets, palefroi ni mulet,
« Ni destrier qui puisse chevaucher ;
« Il n'y perdra ni roussin ni sommier
« Qui n'aient été vendus cher à l'épée. »
Gane répond : « C'est vrai, je le sais bien. » AOI.

Quand Roland sait qu'à l'arrière il sera,
Avec colère il parle à son parâtre :
« Ahi ! pervers, de mauvaise nature,

---

(1) Beau-fils, c'est le mot correspondant à *marâtre* et à *parâtre*.
(2) Ce est un vis diables. (*Fierabras*, page 180.)

« Tu croyais donc que le gant me cherrait,
« Comme te fit le bâton devant Charles ! » AOI.

« Droit empereur, dit Roland le baron,
« Donnez-moi l'arc que vous tenez au poing :
« Ils ne pourront, certes, me reprocher
« De le laisser tomber, comme fit Gane,
« Quand il reçut le bâton dans sa main. »
De l'empereur le front se rembrunit.
Il tient sa barbe et détord sa moustache,
Il ne peut pas s'empêcher de pleurer (1).
Après Roland le duc Nayme est venu ;
Il n'y a pas plus brave homme à la cour.
Il dit au roi : « Vous l'avez entendu !
« Le preux Roland, il est fort irrité !
« L'arrière-garde est assignée à lui ;
« N'avez baron qui la conduirait mieux (2).
« Donnez-lui l'arc que vous avez tendu,

---

(1) Dans *Fierabras*, page 10, Charlemagne manifeste ainsi sa colère de ce que Ganelon a fait désigner pour un combat dangereux Olivier, déjà blessé :

> Se il est mors ne prins, je te di en verté,
> Ne te racateroit tous l'ors d'une chité,
> Ke ne te faice pendre ou ardoir en un ré,
> Et trestout ti parent seront désireté.

(2) F. Michel et Müller lisent :
> N'avez baron ki *jamais là* remut.

J'ai suivi la leçon de Génin :
> N'avez baron qui *ja miex la* remut.

« Et trouvez-lui des gens qui l'aident bien. »
Le roi le donne, et Roland l'a reçu.

Notre empereur s'adresse à son neveu :
« Mon beau neveu, sachez bien qu'avec vous
« Je veux laisser la moitié de l'armée ;
« Retenez-la, car c'est votre salut ! »
Roland lui dit : « Non, je n'en ferai rien.
« Si je démens mon sang (1), Dieu me confonde !
« Je retiendrai vingt mille Français braves ;
« Passez les monts en toute sûreté,
« De mon vivant, ne craignez aucun homme. » AOI.

XIII

COMMENT CHARLEMAGNE PASSE LES PYRÉNÉES AVEC LE GROS DE SON ARMÉE.

Le preux Roland monte son destrier,
Avec lui vient Olivier son ami ;
Gérin y vient, et le brave Gérer,

---

(1) Le texte dit : Se la *geste* en desment. Ce mot est le plus souvent employé dans le sens de famille; il signifie aussi *faits, actions*, comme le latin *gesta*.

Béranger vient, et le preux Josse aussi,
Jastor y vient, et le vieil Anséis,
Le fier Gérard de Rossillon y vient (1),
Y est venu le puissant duc Gaifer.
Turpin a dit : « Par ma tête, j'irai ! »
— « Et moi de même, a dit le preux Gautier;
« Je suis son homme et ne lui dois faillir. »
Se sont choisis vingt mille chevaliers. AOI.

Le preux Roland dit à Gautier de Luz :
« De nos Français de France prenez mille
« Pour occuper les hauteurs et les gorges;
« Que l'empereur n'y perde aucun des siens. » AOI.
Gautier répond : « Pour vous je dois bien faire. »
Puis il a pris mille Français de France.
Gautier parcourt les hauteurs et les gorges.
Quoi qu'il apprenne, il n'en descendra pas.
Avant qu'ils soient distants de sept cents brasses (2),
Almaris, roi du pays de Belferne,
Leur livrera le jour un dur combat.

(1) La présence de Gérard de Rossillon à Roncevaux, et sa mort racontée plus bas, ne concordent pas avec les poëmes français et provençaux consacrés à ce célèbre chevalier.

(2) Voici le texte de ce passage, dont le sens est assez difficile à préciser, et que j'ai traduit très-librement :

> N'en descendrat pur malvaises nuvelles. (,)
> Enceis qu'en seient VII. C. espées traites, (.)
> Reis Almaris del règne de Belferne
> Une bataille lur liverat le jur pesme.

Hauts sont les pics, les vallons ténébreux,
Les rochers gris, les défilés sinistres.
Dans la douleur les Franks passent ce jour.
On entendait leur bruit de quinze lieues ;
Ils approchaient de la Terre-major,
Voient la Gascogne, une terre française,
Il leur souvient de fiefs et de domaines,
De fiancée ou d'une noble épouse ;
Il n'en est pas qui de pitié ne pleure.
Mais l'empereur Charles est plein d'angoisse,
Aux défilés il laisse son neveu.
Pitié l'en prend, ne peut ne pas pleurer. AOI.

Les douze pairs sont restés en Espagne,
Vingt mille Franks sont en leur compagnie.
Ils n'ont souci ni crainte de la mort.
Notre empereur retourne vers la France,
Sous son manteau cache sa contenance.
Auprès de lui chevauche le duc Nayme.
Il dit au roi : « Pourquoi cette tristesse ? »
Charles répond : « Le demander m'offense ;
« J'ai si grand deuil, ne puis ne pas gémir :
« Par Ganelon France sera détruite.
« La nuit en songe un ange me fit voir
« Qu'entre mes mains Gane brisait ma lance.

« Il fit choisir pour l'arrière Roland ;
« Je l'ai laissé sur la terre étrangère,
« Si je le perds, je n'aurai son pareil. » AOI.

Charles le Grand ne peut ne pas pleurer.
Cent mille Franks pour lui s'attendrissaient
Et pour Roland ont merveilleuse peur.
Le félon Gane a fait marché de lui.
Du roi payen il en eut de grands dons,
D'or et d'argent, de robes, de soieries,
Mulets, chevaux et chameaux et lions.
Marsile mande et les barons d'Espagne,
Et les émirs, les comtes et les ducs,
Les amiraux et les fils de ses comtes.
Quatre cent mille il rassemble en trois jours,
Et ses tambours fait battre à Saragosse ;
Met Mahomet sur la plus haute tour.
Il n'est payen qui ne prie et l'adore (1) ;
Les Sarrazins chevauchent à l'envi
Par les vallons et les monts de Cerdagne.
De ceux de France ils voient les gonfalons,
L'arrière-garde où sont les douze pairs :
De l'attaquer ils ne manqueront pas.

---

(1) C'est-à-dire l'image de Mahomet. De même dans *Agolant*, au vers 643 :
  Chacus le voit aorer et prier.

XIV

COMMENT DOUZE CHEFS PAYENS S'ENGAGENT A TUER ROLAND.

S'est avancé le neveu de Marsile
Sur un mulet qu'il touche d'un bâton.
Il dit au roi bellement en riant :
« Beau sire roi, je vous ai tant servi !
« J'ai tant souffert de labeurs et de peines,
« Et tant gagné de batailles en champ !
« L'honneur du coup de Roland donnez-moi (1).
« Je l'occirai de mon épieu tranchant,
« Si Mahomet me veut être propice ;
« J'affranchirai tout le pays d'Espagne,
« Depuis les ports jusques à Durestant.
« Charles lassé, les Français rebutés,
« Vous n'aurez plus de guerre en votre vie. »
A lui Marsile en a donné le gant. AOI.

---

(1) Le texte dit :

Dunez m'un feu : ço est le colp de Rollant.

Feu signifie fief, don, honneur, grâce. Il était dans les mœurs chevaleresques de solliciter l'honneur du premier coup. Dans *la Chanson d'Antioche*, Baudoin Caudron le demande au comte de Flandres et l'obtient. Voir la traduction de Mme la marquise de Saint-Aulaire, à la page 71.

Quand le neveu tient le gant à son poing,
Il interpelle avec fierté son oncle :
« Beau sire roi, m'avez fait un grand don !
« Choisissez donc onze de vos barons,
« Nous combattrons les douze compagnons. »
Tout le premier, Falseron lui répond
(Il était frère au roi payen Marsile) :
« Mon beau neveu, vous et moi nous irons.
« Certainement nous ferons cette attaque ;
« Les Franks que Charle a l'arrière a laissés,
« Il est jugé que nous les occirons. » AOI.

Le roi Corsal (1) arrive d'autre part,
Un barbaresque et de très-grande astuce.
Il a parlé comme un bon chevalier :
Il ne voudrait pour rien (2) être couard.
Voici venir Malprimis de Brigal ;
Plus vite il court que ne fait un cheval,
Devant Marsile il s'écrie hautement :
« Je conduirai mon corps à Roncevaux,
« Et si je joins Roland, je le tuerai. »

---

(1) Corsal, Corsalis ou Corsablis. Il est fait mention de ce Sarrazin dans d'autres poëmes, notamment dans *le Covenant Vivien*, vers 1066 ; dans *Raoul de Cambray*, page 258 ; dans *la Chevalerie Ogier de Danemarche*, page 48 ; dans *Foulque de Candie*.

(2) Le texte dit : pur tut l'or Deu.

Un amiral, Balaguer, était là,
Noble a le corps, visage fier et clair.
Il est monté sur son cheval de guerre,
Et se fait fier de ses armes qu'il porte.
Pour le courage, il est bien renommé :
S'il eût été chrétien, quel noble preux (1) !
Devant le roi Marsile il s'écria :
« A Roncevaux, je conduirai mon corps,
« Roland est mort si je puis le trouver,
« Comme Olivier et tous les douze pairs.
« Les Franks mourront en deuil et grande honte.
« Charles le Magne est vieux et radoteur ;
« Il sera las de mener cette guerre,
« Il laissera notre Espagne en repos ! »
Le roi payen l'a beaucoup remercié. AOI.

Il y avait un émir de Moriane
Le plus félon en la terre d'Espagne.

---

(1) Cette réflexion est très-fréquente dans nos poëmes. Voir *Garin le Lohérain*, page 37 de la traduction, et les vers suivants de *Fierabras*, page 18 :

    Se il vausist Jhésu croire ni aürer,
    Nul milleur chevalier ne péust on trouver.

L'on appliquait la même réflexion aux belles Sarrazines :

    Assez fu gente, s'ele fust baptiziée.
               (*Foulque de Candie*, page 22.)

Devant Marsile il fait sa vanterie :

« A Roncevaux, je guiderai ma troupe;

« Ils sont vingt mille avec écus et lances,

« Je garantis Roland mort, si le trouve.

« N'y aura jour que Charles ne s'en plaigne. » AOI.

Arrive après Turgis de Tourtelouse.

Il était comte et maître de la ville.

De nos chrétiens il veut faire un grand vide;

Devant Marsile aux autres il s'ajoute :

« Ne craignez rien, sire, car Mahomet

« Vaut plus, dit-il, que saint Pierre de Rome.

« Vous le servez : l'honneur du champ est nôtre;

« A Roncevaux j'irai joindre Roland,

« Nul ne pourra le garantir de mort.

« Voyez ma lame, elle est et bonne et longue,

« A Durandal (1) je la veux opposer.

« Vous apprendrez laquelle a le dessus.

« Les Franks mourront s'ils s'exposent à nous.

(1) Durandal est l'épée de Roland. L'on raconte plus loin comment elle lui fut donnée. Les épées avaient un nom et étaient l'objet d'une grande vénération. Ce trait est commun à tous les poëmes chevaleresques. Les plus illustres épées sont l'œuvre d'un forgeron scandinave, nommé Galant ou de ses fils. Voyez *Raoul de Cambray,* au glossaire, et pages 19, 343, 347; *Garin le Lonérain*, page 111 de la traduction; *Fierabras*, pages 20 et 21; *Doon de Mayence,* vers 5031; *la Chevalerie Ogier,* page 471, etc. F. Michel et Depping, *Véland le Forgeron; Wieland der Schmied,* von Karl Simrock; Ozanam, *Études germaniques,* tome Ier, page 262; Bekker, notes sur *Fierabras.*

« Charles le vieux en aura deuil et honte,
« Plus ici-bas ne portera couronne. »

Arrive après Escremiz de Valterne.
Il est payen et maître de sa terre.
Devant Marsile il s'écrie en la foule :
« A Roncevaux, j'irai vaincre l'orgueil ;
« Si je le joins, Roland perdra la tête,
« Comme Olivier, qui commande les autres :
« Les douze pairs sont tous jugés à mort ;
« Français mourront, France en sera déserte,
« De bons guerriers Charles aura disette. » AOI.

Un chef payen, Esturganz, était là,
Estramariz aussi, son compagnon.
Ils sont félons et traîtres suborneurs.
Le roi leur dit : « Seigneurs, avancez-vous ;
« En Roncevaux allez aux défilés ;
« Vous m'aiderez à conduire ma troupe. »
Les deux payens répondent : « A vos ordres !
« Nous combattrons Olivier et Roland ;
« Les douze pairs n'éviteront la mort.
« Nos lames sont et bonnes et tranchantes,
« Nous les ferons vermeilles de sang chaud ;
« Français mourront, Charle en sera dolent.
« Nous vous ferons don de Terre-major ;

4

« Venez-y, roi, vous le verrez vraiment,
« De l'empereur nous vous ferons présent. »

Vient en courant Margariz de Sibille (1).
Jusqu'à Samar il possède la terre ;
Pour sa beauté, dames lui sont amies ;
Il n'en est pas qui ne s'épanouisse
En le voyant et qui ne lui sourie (2).
Nul payen n'a tant de chevalerie.
Par-dessus tous, du milieu de la foule,
Il crie au roi : « Ne vous effrayez pas,
« A Roncevaux, j'irai tuer Roland ;
« Sire Olivier n'y sauvera sa vie ;
« Les douze pairs restent pour leur martyre.
« Et cette épée, emmanchée en or pur,
« Don de l'émir de Prime, je vous jure
« Qu'elle sera teinte de sang vermeil :
« Français mourront, France en sera honnie.

(1) Si estoit Ysembars c'on nommoit Margaris.
(*Hugues-Capet*, page 19.)

(2) Tant fusi amez des dames, s'il les priât d'amer,
Froiecuer l'apelent la gent d'outre la mer.
(*Foulque de Candie.*)

Je croix que Dieux l'a fait, et qu'il est tous escris
Pour estre de ces damez apellez *dous amis*.
Il n'est dame en ce monde, tant soit biaus ses delis,
Sé Hues ly daignoit faire ung gracieulx ris,
Que ly cuers de son ventre ne soit tous esclarcis.
(*Hugues-Capet*, page 146.)

« Charles le vieux, à la barbe fleurie,
« Jour ne sera qu'il n'ait deuil et colère.
« Au bout d'un an nous aurons pris la France,
« Nous coucherons au bourg de Saint-Denis (1) ! »
Le roi payen fait un profond salut. AOI.

Arrive alors Chernuble de Montnègre.
Ses longs cheveux vont balayant la terre ;
Il porte un faix plus lourd en s'amusant
Que ne le font quatre mulets chargés.
Dans le pays, dit-on, dont il était,
Soleil ne luit et le blé ne peut croître ;
Jamais de pluie et jamais de rosée ;
Pierre n'y a qui ne soit toute noire.
Quelques-uns croient que les diables y restent (2).
Chernuble dit : « J'ai ceint ma bonne épée,
« A Roncevaux, je la teindrai vermeille ;

(1) Le roi de France est appelé *le roi de Saint-Denis*. Voir *les Quatre Fils Aymon*, vers 351; *Huon de Bordeaux*, page 296, etc., etc.

(2) Dans *le Covenant Vivien*, au vers 1619, il est aussi fait mention d'un pays où le soleil ne se lève jamais et où rien ne pousse.

Il n'est guère admissible que le trouvère, si exact dans ses mentions géographiques relatives à la France, ait imaginé arbitrairement les noms des pays sarrazins. Je crois que ces noms se rattachent tous à quelque souvenir ou à quelque tradition. Mais, après beaucoup de tentatives, suivies d'autant de déceptions, j'ai renoncé, pour mon compte, à trouver l'explication de la plupart des noms de pays qui se trouvent dans *la Chanson de Roland*. Peut-être arriverait-on à quelques découvertes intéressantes à l'aide des racines arabes, mais plutôt pour les noms d'hommes.

« Si je rencontre en mon chemin Roland,
« Et ne l'attaque, on peut ne plus me croire ;
« Je conquerrai Durandal par l'épée,
« Français mourront, France en sera déserte. »
Les douze chefs payens sont réunis ;
Ils conduiront cent mille Sarrazins.
A la bataille ils s'excitent, se pressent,
Et vont s'armer dans une sapinière.

XV

COMMENT OLIVIER RECONNAIT QUE LES SARRAZINS S'APPROCHENT.

Ils se couvraient de leurs hauberts moresques,
Dont la plupart sont d'une triple maille ;
Ils ont lacé leurs bons casques d'Espagne ;
D'acier viennois ils ceignent des épées ;
Écus sont forts, les épieux de Valence,
Les gonfalons blancs et bleus et vermeils.
Ils ont laissé mulets et palefrois,
Sur destriers ils chevauchent serrés.
Clair fut le jour et beau fut le soleil ;
Ils n'ont sur eux rien qui ne reflamboie.
Pour que ce soit plus beau, les clairons sonnent.
Grand est le bruit : les Français l'entendirent.

Olivier dit : « Ami Roland, je crois
« Que nous aurons bataille des payens. »
Roland répond : « Eh ! que Dieu nous l'octroie !
« Pour notre roi, nous devons résister ;
« Pour son seigneur on doit souffrir détresse,
« Tout endurer, et grand chaud et grand froid,
« Dût-on y perdre et du cuir et du poil.
« Que chacun pense à fournir de grands coups ;
« Que contre nous on ne chansonne pas (1) !
« Payens ont tort, chrétiens ont le bon droit.
« Jamais de moi n'aurez mauvais exemple. » AOI.

Sur un haut pin Olivier est monté,
Regarde à droite et, par le val herbu,
Il voit venir cette gent sarrazine.
Il appela Roland, son compagnon :
« Quelle rumeur j'entends venir d'Espagne !
« Que de hauberts, de casques flamboyants !
« Pour nos Français voici grande tourmente.
« Il le savait, le traître et félon Gane,
« Quand devant Charle il nous a désignés. »
Roland répond : « Taisez-vous, Olivier,
« C'est mon parâtre et ne veux qu'on en parle. »

(1) La préoccupation du chansonnement se retrouve dans tous nos poëmes chevaleresques. Voir *Raoul de Cambray*, pages 96 et 162; *le Covenant Vivien*, vers 792, 1908; *la Bataille d'Aleschamps*, vers 443, 471, etc. L'on chansonnait aussi les épées et les destriers.

Sire Olivier est monté sur un pin ;
Or il voit bien le royaume d'Espagne
Et les payens qui sont en si grand nombre.
Il voit briller ces casques d'or gemmés (1),
Et ces écus et ces hauberts frangés,
Et ces épieux et ces drapeaux hissés ;
Mais il ne peut compter les bataillons,
Tant y en a qu'il n'en sait pas le nombre.
Il en est fort en lui-même troublé.
Du mieux qu'il put, il descendit du pin,
Vint aux Français et leur raconta tout.

Olivier dit : « J'ai vu tant de payens,
« Jamais sur terre un homme n'en vit plus.
« Là, devant nous, ils sont bien cent mille hommes,
« Casques lacés, vêtus de blancs hauberts,
« Lances en l'air, les épieux bruns luisants.
« Bataille aurez comme il n'en fut jamais.
« Seigneurs français, Dieu vous donne courage !
« Tenez au champ, que ne soyons vaincus ! »
Et les Français : « Malheur à qui s'enfuit !
« Mais pour mourir pas un ne vous faudra. » AOI.

(1) *Gemmes*, c'est-à-dire ornés de pierreries.

XVI

POURQUOI ROLAND NE VEUT PAS SONNER DE SON COR.

Olivier dit : « Payens ont grande force,
« De nos Français nous n'avons que bien peu ;
« Ami Roland, sonnez de votre cor :
« Charle entendra, ramènera l'armée. »
Roland répond : « Je ferais comme un fou ;
« En douce France y perdrais mon renom.
« Je frapperai grands coups de Durandal ;
« L'acier sera sanglant jusqu'à la garde (1).
« Pour leur malheur les payens sont aux gorges.
« Je vous le dis, tous sont jugés à mort ! » AOI.

— « Ami Roland, sonnez de votre cor :
« Charle entendra, ramènera l'armée ;
« Avec ses preux le roi nous secourra. »
Roland répond : « Ne plaise au Seigneur Dieu,
« Que mes parents en soient blâmés pour moi,
« Et France douce en tombe en déshonneur.
« Je frapperai fort avec Durandal,

(1) *Entresqu'al or*, c'est-à-dire jusqu'à l'or de la garde.

« A mon côté ceinte, ma bonne épée ;
« Vous en verrez la lame ensanglantée.
« Les payens sont rassemblés pour leur perte.
« Je vous le dis, tous sont livrés à mort. » AOI.

— « Ami Roland, sonnez de votre cor.
« Charle entendra, qui passe aux défilés.
« Je garantis que les Franks reviendront. »
— « Ne plaise à Dieu, lui répondit Roland,
« Qu'homme vivant puisse dire jamais
« Que j'aie été corner pour des payens !
« N'en auront pas mes parents ce reproche.
« Quand je serai dans la grande bataille,
« Je frapperai mille et sept cents bons coups.
« De Durandal l'acier sera sanglant.
« Français sont bons ; ils frapperont en braves.
« N'échapperont les payens à la mort. »

Olivier dit : « Qui pourrait vous blâmer ?
« Je les ai vus, les Sarrazins d'Espagne.
« En sont couverts et les monts et les vaux,
« Et les coteaux (1) et les plaines entières.
« Grande est l'armée à la gent étrangère.
« Nous n'y avons qu'une petite troupe. »

---

(1) *Lariz*, lande, pays inculte et inégal (*Glossaire* de Burguy).

Roland répond : « Mon courage en grandit.
« A Dieu ne plaise, à ses saints, à ses anges,
« Que, pour moi, France y perde son renom !
« Mieux vaut mourir que la honte me vienne.
« Plus nous frappons, plus l'empereur nous aime ! »

Brave est Roland ; mais Olivier est sage.
Ils ont tous deux un merveilleux courage !
Et dès qu'ils sont à cheval, sous les armes,
Ils ne fuiront la bataille par crainte.
Bons sont les preux et leurs paroles fières.
Les Sarrazins chevauchent avec rage.
Olivier dit : « Roland, voyez un peu,
« Les voici près : Charle est trop loin de nous.
« Sonner du cor tantôt vous ne daignâtes.
« Charle y serait, nous n'aurions nul dommage.
« Regardez là, vers les gorges d'Espagne :
« C'est une triste arrière-garde à voir !
« Qui l'aura faite, il n'en fera plus d'autre ! »
Roland répond : « Ne dites tel outrage !
« Maudit le cœur qui s'intimide au sein !
« Nous resterons fermes en cette place ;
« A nous ici de battre et de combattre (1) ! » AOI.

(1) J'ai essayé de rendre l'allitération du vers :
  Par nos i ert e li *colps* e li *caples*.

Quand Roland voit qu'il y aura bataille,
Il se fait fier plus que tigre et lion (1).
Il parle aux Franks, interpelle Olivier :
« Mon compagnon, ne parlez pas ainsi.
« Notre empereur nous laissa des Français,
« Il en fit mettre à part ces vingt mille hommes;
« A son escient, il n'y a pas un lâche !
« Pour son seigneur, on doit souffrir grands maux,
« Tout endurer, et grands froids et grands chauds.
« On doit y perdre et son sang et sa chair.
« Va de ta lance et moi de Durandal,
« Que me donna le roi, ma bonne épée (2);
« Et, si je meurs, qui l'aura pourra dire :
« — Fut cette épée à noble chevalier. — »

(1) Lors fu plus fiers que liépart ne lion.
(*La Bataille d'Aleschamps,* vers 349.)

(2) L'on verra plus bas dans quelle circonstance Charlemagne donna Durandal à Roland. Consulter les notes de l'édition provençale de *Fierabras,* par Bekker.

XVII

COMMENT L'ARCHEVÊQUE DONNE L'ABSOLUTION AUX FRANÇAIS AVANT LA RENCONTRE.

D'autre part est l'archevêque Turpin.
Il éperonne et monte sur un tertre,
Parle aux Français et leur dit ce sermon :
« Seigneurs barons, Charle ici nous laissa.
« Pour notre roi, nous devons bien mourir.
« La chrétienté aidez à soutenir.
« Bataille aurez, tous vous en êtes sûrs,
« Car de vos yeux vous voyez les payens.
« Confessez-vous (1), demandez grâce à Dieu.
« Vous absoudrai pour vos âmes guérir.
« Si vous mourez, vous serez saints martyrs;
« Siéges aurez en haut du paradis (2). »
Ils mettent pied à terre et se prosternent.
Au nom de Dieu les bénit l'archevêque :
Pour pénitence, il enjoint de frapper.

(1) Le texte dit : Clamez vos culpes.
(2) Il y a de nombreux exemples de ces promesses de paradis dans les poëmes chevaleresques, dans *le Covenañt Vivien*, vers 375, et dans *la Chanson d'Antioche*, etc.

Et les Français se remettent sur pieds.
Ils sont absous et quittes de leurs fautes.
Au nom de Dieu Turpin les a bénis.
Ils ont monté leurs destriers rapides.
Ils sont armés comme des chevaliers;
En appareil de bataille ils sont tous.
Le preux Roland interpelle Olivier :
« Mon compagnon, vous le savez très-bien,
« Que Ganelon nous a mis dans un piége.
« Il a reçu de l'or et des présents.
« Notre empereur nous devrait bien venger !
« Le roi Marsile a fait marché de nous ;
« Mais il sera payé par nos épées. » AOI.

Voici Roland aux défilés d'Espagne,
Sur Vaillantif, son bon cheval rapide (1).
Il est armé ; ses armes lui siéent bien.

---

(1) Dans toutes les chansons de geste, le cheval a une personnalité bien marquée ; il est l'ami du chevalier : voir *Garin le Lohérain*, page 342 de la traduction; *Fierabras*, page 8; *Aubéry le Bourgoing*, etc., etc. Voir l'histoire touchante du cheval dans *la Chevalerie Ogier* pages 228, 428, 441 ; celle du cheval de Guillaume au court nez dans *la Bataille d'Aleschamps*, de celui de Nayme dans *Agolant*, etc., etc. Il en est de même dans les épopées anciennes, notamment dans le *Schanameh*, où Raksch joue un rôle très-animé auprès du héros Rustem.

Le baron va tenant son fort épieu (1),
Contre le ciel le fer en est tourné ;
Un gonfalon tout blanc tient au sommet.
Les franges d'or lui battent jusqu'aux mains.
Noble est son corps, son front clair et riant.
Son compagnon vient après, le suivant,
Et les Français l'appellent leur garant.
Il regardait les payens fièrement,
Et les Français d'un air modeste et doux.
Il leur a dit ces mots courtoisement :
« Seigneurs barons, allez d'un pas tranquille.
« Ces Sarrazins vont chercher grand martyre.
« Nous en aurons un bel et bon butin.
« Nul roi de France en eut un aussi riche. »
Comme il parlait, les troupes se rencontrent. AOI.

Olivier dit : « Pourquoi donc parlerai-je ?
« Vous n'avez pas daigné sonner du cor.
« De l'empereur vous n'avez pas l'appui.
« Ce n'est sa faute ; il n'en sait mot, le brave !
« Ceux qui sont loin ne sont pas à blamer.
« Chevauchez donc de toute votre force,
« Seigneurs barons, tenez-vous ferme au champ.
« Au nom de Dieu, soyez bien décidés
« A recevoir et donner de grands coups.

(1) Le texte dit *palmeiant* son épieu, de *palma*.

« N'oublions pas la devise de Charles ! »
Et les Français poussent leur cri de guerre.
Qui les ouït alors crier : « Monjoye ! »
D'un grand courage aura le souvenir.
Ils partent, Dieu ! avec quelle fierté !
Éperonnant pour aller le plus vite ;
Ils vont frapper : qu'ont-ils de mieux à faire ?
Les Sarrazins ne sont pas effrayés.
Franks et payens, voici qu'ils se rencontrent !

XVIII

CE QU'IL ADVIENT AUX CHEFS PAYENS QUI AVAIENT JURÉ DE TUER ROLAND.

C'est Aëlroth, le neveu de Marsile,
Qui le premier chevauchait en avant.
Sur nos Français il dit de mauvais mots :
« Félons (1) Français, aurez affaire à nous.

---

(1) Les Sarrazins, comme les chrétiens, font un grand usage du mot *félon*. Il ne faut pas toujours l'entendre dans le sens spécial de traître. Il signifie aussi méchant, pervers, astucieux, comme il est indiqué dans le glossaire de Burguy. On l'a vu avec ce sens à la page 5. Mais le mot *félon* a, dans les chansons de geste, un sens technique. Il signifie implicitement traître à Dieu, infidèle par excellence, ou, comme disent les orientaux, *Ghiaour*.

« Vous a trahis, qui devait vous défendre.
« Fol est le Roi, qui vous laisse en ces gorges :
« La douce France en perdra son renom,
« Et l'empereur le bras droit de son corps. »
Roland l'entend : Dieu! qu'il en eut grand deüil!
Il éperonne et lance son cheval.
Il va frapper Aëlroth tant qu'il peut,
Lui rompt l'écu, détache le haubert,
Tranche le sein et lui brise les os,
Toute l'échine il sépare du dos;
Du coup de lance il lui fait rendre l'âme,
Frappant si bien qu'il fait brandir le corps
Et du cheval l'abat à pleine lance.
En deux moitiés il a le cou brisé.
Bien qu'il soit mort, Roland lui parle ainsi :
« Outre, brigand! l'empereur n'est pas fou
« Et n'a jamais aimé la trahison.
« Il a bien fait de nous laisser aux gorges.
« N'y perdra pas douce France sa gloire.
« Frappez, Français! le premier coup est nôtre!
« A nous le droit, et ces gloutons (1) ont tort (2). » AOI.

(1) Le mot glouton n'a pas le sens spécial de la gourmandise. Il est très-fréquemment employé dans les chansons de geste.
(2) Dans nos poëmes du moyen-âge, la préoccupation du droit domine toutes les autres. Nul n'attaque sans affirmer son droit : la croyance universelle est que le droit triomphe, mais avec l'assistance de Dieu. Voir plus haut, page 33.

Un duc est là qu'on nomme Falseron
Il était frère au roi des Sarrazins
Et possédait Datlen et Balbion.
Il n'y a pas félon plus endurci.
Entre les yeux il a le front très-large,
Grand demi-pied l'on peut y mesurer.
Il a grand deuil de voir mort son neveu!
Il sort des rangs, il s'expose en avant,
Poussant le cri de guerre des payens;
Puis il commence à provoquer les Franks :
« La douce France ici perdra l'honneur! »
Mais Olivier l'entend et s'en irrite;
Des éperons il pique son cheval,
En vrai baron va frapper le payen,
Brise l'écu, fracasse le haubert,
Lui met au corps les pans du gonfalon,
Et des arçons il l'abat mort du coup.
A terre il voit le glouton qui gisait;
Lors il lui dit avec grande fierté :
« Je n'ai souci, brigand, de vos menaces.
« Frappez, Français, et nous les vaincrons bien. »
Il dit le cri de l'empereur : « Monjoye! » AOI.

Un autre chef est là, c'est Corsablis,
Il est le roi d'un étrange pays.

Il interpelle ainsi les Sarrazins :
« Nous pouvons bien soutenir ce combat,
« Car les Français y sont en petit nombre.
« Ceux qui sont là nous devons dédaigner.
« Charles ne peut leur en sauver un seul !
« Voici le jour où leur faudra mourir ! »
Mais l'archevêque avait bien entendu.
Il n'est personne à lui plus haïssable.
Il a piqué des éperons d'or fin,
Va le frapper d'une si grande force,
Qu'il rompt l'écu, déconfit le haubert,
Et dans le corps lui met son grand épieu,
Frappant si bien qu'il fait brandir le corps ;
A pleine lance il l'abat mort à terre.
Il se retourne et voit le glouton gir ;
Ne laisse pas de lui parler ainsi :
« Maudit payen, vous en avez menti !
« Charles, mon sire, est toujours notre appui.
« Et nos Français ne pensent à s'enfuir.
« Vos compagnons n'iront pas plus avant.
« Je vous l'apprends : vous devez tous mourir !
« Frappez, Français, et que nul ne s'oublie !
« Ce premier coup est nôtre, Dieu merci ! »
Pour retenir le champ, il dit : « Monjoye ! »

Angelier joint Malprimis de Brigal
Son bon écu ne lui vaut un denier.

Angelier rompt la boucle de cristal,
Dont la moitié lui tombe sur la terre,
Rompt le haubert, pénètre dans la chair
Et dans le corps enfonce son épieu.
Le Sarrazin tombe tout d'une pièce.
L'âme de lui Satan emporte vite (1). AOI.

Gérer atteint l'amiral Balaguer,
Lui rompt l'écu, démaille le haubert,
Et dans le cœur il lui met son épieu,
Frappant si bien qu'il traverse le corps
Et l'abat mort par terre à pleine lance.
Olivier dit : « Notre bataille est belle ! »

Sanche le duc joint l'émir de Moriane
Brise l'écu couvert de fleurs et d'or,
Le bon haubert, qui ne peut le sauver,
Lui fend le cœur, le foie et le poumon
Et l'abat mort, qu'on pleure ou qu'on en rie (2).
Turpin lui dit : « C'est un coup de baron ! »

(1) Cette prévision de la destinée future des payens et des traîtres se rencontre dans presque tous les poëmes, dans *le Covenant Vivien*, vers 1628, dans *la Chanson d'Antioche*, pages 77 et 101 de la traduction, dans *Parise la Duchesse*, 2ᵉ édition, pages 19 et 22.

(2) Dicton qui se retrouve avec des variantes dans d'autres poëmes, notamment dans *la Bataille d'Aleschamps*, vers 3231.

Puis Anséis laisse aller son cheval.
Il va frapper Turgis de Tourtelouse.
L'écu lui rompt au-dessus de la boucle,
De son haubert brise la double maille,
Lui met au corps le fer du bon épieu,
Frappant si bien que tout le fer traverse,
A pleine lance il le renverse mort.
Et Roland dit : « Voilà le coup d'un brave ! »

Puis Angelier, le Gascon de Bordeaux,
Son cheval pique et lui lâche les rênes.
Il va frapper Escremiz de Valterne,
Lui froisse et rompt l'écu qu'il porte au cou.
Sur la tunique il fausse le haubert (1),
Le frappe au corps entre les deux mamelles ;
A pleine lance, il l'abat mort de selle.
Il dit après : « Vous êtes tous perdus ! » AOI.

Et Gautier frappe un payen, Estorgant,
Sur le rebord de l'écu, par devant,
Dont il enlève et le rouge et le blanc.
De son haubert il sépare les pans,

---

(1) Voir la note de Génin, page 109.

Lui met au corps son bon épieu tranchant,
Et l'abat mort de son cheval courant.
Il dit après : « Vous n'aurez de garant (1). »

Et Beranger ! Il frappe Estramariz,
Brise l'écu, déconfit le haubert,
Lui fait entrer au corps son fort épieu
Et l'abat mort entre mille payens.
Des douze pairs payens dix sont occis.
Il n'est resté que deux qui soient vivants :
Le roi Chernuble et le preux Margariz (2).

Margariz est très-vaillant chevalier,
Et bel et fort et rapide et léger !
Il éperonne ; il atteint Olivier,
Brise l'écu sur la boucle d'or pur,
Et lui conduit l'épieu le long des côtes.
Dieu ne permit que le corps fût touché :
La lance froisse et n'abat pas la chair.

---

(1) Ici et à la page 94, j'ai conservé la rime en ‘ant.
(2) Les autres ont été tués dans l'ordre même où ils s'étaient offerts à Marsile. Chernuble va bientôt succomber ; mais l'on ne voit pas la mort de Margariz et cependant il ne reparaît plus. Dans la suite de ce premier combat, Turgis et Falseron sont tués une seconde fois. On peut supposer que quelque remanieur ou copiste aura supprimé ou altéré une strophe relative à Margariz. Peut-être aussi l'a-t-on confondu avec *Marganice*, voir plus bas.

Rien ne l'arrête, il dépasse Olivier,
Et, pour rallier les siens, du clairon sonne.

La bataille est merveilleuse et confuse !
Le preux Roland ne s'en effraye pas.
Tant que le bois dure, il va de l'épieu.
A quinze coups, il le rompt et le perd.
Il tire alors Durandal, son épée.
Il éperonne et va frapper Chernuble,
Lui rompt le casque où luit maint escarboucle (1),
Coupe le cuir avec la chevelure,
Coupe les yeux et toute la figure,
Le blanc haubert dont la maille est menue ;
Et tout le corps jusques à l'enfourchure,
Avec la selle en or pur incrustée.
Jusqu'au cheval l'épée est arrivée,
Et fend l'échine en suivant la jointure (2).
Homme et cheval tombent sur l'herbe drue.
Il dit après : « Brigand, malheur à toi !
« Tu n'auras pas l'aide de Mahomet.
« Ce glouton-là ne vaincra pas nos gens ! »

---

(1) Dans tous nos poëmes, il est question de pierreries et de fleurs que les grands coups font voler, notamment dans *Raoul de Cambray*, pages 102, 121, 123, 160 ; dans *Garin le Lohérain*, pages 147 et 301 de la traduction ; dans *le Covenant Vivien*, vers 633 ; dans *la Bataille d'Aleschamps*, vers 6655 ; dans *Fierabras*, page 25.

(2) Ce vers est incomplet dans le manuscrit d'Oxford.

XIX

COMMENT LES FRANÇAIS REPOUSSENT L'AVANT-GARDE
DES SARRAZINS.

Roland s'en va par le champ de bataille,
Tient Durandal, qui bien tranche et bien taille
Les Sarrazins et leur fait grand dommage.
Vous l'eussiez vu jeter l'un mort sur l'autre,
Et le sang clair épandu sur la place.
Tout son haubert, ses bras, en sont sanglants,
Et du cheval le cou jusqu'aux épaules.
Olivier n'est en retard de frapper.
Les douze pairs ne sont pas à blâmer.
Et les Français y frappent et massacrent.
Les Sarrazins ou meurent ou se pâment.
« Nos chevaliers font bien, » dit l'archevêque.
« Monjoye ! » dit-il. C'est la devise à Charles ! AOI.

Dans la mêlée Olivier a brisé
Son bois de lance, il n'en a qu'un tronçon ;
Il en frappa le payen Falseron (1),

(1) Voir la note de la page 68.

Rompit l'écu couvert de fleurs et d'or,
Hors de la tête il lui mit les deux yeux,
Et la cervelle est tombée à ses pieds.
Il le renverse avec sept cents des siens.
Puis il occit Estragus et Turgis (1);
Mais le tronçon se brise à la poignée.
Roland lui dit : « Ami, que faites-vous ?
« En tel combat à quoi sert un bâton ?
« N'y ont valeur que le fer et l'acier.
« Où votre épée est-elle, Hauteclaire (2),
« Dont la poignée est d'or et de cristal ? »
— « Je n'eus le temps de la tirer, dit-il,
« Car de frapper j'ai si grande besogne ! » AOI.

Sire Olivier tire sa bonne épée,
Comme Roland l'avait tant demandé,
En chevalier, il la montre bientôt,
Il va frapper Justin de Valferré;
Par le milieu lui fend toute la tête,
Tranche le corps et la cuirasse à franges,
Avec la selle incrustée en or pur.
Du destrier il partage l'échine,
Il abat tout mort devant lui sur l'herbe.

(1) Voir la note de la page 68.

(2) L'histoire de Hauteclaire, l'épée d'Olivier, est racontée dans le poëme de *Girard de Viane*, édition de M. Tarbé, page 144.

Roland lui dit : « Je vous nomme mon frère (1) !
« Pour de tels coups notre empereur nous aime ! »
De toutes parts on s'écria : « Monjoye ! » AOI.

Le preux Gérin est sur son cheval bai,
Et son ami Gérer sur Passe-Cerf.
Ils ont lâché la rêne, ils éperonnent (2)
Et vont frapper le payen Timozel,
L'un sur l'écu, l'autre sur le haubert,
Les deux épieux lui brisent dans le corps ;
Sur un sillon ils le renversent mort.
Je n'ouïs dire et je ne sus jamais
Lequel des deux y fut le plus agile.
Esprévariz, fils d'Abel, était là ;
C'est Angelier de Bordeaux qui le tue.
Turpin après leur occit Siglorel ;
Cet enchanteur a déjà vu l'enfer,
Où l'a conduit Jupiter, par magie (3).
« Nous en voilà délivrés ! » dit Turpin.
Roland répond : « Le brigand est vaincu !
« Frère Olivier, que de tels coups me plaisent ! »

---

(1) Roland, depuis cette adoption, donne souvent le nom de frère à Olivier, dont il devait épouser la sœur Aude.

(2) Ici et aux pages 62 et 93, le texte dit : brocher *ad ait*, ce qui veut dire : à toute force, à l'envi. (F. Génin.)

(3) Le moyen âge considérait les dieux du paganisme comme ayant une existence réelle en qualité de démons ou de magiciens. Voir la note de F. Génin.

Et la bataille est devenue horrible !
Franks et payens merveilleux coups y rendent.
Frappent les uns, les autres se défendent.
Et mainte lance est brisée et sanglante,
Maint gonfalon rompu, mainte devise.
Tant de Français y perdent leur jeunesse,
Ne reverront leurs mères, ni leurs femmes,
Ni ceux de France attendant aux passages. AOI.

Charles le Magne en pleure et se tourmente.
Mais à quoi bon ? Il ne peut les aider !
Mauvais service a rendu Ganelon
Lorsqu'il vendit les siens à Saragosse.
Il y perdit ses membres et sa vie,
Quand la cour d'Aix à mort le condamna,
Puis avec lui trente de ses parents,
Qui de mourir n'avaient pas la pensée. AOI.

La bataille est merveilleuse et pesante.
Y frappent bien Olivier et Roland,
Notre archevêque y rend bien mille coups.
Les douze pairs ne sont pas en retard.
Tous les Français frappent de même cœur.
Meurent payens et par mille et par cents.

Qui ne s'enfuit, n'évitera la mort.
Qu'il veuille ou non, il y laisse ses jours.
Mais les Français y perdent leurs meilleurs (1),
Qui ne verront leurs pères ni leurs proches,
Ni l'empereur qui les attend aux gorges.
On sent en France une tourmente étrange.
On y entend le tonnerre et le vent.
Il pleut, il grêle, et démesurément.
La foudre tombe et souvent et menu.
On sent trembler la terre en vérité
De Saint-Michel de Paris jusqu'à Sens,
De Besançon jusqu'au port de Wissant (2).
Pas de maison dont les murs ne se crèvent.
A midi même y a grandes ténèbres.
Pas de clarté si le ciel ne se fend.
Nul ne le voit qui fort ne s'épouvante.
Plusieurs disaient que tout est terminé,
Que c'est la fin de ce siècle présent (3).
L'on ne sait rien et l'on ne dit pas vrai :
C'est le grand deuil pour la mort de Roland !

---

(1) Le texte dit : lor meillors guarnemenz. Ce qui signifie vêtements, équipement, armement et aussi défense.

(2) Le port de Wissant entre Boulogne et Calais est souvent mentionné dans les poëmes du moyen âge. Voir *Guy de Bourgogne*, vers 80, *la Bataille d'Aleschamps*, vers 2947, etc., etc.

(3) Ce dist li uns al autre : « Siècles est feniz. »
                        (*Gérard de Rossillon*, page 286.)

XX

LA GRANDE ARMÉE DES SARRAZINS ATTAQUE A SON TOUR NOTRE ARRIÈRE-GARDE.

Tous les Français ont frappé de bon cœur.
Ils ont occis les payens par milliers.
De cent milliers il ne s'en sauve deux.
Roland a dit : « Nos hommes sont très-braves !
« Et sous le ciel nul n'en a de meilleurs.
« Il est écrit dans la Geste française
« Que Charlemagne a de bons combattants ! »
Les Français vont par le champ de bataille,
Chacun recherche avec amour les siens,
Et tendrement pleure sur ses parents.
Surgit Marsile avec sa grande armée ! Aoi.

Marsile vient le long d'une vallée,
Avec le gros des payens réunis,
Qu'il a rangés en trente bataillons.
De pierres d'or les casques reluisaient,
Les bons écus, les cuirasses frangées.
Mille clairons y sonnent la fanfare ;
Grand est le bruit par toute la contrée.

« Frère Olivier, mon ami, dit Roland,
« Le félon Gane a juré notre mort,
« La trahison ne peut être célée.
« Grande vengeance en prendra l'empereur.
« Bataille forte et rude nous aurons.
« Homme ne vit un tel rassemblement.
« J'y frapperai, moi, de ma Durandal,
« Et vous, ami, frappez de Hauteclaire.
« En tant de lieux nous les avons portées,
« Et nous avons gagné tant de combats !
« On ne pourra faire chansons contre elles ! » AOI.

Marsile voit le martyre des siens.
Il fait sonner ses cors et ses trompettes.
Puis il chevauche avec sa grande armée (1).
Devant chevauche un Sarrazin, Abisme.
Il n'y a pas plus félon dans la bande.
Il est souillé de vices et de crimes.
Il ne croit pas en Dieu, fils de Marie.
Il est tout noir comme la poix fondue.
Il aime mieux trahison et carnage
Que tout l'argent et tout l'or de Galice.
On ne le vit jamais jouer ni rire ;
Mais il est brave et d'une grande audace,

---

(1) Le texte dit : Sa grant ost *banie*; c'est-à-dire, convoquée par le ban. De même, à la page 12, Roland dit à Charlemagne :

En Sarraguce menez vostre ost banie.

Et pour cela cher au payen Marsile,
Tient le dragon où sa gent se rallie.
Jamais Turpin n'aimera ce payen.
Dès qu'il le vit, il voulut le frapper.
Tranquillement il se dit en lui-même :
« Ce Sarrazin paraît fort hérétique !
« Il sera mieux que j'aille pour l'occire :
« Je n'aime pas les félons de la sorte (1).
« Je n'aime pas couards ni couardise. » AOI.

Notre archevêque engage la bataille
Sur le cheval qu'il prit au roi Grossaille,
En Danemark, après l'avoir occis.
Le destrier est léger et rapide,
A les pieds fins avec les jambes plates,
La cuisse courte et la croupe bien large,
Les côtés longs et l'échine bien haute,
Blanche la queue et la crinière jaune,
Petite oreille avec la tête fauve.
Aucun cheval qui lui soit comparable.
Turpin de Reims hardiment éperonne,
Ne manque pas de courir sur Abisme,
Va le frapper sur son écu d'émir,
Recouvert d'or, améthystes, topazes,

---

(17) Onc en sa vie n'ama païen nul dis.
(*La Bataille d'Aleschamps*, vers 4425.)

De diamants, d'escarboucles ardentes ;
L'émir Galaf lui transmit cet écu,
Qu'au Val-Métas un diable lui donna.
Sans épargner, Turpin frappe l'écu ;
Après ce coup, il ne vaut un denier.
D'un flanc à l'autre il perce le payen
Et l'abat mort sur une place vide.
Et les Français disent : « Quel grand courage !
« Avec Turpin la croix est bien gardée ! »

Les Franks voyaient les payens si nombreux !
De toutes parts les champs en sont couverts.
Chacun réclame Olivier et Roland,
Les douze pairs pour être leurs garants.
Alors Turpin leur dit tout ce qu'il pense :
« Seigneurs barons, n'allez pas défaillir !
« Au nom de Dieu, que vous ne fuyiez pas !
« Qu'on n'aille pas chansonner contre nous !
« Il nous vaut mieux mourir en combattant !
« C'est notre sort : nous finirons ici :
« Après ce jour, ne serons plus vivants.
« Mais je vous suis bien garant d'une chose,
« C'est que le saint paradis vous attend :
« Vous siégerez parmi les bienheureux ! »
Et sur ces mots, les Français s'enhardissent.
Il n'est aucun qui n'ait crié : « Monjoye ! » AOI.

XXI

EXPLOITS MERVEILLEUX D'OLIVIER, DE TURPIN ET DE ROLAND.

Il y avait un chef de Saragosse ;
Une moitié de la ville est à lui :
C'est Climorin, qui n'était pas prud'homme ;
Il a reçu la foi du comte Gane,
Par amitié le baisa sur la bouche
Et lui donna son casque à Saragosse (1).
Il dit qu'il veut honnir Terre-major,
Qu'à Charlemagne il prendra la couronne.
Son bon cheval, qu'on nomme Barbamouche,
Est plus léger qu'épervier, qu'hirondelle.
Il l'éperonne et lui lâche les rênes.
Il va frapper Angelier de Gascogne,
Que n'ont sauvé l'écu ni la cuirasse,
De son épieu lui met la pointe au corps,
L'atteint si bien que tout le fer passe outre :

---

(1) Voir pages 32 et 33. Le nom de Climorin est ici légèrement modifié, comme celui d'Estramariz, à la page 70. Climorin a donné un casque à Gane. L'épée lui a été offerte par Valdabrun, qui va bientôt reparaître, et au sujet duquel on rappellera cette épée donnée à Gane. Aussi y a-t-il dans le texte qui dit ici *épée* une erreur évidente que j'ai dû corriger en mettant *casque*.

A pleine lance, il l'abat mort à terre,
Après s'écrie : « Ils sont bons à confondre,
« Frappez, payens, pour rompre cette presse. »
Les Franks disaient : « Dieu ! quel deuil de brave homme ! »
AOI.

Le preux Roland interpelle Olivier :
« Mon compagnon, voilà mort Angelier !
« Nous n'avions pas plus vaillant chevalier.
— « Dieu me le donne à venger, répond-il. »
Il a piqué des éperons d'or pur ;
De Hauteclaire est l'acier tout sanglant.
Avec vigueur il frappe Climorin,
Brandit son coup et le Sarrazin tombe.
Les démons vite ont emporté son âme.
Puis Olivier occit le duc Alphen.
D'Escabadiz il a tranché la tête,
Désarçonné sept cavaliers arabes,
Qui plus jamais ne pourront guerroyer.
« Mon compagnon, dit Roland, est fâché,
« Et plus que moi va se faire louer,
« Pour de tels coups Charles nous aime plus. »
Il crie alors : « Frappez-les, chevaliers ! » AOI.

Ailleurs était le payen Valdabrun ;
Il éleva le roi Marsilion.
Il est le chef de quatre cents vaisseaux ;

Tous les marins ne réclament que lui.
Par trahison il prit Jérusalem;
Il viola le temple Salomon (1),
Devant les fonts occit le patriarche.
Il a reçu la foi du comte Gane,
Et lui donna l'épée à riche garde (2).
Son bon cheval, qu'il nomme Gramimond,
Est plus léger que ne l'est un faucon :
Il l'a piqué des éperons aigus;
Il va frapper Sanche, le riche duc,
Lui rompt l'écu, lui brise le haubert,
Lui met au corps les pans du gonfalon,
A pleine lance il l'abat des arçons.
« Frappez, dit-il, payens, nous les vaincrons! »
Les Franks disaient : « Dieu! quel deuil de baron! »

AOI.

Le preux Roland, quand il vit Sanche mort,
On peut savoir quel grand deuil il en eut.

---

(1) Le trouvère veut parler sans doute de l'église du Saint-Sépulcre et des autres lieux-saints de la Palestine. La préoccupation de la croisade se retrouve dans presque toutes nos chansons de geste.

(2) Voir la note de la page 79. Le texte porte :

Il li dunat s'épée e mil manguns.

Le trouvère ne veut pas dire que cette somme a été donnée à Gane : c'est une réminiscence de ces vers :

Tenez m'espée, meilleur n'en at nuls homs!
Entre les helz ad plus de mil manguns.

(Page 32.)

Il éperonne, il court à toute force,
Tient Durandal, qui vaut plus que l'or fin,
Et va frapper Valdabrun tant qu'il peut
Sur son bon casque orné de pierreries,
Tranche la tête et l'armure et le corps,
Avec la selle, incrustée en or pur,
Profondément entre au dos du cheval :
Tous deux sont morts, qu'on le blâme ou le loue.
Payens disaient : « Ce coup nous est trop dur ! »
Roland répond : « Ne puis aimer les vôtres ;
« Par-devers vous est l'orgueil et le tort ! » AOI.

Un Africain est là, venu d'Afrique.
C'est Malcuidant, le fils du roi Malcud.
Son armement est tout en or battu,
Plus que tout autre au soleil il reluit
Sur son cheval qu'il nomme Saut-Perdu ;
Aucune bête aussi vite ne court.
Il va frapper Anséis sur l'écu,
Dont le vermeil et l'azur sont brisés ;
De son haubert il fracasse les pans,
Lui met au corps et le fer et le bois.
Le comte est mort et son temps est fini (1).
Les Franks disaient : « Quel dommage, baron ! »

---

(1) Dans *Gaufrey*, page 4, Anséis est petit-fils de Doon de Mayence et *fix de la suer Kallon*.

Turpin allait par le champ de bataille ;
Tel tonsuré jamais ne chanta messe,
Qui de son corps ait fait tant de prouesses.
« Dieu te le rende, a-t-il dit au payen ;
« Tu m'as occis un que mon cœur regrette (1). »
Sur Malcuidant il pousse son cheval,
Frappe si fort sur l'écu de Tolède,
Qu'il l'abat mort du coup sur l'herbe verte.

D'une autre part est le payen Grandogne,
Fils de Capel, le roi de Cappadoce.
Son bon cheval, qu'il nomme Marinore,
Est plus léger que n'est oiseau qui vole.
Il éperonne, il a lâché la rêne,
Il va frapper Gérin à grande force,
Lui rompt l'écu vermeil, du cou l'enlève ;
Il lui déclot en entier sa cuirasse,
Lui met au corps tout son gonfalon bleu,
Et l'abat mort près d'une haute roche.
Il tue encor son compagnon Gérer,
Et Béranger, et Guy de Saint-Antoine.
Il va frapper un riche duc, Austore,

---

(1) Ahi ! Géri, quel ami m'a tolu !
(*Raoul de Cambray*, page 129.)

Seigneur d'Envers sur Rhône et de Valence,
Il l'abat mort. Payens s'en réjouissent.
Les Franks disaient : « Comme les nôtres tombent ! »

Le preux Roland tient son épée en sang.
Il entend bien que les Français se troublent,
A si grand deuil qu'il est près d'éclater.
« Dieu te confonde, a-t-il dit au payen;
« Tu m'as occis qui je te vendrai cher ! »
Il éperonne, et son cheval s'élance :
Lequel paiera ? car ils sont en présence.

Grandogne était et prudhomme et vaillant,
Et vigoureux et brave combattant.
Sur son chemin il rencontra Roland.
Dès qu'il le vit, il le reconnut bien
Au fier visage, au corps qu'il avait noble,
A son regard comme à sa contenance.
Il ne peut pas s'empêcher d'avoir peur.
Il voulait fuir, mais il ne le put pas.
Roland le frappe avec tant de vigueur !
Jusqu'au nasel il lui fend tout le casque,
Tranche le nez, et la bouche, et les dents,
Le corps entier et la cotte de mailles,
Les bords d'argent de la selle dorée,
Et du cheval le dos profondément.

Homme et cheval sont occis sans remède.
Les Sarrazins tout dolents gémissaient ;
Les Franks disaient : « Notre garant bien frappe ! »

XXII

COMMENT APRÈS LE CINQUIÈME CHOC, IL NE RESTE PLUS QUE SOIXANTE FRANÇAIS.

Et la bataille est grande et merveilleuse !
Les Franks frappaient de leurs épieux brunis.
Vous eussiez vu grande douleur des gens !
Tant d'hommes morts ou blessés et sanglants !
L'un gît sur l'autre ou de face ou de dos (1).
Les Sarrazins n'y peuvent plus tenir.
Bon gré, mal gré, ces payens déguerpissent :
Les Franks les ont chassés de vive force. AOI.

(1) Nos trouvères excellent dans la peinture de ces mêlées. Voir notamment *Garin le Lohérain*, page 208 de la traduction et surtout *Raoul de Cambray*, page 117, strophe CXLV :

> Lors véissiés une dure meslée.
> Tant hanste fraindre, tant targe troée,
> Et tante broigne desmaillée et fausée :
> Tant pié, tant poing, tant teste colpée,
> Tant bon vassal gésir goule baée.
> Des abatus est jonchié la prée,
> Et des navrez est l'erbe ensangletée.

La bataille est merveilleuse et hâtive !
Les Franks frappaient avec force et colère,
Tranchaient les poings, les côtes, les échines,
Les vêtements jusques à la chair vive,
Et le sang clair coulait sur l'herbe verte.
Terre-major, Mahomet te maudit :
Plus que toute autre est ta race hardie (1) !
Il n'est payen qui n'ait crié : « Marsile !
« Chevauche, roi, nous avons besoin d'aide ! »

Le preux Roland interpelle Olivier :
« Mon compagnon, n'est-ce pas votre avis,
« Que l'archevêque est bien bon chevalier ?
« Meilleur n'y a sur terre et sous le ciel !
« Il sait frapper et de lance et d'épée ! »
Olivier dit : « Allons donc pour l'aider ! »
Et les Français, à ces mots, recommencent.
Durs sont les coups, cruel est le combat.
Bien grande perte il y a des chrétiens.
Celui qui vit Olivier et Roland
Frapper, tailler de leurs bonnes épées,
De bons guerriers pourra se souvenir !

---

(1) Buens chevaliers, ayez en Dieu fiance :
　　Sor totes gens est li barnez de France.
　　　　　　　　　　(*Foulque de Candie.*)

Notre archevêque avec son épieu frappe.
Des payens morts on connaît bien le nombre,
Car c'est écrit dans les chartes et brefs.
La Geste (1) dit plus de quatre milliers.
A quatre chocs les Franks ont résisté;
Mais le cinquième est cruel et funeste!
Tous sont occis, ces chevaliers français,
Soixante hormis; Dieu les a préservés!
Ils se vendront bien cher avant qu'ils meurent.

XXIII

ROLAND SONNE DU COR ET COMMENT SES TEMPES SE FENDENT.

Roland des siens a vu la grande perte. AOI.
Il interpelle Olivier, son ami.
« Beau cher ami, par Dieu qui vous protége,
« Voyez gésir à terre tant de braves!
« Plaindre pouvons France douce, la belle,
« De tels barons qu'elle reste déserte!
« Roi, notre ami, que n'êtes vous ici?
« Frère Olivier, comment pourrons-nous faire?
« Comment à Charle envoyer des nouvelles?

---

(1) Voir la note de la page 41, et *Aubery le Bourgoing*, page 159.

Olivier dit : « Je ne sais nul moyen.
« Mieux vaut mourir que d'encourir la honte. »

AOI.

Roland lui dit : « Je sonnerai du cor :
« Charle entendra, qui passe aux défilés.
« Je garantis que les Franks reviendront. »
Olivier dit : « Ce serait grande honte ;
« Pour vos parents ce serait un affront
« Qui durerait pendant toute leur vie.
« Quand j'en parlai, vous ne le fîtes pas.
« Ne m'est avis qu'à présent le fassiez :
« Vous ne pourrez corner avec vigueur,
« Car vous avez déjà les bras sanglants. »
Roland répond : « J'ai frappé de beaux coups ! »

AOI.

Il dit encor : « Notre bataille est dure !
« Je cornerai : le roi Charle entendra ! »
Olivier dit : « Ce ne serait pas brave !
« Quand je l'ai dit, vous l'avez dédaigné.
« Que Charle y fût, nous n'eussions rien souffert.
« Ceux qui sont loin ne sont pas à blâmer. »
Olivier dit encor : « Par cette barbe,
« Si je revois Aude, ma noble sœur,
« Vous ne serez jamais entre ses bras (1). » AOI.

(1) Voir *Girard de Viane*. Aude était fiancée à Roland.

Roland répond : « Pourquoi cette colère? »
Olivier dit : « Ami, c'est votre faute.
« Car le courage est sens et non folie.
« Mesure vaut mieux que témérité.
« Les Franks sont morts, c'est par votre imprudence !
« Charles de nous n'aura plus de service.
« Vous m'eussiez cru, le roi fût retourné,
« Et nous eussions gagné cette bataille.
« Le roi Marsile eût été pris ou mort,
« Nous a perdus votre témérité.
« Charles le Grand de nous n'aura plus d'aide,
Un homme tel, on n'en reverra plus (1) !
« Vous y mourrez : France en sera honnie.
« Loyal secours aujourd'hui nous fait faute.
« Avant ce soir, cruelle départie ! » AOI.

Turpin entend que les preux se querellent.
Il a piqué des éperons d'or pur,
Vient auprès d'eux, se prend à les gronder :
« Sire Roland, et vous, sire Olivier,
« Au nom de Dieu, ne vous querellez pas !
« Sonner du cor ne peut plus nous servir.
« Et cependant cela vaut encor mieux.

(1) Le texte ajoute : Desqu'a Deu juise, jusqu'au jugement dernier. — De même dans *Gaufrey*, vers 176.

« Que le Roi vienne : il pourra nous venger.
« Il ne faut pas que les payens échappent.
« Nos Franks ici descendront de cheval,
« Nous trouveront morts et taillés en pièces.
« Sur des sommiers nous prendront dans des bières,
« Nous pleureront de deuil et de pitié,
« Nous enfouiront auprès des monastères (1).
« Loups, porcs ni chiens ne nous mangeront pas. »
Roland répond : « Sire, c'est très-bien dit. » AOI.

Roland a mis le cor devant sa bouche,
L'ajuste bien et sonne à grande force.
Hauts sont les monts et le son va très-loin :
On l'entendit répondre à trente lieues.
Charle l'entend, toute sa troupe aussi.
L'empereur dit : « Nos hommes ont bataille. »
Et Ganelon lui répond au contraire :
« D'autre que vous ça paraîtrait mensonge. » AOI.

Avec douleur, avec si grand effort,
Le preux Roland a sonné de son cor
Que le sang clair lui jaillit par la bouche.

---

(1) Le texte dit : en *aitres* de musters.

Ce mot, dérivé du latin *atrium*, signifiait *parvis*. La place qui est devant les églises servait de cimetière. *Atre* signifie aussi cimetière. (Note de F. Génin.)

De son cerveau les tempes sont rompues.
Le bruit qu'il fait de son cor est très-grand.
Charles, qui passe aux défilés, l'entend ;
Nayme l'entend : tous les Français écoutent.
« J'entends le cor de Roland, dit le Roi.
« Il ne corna jamais qu'en combattant. »
Gane répond : « Il n'y a pas bataille ;
« Vous êtes vieux, vous êtes blanc fleuri ;
« Par tels discours vous semblez un enfant.
« Vous connaissez tout l'orgueil de Roland.
« C'est merveilleux que Dieu le souffre encore !
« Il assiégea Noples sans vous le dire.
« Les Sarrazins sortirent de la ville,
« Six de leurs chefs attaquèrent Roland,
« Il les occit et fit laver le champ
« Pour que leur sang ne parût pas sur l'herbe (1).
« Pour un seul lièvre il corne tout un jour !
« Avec ses pairs il est à plaisanter.
« Qui, sous le ciel, l'oserait provoquer ?
« Chevauchez donc, pourquoi vous arrêter ?
« Terre-major est très-loin devant nous. » AOI.

---

(1) J'ai traduit librement ce passage qui paraît altéré. Voici la leçon donnée par M. Génin :

> Ja prist il Noples sanz le votre comant ;
> Fors s'en eissirent li Sarrazins de denz ;
> Sis cuens i vinrent al bon vassal Rollant...
> Puis od les ewes lavat les prez del sanc ;
> Pur cel l'i fist ne fust aparissant.

XXIV

CHARLEMAGNE RETOURNE SUR SES PAS AVEC LA GRANDE ARMÉE.

Le preux Roland a la bouche sanglante,
De son cerveau les tempes sont rompues.
Il corne encore avec peine et douleur.
Charles l'entend et les Français l'entendent.
Le roi leur dit : « Ce cor a longue haleine. »
Nayme répond : « Roland est en détresse.
« Bataille y a ! Celui-ci qui voulait
« Vous le cacher, il l'a trahi, c'est sûr !
« Adoubez-vous ! criez votre devise !
« Et secourez votre noble famille :
« Bien l'entendez, Roland se désespère (1). »

---

(1) Il y a une scène analogue dans *la Mort de Garin le Lohérain*.

> Tel paor ot l'orguillex Fromendins
> Qu'il ne tornast pour tout l'or que Diex fist.
> Le destrier broche, si s'en est départis
> Et prist Clarel, si le sona trois cris.
> Quant l'ont oï et parent et ami,
> Dist l'un à l'autre : Avez le vus oï ?
>   (Page 228 de l'édition de M. Duméril.)

Notre empereur a fait sonner ses cors.
Français ont mis pied à terre ; ils s'adoubent
De bons hauberts, de casques et d'épées,
De beaux écus et d'épieux grands et forts.
Les gonfalons sont blancs, vermeils et bleus.
Tous les barons montent leurs destriers,
Éperonnant tant que les gorges durent.
Tous l'un à l'autre ils se disaient en route :
« Si nous voyions Roland avant qu'il meure,
« Comme, avec lui, donnerions de grands coups ! »
Mais c'est en vain : ils avaient trop tardé !

L'ombre de nuit s'éclaircit ; le jour vient.
Sous le soleil reluisent les armures ;
Casques, hauberts jettent grande lueur,
Et les écus qui sont bien peints en fleurs,
Et les épieux et les drapeaux dorés.
Notre empereur chevauche avec colère,
Et les Français anxieux et dolents.
Il n'en est pas qui durement ne pleure,
Et pour Roland n'ait une grande peur.
L'empereur fait prendre le comte Gane ;
Il le confie aux gens de sa cuisine.
Puis interpelle ainsi Bégon, leur chef :
« Bien me le garde ainsi, comme un félon,

« Qui m'a trahi ma noble parenté. »
Bégon le prend, lui donne pour gardiens
Cent cuisiniers, des meilleurs et des pires.
Ils épilaient sa barbe et ses moustaches ;
Chacun du poing le frappait quatre coups.
Ils l'ont battu de bâtons et de verges.
Puis ils ont mis un collier à son cou,
Et comme un ours il l'y ont enchaîné.
Par déshonneur l'ont mis sur un sommier.
Ils le tiendront tant qu'à Charle ils le rendent.

Les monts sont hauts et ténébreux et grands, AOI.
Les vaux profonds, rapides les torrents :
Clairons sonnaient et derrière et devant.
Ils répondaient tous au cor de Roland (1).
Le roi chevauche avec emportement,
Et les Français anxieux et dolents.
Tous de leurs yeux pleuraient amèrement,
Et priaient Dieu de garantir Roland
Jusqu'ils viendront ensemble sur le champ (2).

(1) Le texte dit : *rachatent*, comme si le son allait du cor de Roland aux clairons des Français ainsi qu'entre des raquettes. C'est du moins l'explication de F. Génin. Ce mot s'emploie aussi dans le sens de *racheter*, comme dans *les Quatre Fils Aymon*, au vers 46 :

Pour tout humain lignaige hors d'enfer racheter..

Voir aussi le glossaire de Burguy au mot *Acater*.

(2) M. F. Génin fait observer avec raison que l'expression *jusque* est correcte tandis que *jusqu'à ce que* est barbare.

Comme, avec lui, frapperaient-ils gaiment !
Mais à quoi bon ? C'est inutilement.
Trop ont tardé ! ne peuvent être à temps ! AOI.

Le roi chevauche avec grande colère,
Sur sa cuirasse était sa blanche barbe.
Tous les barons de France éperonnaient.
Il n'en est pas qui ne montre colère
De ne pas être avec le preux Roland
Qui se combat aux Sarrazins d'Espagne.
S'il est blessé, nul ne s'échappera.
Dieu ! les soixante en sa troupe restés,
Jamais meilleurs n'eut roi ni capitaine ! AOI.

XXV

COMMENT LA BATAILLE CONTINUE A RONCEVAUX.

Roland regarde et les monts et les landes :
De ceux de France il voit tant de morts gir !
Il pleure ainsi les nobles chevaliers :
« Seigneurs barons, Dieu de vous ait pitié,
« Le paradis qu'il octroie à vos âmes,
« En saintes fleurs qu'il les fasse placer !

« Meilleurs guerriers, jamais on n'en a vu !
« Si longuement vous m'avez tous servi !
« Vous avez pris tant de pays pour Charles !
« Pour quel malheur il vous avait nourris !
« Terre de France, êtes si doux pays,
« Par ce désastre aujourd'hui dépeuplée (1) !
« Barons français, vous mourez par ma faute.
« Je ne vous puis défendre ni sauver.
« Que Dieu vous aide ! il ne mentit jamais.
« Frère Olivier, je ne vous dois faillir.
« Je meurs de deuil, si quelqu'un ne m'occit.
« Mon compagnon, retournons pour frapper ! »

Roland revient sur le champ de bataille.
De Durandal il frappe comme un brave !
Il a tranché Faldrin du Pin en deux
Et vingt payens des plus prisés de tous.
Homme jamais ne prit telle revanche :
Comme les cerfs s'en vont devant les chiens,
Devant Roland les payens s'enfuyaient.
Turpin lui dit : « Comme vous frappez bien !
« Un chevalier doit avoir ce courage !
« Qui porte lance et monte un bon cheval

---

(1) Le texte dit : à tant rubost *exill*. Voir *les Quatre Fils Aymon*, vers 100 :

    Car ils sont assez grands pour vestir garnement
    Et pour mettre payens à grand *exillement*.

« Dans le combat doit être fort et fier ;
« Car autrement il ne vaut deux deniers.
« Moine il doit être en quelque monastère
« Et tout le jour prier pour nos péchés ! »
Roland répond : « Frappez, n'épargnez pas ! »
Puis, à ces mots, les Français recommencent.
Bien grande perte il y eut de chrétiens !

Qui sait que nul ne sera prisonnier,
En tel combat fera grande défense.
Aussi les Franks sont fiers comme lions.
Voici le roi Marsile, en vrai baron,
Sur son cheval qu'il appelle Gaignon.
Il éperonne et va frapper Beuvon
(C'est le seigneur de Beaune et de Dijon),
Lui rompt l'écu, lui brise le haubert,
Et l'abat mort sur l'herbe d'un seul coup.
Puis il occit Ivoire avec Ivon (1),
Ensemble avec Gérard de Rossillon.
Le preux Roland, qui n'est pas loin de là,
Dit au payen : « Puisse Dieu te confondre !
« Tu m'as fait tort en tuant mes amis :

---

(1) Ils étaient les enfants du sixième fils de Doon de Mayence, et par conséquent cousins germains de Gane, comme Anséis :

Et le sixième fix chen fu le roi Othon,
Qui fu père Yvoire et si fu père Yvon,
En Rainchevax moururent o Roullant le baron.

(*Gaufrey*, page 4.)

« Tu le paieras avant de me quitter,
« Et tu sauras le nom de mon épée. »
En vrai baron il va frapper Marsile.
Il tranche au roi le poing de la main droite ;
Puis prend la tête à Jurfaleu le Blond
(C'était le fils du roi des Sarrazins).
Payens criaient : « Aide-nous, Mahomet !
« Vous tous, nos Dieux, vengez-nous donc de Charles !
« En cette terre il nous mit tels félons
« Qui pour mourir ne fuiront pas le champ. »
L'un dit à l'autre : « Or donc, enfuyons-nous ! »
Et sur ce mot, cent mille hommes s'en vont.
Qu'on les rappelle, ils ne reviendront pas ! AOI.

Mais à quoi bon ? Si Marsile est en fuite,
Est resté là son oncle Marganice (1),
Qui tient Carthage à son frère Garmale
Et l'Éthiopie, une terre maudite.
La noire gent, dont il est le seigneur,
A le nez grand et les oreilles larges,
Ensemble ils sont plus de cinquante mille.
Ils chevauchaient fièrement, en colère,
Et répétaient la devise payenne.
« Nous recevrons, dit Roland, le martyre ;
« Je le sais bien, nous n'avons guère à vivre ;

---

(1) Ne pas le confondre avec Margariz de Sibille. Voir page 68.

« Félon celui qui ne se vendra cher !
« Frappez, seigneurs, de vos armes fourbies.
« Disputez bien et vos morts et vos vies.
« Ne faisons pas honnir la douce France.
« Quand sur ce champ viendra Charles, mon sire,
« Et qu'il verra l'état des Sarrazins,
« Quinze des leurs morts contre un seul des nôtres,
« Notre empereur, certes, nous bénira ! » AOI.

Quand Roland voit cette race maudite
Des Éthiopiens, qui sont plus noirs que l'encre,
Et n'ont de blanc ailleurs que sur les dents,
Le comte dit : « Or, je le sais vraiment,
« Que nous mourrons aujourd'hui, c'est certain.
« Frappez, Français, je vous le recommande. »
Olivier dit : « Maudits soient les plus lents ! »
Et sur ces mots, les Franks ont attaqué.

XXVI

COMMENT OLIVIER EST BLESSÉ A MORT.

Quand les payens voient si peu de Français,
Ils ont entr'eux orgueil et réconfort.

Ils se disaient : « Charlemagne avait tort ! »
Là, Marganice est sur un cheval bai,
Il pique bien de ses éperons d'or,
Frappe Olivier dans le dos par derrière,
Le blanc haubert lui détache du corps,
Et fait sortir l'épieu par la poitrine.
« Vous recevez un bon coup, lui dit-il,
« Charles à tort vous laissa dans les gorges !
« Il nous a nui, mais ne peut s'en vanter,
« Car sur vous seul j'ai bien vengé les nôtres. »

Olivier sent qu'à mort il est frappé,
Tient Hauteclaire au bon acier bruni,
Et va frapper le payen sur son casque (1),
Dont les fleurons et les pierres jaillissent.
Il lui trancha la tête jusqu'aux dents,
Brandit son coup dont il l'abattit mort.
Il dit après : « Payen, sois-tu maudit !
« Je ne dis pas que Charles n'ait perdu ;
« Mais à ta femme ou bien à d'autres dames,
« Dans ton pays, tu ne te vanteras
« De m'avoir pris la valeur d'un denier,
« D'avoir fait tort soit à moi soit à d'autres ! »
Puis il appelle à son secours Roland. AOI.

---

(1) Le texte dit : Sur l'elme a or agut.

Olivier sent qu'à mort il est blessé :
De se venger il n'aura le loisir.
Dans la mêlée, il frappe comme un brave.
Il leur tranchait les lances, les écus,
Les pieds, les poings, les selles et les côtes.
Qui l'aurait vu démembrer les payens,
L'un mort sur l'autre à terre les jeter,
D'un bon guerrier pourrait se souvenir !
Le cri de Charle il ne veut oublier :
« Monjoye ! il dit d'une voix haute et claire.
« Roland, mon pair et mon ami, venez,
« Approchez-vous de moi, car aujourd'hui
« Avec douleur nous serons séparés. » AOI.

Roland regarde Olivier au visage :
Le teint est bleu, pâle et décoloré ;
Le sang tout clair coule le long du corps,
Et sur la terre en retombent les gouttes.
« Dieu ! dit Roland, je ne sais plus que faire.
« Votre courage, ami, vous est funeste.
« Nul ne sera qui vaille autant que toi (1) !

---

(1) Dans cette strophe et dans d'autres passages que j'ai laissés intacts, le trouvère, comme certains auteurs latins du moyen âge, emploie dans une même phrase le singulier et le pluriel du pronom de la deuxième personne. Voir aussi *la Bataille d'Aleschamps*, aux vers 1374-75 et 7725.

« Eh! France douce, aujourd'hui restes vide
« De bons guerriers, confondue et déchue (1)!
« Notre empereur en aura grand dommage! »
Sur son cheval, à ces mots, il se pâme! AOI.

Voici Roland pâmé sur son cheval,
Et son ami blessé mortellement.
Il a saigné tant que ses yeux sont troubles;
Il ne peut voir ni de près ni de loin,
Ni clair assez pour distinguer quelqu'un.
Il rencontra Roland, son compagnon,
Frappa si fort sur son casque doré
Qu'il le fendit jusques à la visière;
Mais dans la tête il ne pénétra pas.
Sur un tel coup, Roland l'a regardé;
Il lui demande avec calme et douceur :
« Mon compagnon, le fîtes-vous de gré?
« Je suis Roland qui vous a tant aimé.
« Vous ne m'aviez défié nullement (2). »

---

(1) Voici ces beaux vers, dont j'ai rendu le mouvement d'une manière bien imparfaite :

  E, France dulce, cum hoi remeindras guaste
  De bons vassals, cunfundue et chaïete!

(2) On ne pouvait s'attaquer ni chercher à se nuire avant d'avoir, par un défi, prévenu son adversaire de se tenir sur ses gardes. Gane a eu soin de défier Roland et les douze pairs (page 17), et il le rappellera au début du procès.

Le roman de *Girard de Viane* raconte les aventures à la suite

Olivier dit : « Je vous entends parler,
« Mais ne vous vois; que Dieu veille sur vous !
« Je vous frappai, mais pardonnez-le-moi. »
Roland répond : « Je n'ai pas eu de mal :
« Je vous pardonne ici et devant Dieu. »
Les deux amis l'un sur l'autre se penchent.
Sur cet adieu, les voilà séparés (1).

Olivier sent l'angoisse de la mort,
Et ses deux yeux lui tournent dans la tête.
Il perd la vue et l'ouïe en entier,
Descend à pied, sur la terre se couche,
A haute voix fait sa confession
Et vers le ciel avec les deux mains jointes,
Demande à Dieu lui donner paradis
Et de bénir Charle et la France douce,
Et son ami Roland par-dessus tous.
Le cœur lui faut et sa tête s'affaisse ;
Le corps s'étend de son long sur la terre.
Le comte est mort ! c'en est fait d'Olivier.

desquelles Roland et Olivier, après s'être battus en duel, ont commencé cette amitié qui finit à Roncevaux avec leur vie. A la page 135 de l'édition de Reims, on trouvera un exemple très-précis de ces défis. Vient ensuite le magnifique récit du combat, qui a été reproduit dans *les Poëtes français*, tome Ier, page 110.

(1) Cette scène, comme beaucoup d'autres de *la Chanson de Roland*, a été imitée dans *le Covenant Vivien*, aux vers 1426 et suivants, 1787 et suivants.

Le preux Roland le pleure et se désole.
Jamais sur terre homme plus désolé !

Quand Roland voit que mort est son ami,
Et gît couché la face contre terre,
A le pleurer il se prend doucement :
« Mon compagnon, vous étiez trop hardi.
« Des jours, des ans ensemble avons été.
« Mal ne me fis, ni je ne t'offensai,
« Et quand tu meurs, ce m'est douleur de vivre ! »
Puis, à ces mots, Roland tombe pâmé
Sur son cheval qu'on nomme Vaillantif ;
Mais retenu par ses éperons d'or,
Par où qu'il penche il ne peut pas tomber.

XXVII

COMMENT IL NE RESTE PLUS QUE TROIS FRANÇAIS VIVANTS.

Dès qu'il a pu recouvrer connaissance
Et revenir de cette pamoison,
Bien grande perte apparut à Roland.
Français sont morts : il les a tous perdus,

Fors l'archevêque et fors Gautier de Luz.
Gautier revient de là-haut, des montagnes,
Où ceux d'Espagne il a bien combattu ;
Ses gens sont morts : les payens ont vaincu.
Qu'il veuille ou non, par les vallons il fuit ;
Il appelait Roland à son secours.
« Eh ! noble preux, brave homme, où donc es-tu?
« Quand tu fus là, je n'eus jamais de peur.
« Je suis Gautier, qui conquis Maëlgut;
« Je suis neveu de Droon le Chenu ;
« J'étais aimé de toi pour mon courage.
« Est démaillé mon haubert et rompu,
« L'écu percé, la lance mise en pièces,
« Et par le corps un épieu m'a frappé.
« Je vais mourir; mais cher me suis vendu ! »
Il dit ces mots : Roland les entendit.
Il éperonne et galope vers lui. AOI.

Roland en deuil était mal disposé.
Dans la mêlée il commence à frapper.
De ceux d'Espagne, il en jette morts vingt,
Et Gautier, six, et l'archevêque, cinq.
Les Sarrazins disaient : « Quels trois félons (1) !
« Gardez, seigneurs, qu'ils s'en aillent vivants.
« Qui ne va pas les attaquer, est traître !

(1) Pour le sens du mot *félon*, voir la note de la page 62.

« Lâche est celui qui les laisserait fuir ! »
Lors la huée et le cri recommencent ;
De toutes parts on vient les assaillir. AOI.

Le preux Roland est un noble guerrier !
Gautier de Luz est bien bon chevalier,
Et l'archevêque homme brave éprouvé !
Aucun ne veut rien laisser faire aux autres.
Dans la mêlée ils frappent les payens.
Mille d'entre eux avaient mis pied à terre,
Sur leurs chevaux ils sont quarante mille,
Qui de trois Franks n'osaient pas s'approcher.
Ils leur lançaient des piques, des épieux,
Des javelots, des flèches et des dards.
Aux premiers coups ils ont occis Gautier ;
Turpin de Reims a son écu percé,
Brisé le casque et la tête blessée ;
Tout son haubert est rompu, démaillé ;
Il est blessé de quatre épieux au corps,
Et dessous lui son cheval est occis.
Or, c'est grand deuil quand l'archevêque tombe ! AOI.

Turpin de Reims, quand il se sent tombé,
Et dans le corps frappé de quatre épieux,
Rapidement, le brave, se relève,
Cherche Roland, accourt auprès de lui

Et dit ces mots : « Je ne suis pas vaincu !
« Brave guerrier ne se rend pas vivant. »
Il tire Almace au bon acier bruni,
Sur les payens il frappe mille coups
Sans épargner, Charles l'a dit depuis :
Il en trouva quatre cents alentour,
Les uns blessés, d'autres coupés en deux ;
D'autres payens avaient perdu la tête.
L'a dit aussi celui qui fut présent,
Le brave Gille ! il fut sauvé par Dieu,
Et l'écrivit dans un moustier de Laon.
Qui dirait moins l'aura mal entendu (1).

XXVIII

ROLAND ET TURPIN RESTENT MAITRES DU CHAMP DE BATAILLE.

Le preux Roland combattait noblement ;
Mais tout suant et tout chaud est son corps,
Et dans la tête il a grande douleur.
D'avoir corné, sa tempe en est rompue ;

---

(1) La tradition relative à Gille se retrouve dans le poëme de *Hugues-Capet*, qui a été tout récemment publié. Hugues, en fuite, rencontre le solitaire qui avait échappé au désastre :

Il veut savoir si Charles reviendra.
Souffle en son cor, qui sonna faiblement.
Charles s'arrête, il écoute le cor :
« Seigneurs, dit-il, nos affaires vont mal.
« Mon neveu va nous manquer aujourd'hui;
« J'entends au son qu'il ne vivra plus guère.
« Qui veut le voir, chevauche avec vitesse.
« Faites corner tous nos clairons ensemble. »
Soixante mille avec force ont corné :
Monts résonnaient, vallons y répondaient.
En l'entendant, les payens ne rient pas.
Ils se disaient : « Nous allons avoir Charles !

« Charles le roi revient; de ceux de France, AOI.
« Nous entendons les clairons résonner.
« Si Charles vient, Dieu ! quelle grande perte !
« Nous y perdrons l'Espagne, notre terre;
« Si Roland vit, la guerre recommence. »

> Ly rois vit l'ermitaige, celle part est venus,
> Le mason aprocha. Là ne repairoit nulz
> For quez ung saint ermitez; C. ans avoit et plus,
> Trez le tamps Charlemaingne c'est (oit) au bos repus.
> E fu en Raincheval où Rolans fu perdus;
> Et là fist il la veu, quant il fu combatus,
> Que se Dieux lÿ voiloit faire telle vertus
> Qu'il péuist escapper dez paiiens malostrus,
> Il devenroit tantost ermitez ou renclus;
> Si quez là demora ly ermitez menbrus.
>   (*Hugues-Capet*, page 210.)

Lors quatre cents se rassemblent en armes,
Et des meilleurs qui soient dans leur armée ;
Avec vigueur ils attaquent Roland.
Le noble comte, assez a-t-il à faire ! AOI.

Le preux Roland, quand il les voit venir,
Se fait plus fort, plus fier et plus solide ;
Ne lâchera tant qu'il sera vivant.
Sur son cheval, qu'on nomme Vaillantif,
Il pique bien des éperons d'or fin ;
Et dans la masse il va les assaillir,
Ensemble avec l'archevêque Turpin.
Les Sarrazins se disaient : « Sauvons-nous !
« De ceux de France on entend les clairons ;
« Charles revient, le puissant empereur ! »

Le preux Roland n'aima jamais les lâches,
Les orgueilleux, ni les hommes méchants,
Ni chevalier s'il ne fut bon guerrier.
Il appela l'archevêque Turpin :
« Moi, je chevauche et vous êtes à pied ;
« Mais par amour pour vous je reste ici :
« Ensemble aurons et le bien et le mal ;
« Pour ces félons (1) je ne vous laisserai ;

(1) Pur nul hume de car. Roland dit qu'il n'abandonnera pas Turpin, quel que soit le nombre des ennemis vivants.

« Nous allons rendre aux payens cet assaut,
« Les meilleurs coups sont ceux de Durandal. »
Turpin répond : « Félon qui bien n'y frappe !
« Charles revient, qui nous vengera bien. »

Payens disaient : « Sommes nés malheureux !
« Et ce jour d'hui pour nous est bien cruel :
« Avons perdu nos seigneurs et nos pairs.
« Charles revient avec ses gens, le brave !
« Nous entendons les clairons des Français.
« Grand est le bruit de ceux qui crient : « Monjoye ! »
« Le preux Roland est de fierté si grande
« Qu'homme de chair ne pourra pas le vaincre.
« Tirons de loin et laissons lui le champ. »
Et les voici qui lui lancent des flèches,
Piques, épieux et des dards empennés (1);
L'écu du comte ils fracassent et percent,
Et son haubert ils rompent et démaillent.
Mais en son corps ils ne l'ont pas atteint;
Mais Vaillantif, ils l'ont blessé vingt fois;
Le bon cheval tombe mort sous le comte.
Ils fuient alors et lui laissent le champ.
Le preux Roland à pied y est resté. AOI.

---

(1) C'est ainsi que Rama est assailli de flèches par les démons dans une suite d'assauts. (*Ramagana,* tome IV de la traduction de Fauche.)

XXIX

COMMENT L'ARCHEVÊQUE TURPIN DONNE L'ABSOUTE
AUX FRANÇAIS.

Payens s'en vont, fâchés et courroucés ;
Devers l'Espagne ils se précipitaient.
Le preux Roland ne peut pas les poursuivre,
Il a perdu son cheval Vaillantif.
Qu'il veuille ou non, à pied il est resté.
Puis il alla pour aider à Turpin,
Il délaça son casque de la tête,
Il enleva le blanc haubert léger,
Il découpa son surtout en entier,
Il en plaça les morceaux sur les plaies,
Contre son sein il embrassa Turpin,
Sur l'herbe verte avec soin le coucha
Et doucement lui fit cette prière :
« Homme de cœur, donnez-moi mon congé..
« Nos compagnons qui nous étaient si chers,
« Ils sont tous morts : ne les oublions pas.
« Je veux aller les chercher dans la foule,
« Et devant vous les porter et ranger. »
Turpin lui dit : « Allez et revenez :
« Le champ est vôtre et mien, grâces à Dieu ! »

Roland tout seul, par le champ de bataille,
Fouille les vaux et fouille les montagnes.
Le preux trouva Gérer avec Gérin,
Et Béranger et le marquis Othon,
Puis il trouva Sanche avec Anséis,
Trouva Gérard, le vieux de Rossillon.
Le preux Roland les a pris un par un,
Les a portés tous devant l'archevêque,
Et les a mis en rang à ses genoux.
Turpin ne peut s'empêcher de pleurer,
Lève sa main et bénit les Français.
Il dit après : « Vous eûtes du malheur !
« Seigneurs, que Dieu place toutes vos âmes
« Au paradis, parmi les saintes fleurs (1).
« Ma propre mort me donne tant d'angoisses !
« Je ne verrai plus le grand empereur (2) ! »

(1) Nos trouvères parlent toujours des fleurs à propos du paradis. Les *saintes fleurs* seules signifient le paradis.

(2) Remarquez avec quelle vénération et quel amour les chevaliers français parlent de Charlemagne. Olivier dit, à la page 89, qu'on ne verra pas un pareil roi jusqu'au jugement dernier. Voir *li Charrois de Nysme*, vers 155, *les Quatre Fils Aymon*, vers 215 :

Pour le plus vaillant roy qui jamais n'estera.

On verra bientôt combien Roland, au moment de mourir, regrette l'empereur. Dans les œuvres plus récentes, Charlemagne est devenu débonnaire et ridicule. La tradition le confond alors non plus avec Charles Martel, mais avec Charles le Chauve.

Roland retourne, il cherche dans le champ.
Lors il retrouve Olivier, son ami,
Contre son sein étroitement l'embrasse,
Du mieux qu'il peut, l'apporte à l'archevêque,
Sur un écu près des autres le couche,
Et l'archevêque absout et les bénit.
Lors la douleur et la pitié redoublent,
Et Roland dit : « Olivier, bel ami,
« Vous fûtes fils au vaillant duc Renier,
« Chef et seigneur jusqu'au val de Runers (1).
« Pour rompre lance et pour briser écu,
« Pour effrayer et pour vaincre l'orgueil,
« Pour conseiller loyalement les braves,
« Il n'y eut pas de meilleur chevalier ! »

XXX

COMMENT L'ARCHEVÊQUE REND SON AME A DIEU.

Le preux Roland, quand il voit morts ses pairs,
Sire Olivier qu'il avait tant aimé,

---

(1) Renier est un personnage de la geste de Garin de Montglane, dont Olivier fait partie. Cette filiation est souvent rappelée. Voyez

Il s'attendrit, il commence à pleurer,
Et son visage est tout décoloré ;
Il a tel deuil qu'il ne peut se tenir ;
Qu'il veuille ou non, à terre il choit pâmé.
Turpin lui dit : « Vous fûtes trop vaillant ! »

Quand l'archevêque a vu Roland pâmer,
Il eut tel deuil, jamais n'en eut si grand.
Il étendit la main et prit le cor.
En Roncevaux il est une eau courante,
Il veut aller pour donner à Roland.
Son petit pas il marche en chancelant,
Si faible il est qu'il ne peut avancer,
N'en a la force, a trop perdu de sang.
Avant qu'il puisse aller un seul arpent,
Le cœur lui faut, il retombe en avant,
Et de la mort il ressent les angoisses.

Le preux Roland revient de pamoison,
Se met sur pieds, mais a grande douleur ;
Car il regarde en amont, en aval :
Sur l'herbe verte, un peu devant les autres,
Il voit gésir le noble chevalier,

notamment *Guillaume d'Orange*, par Jonckbloet, tome II, pages 11 et 12; *Fierabras*, page 11; *Gaufrey*, page 27; *Girard de Viane*, page 133.

Turpin, que Dieu mit sur terre en son nom.
« *Meâ culpâ,* » dit-il les yeux au ciel.
Et, les deux mains jointes, il priait Dieu
Pour qu'il reçût au paradis Turpin.
Mort est Turpin, le bon guerrier de Charles!
Par grands combats et par très-beaux sermons,
Contre payens il fut toujours champion.
Lui donne Dieu sa bénédiction! AOI.

Le preux Roland voit l'archevêque à terre;
Hors de son corps il voit gir les entrailles,
Et sur le front bouillonner la cervelle.
Sur la poitrine, entre les deux mamelles,
Il a croisé ses mains blanches et belles (1).
Puis il le plaint à la mode de France :
« Eh! chevalier de bonne aire, homme noble,
« Je te confie au Glorieux du ciel :
« Plus volontiers nul ne le servira!
« Nul (2) ne sut mieux, depuis les saints Apôtres,
« La foi garder et convertir les hommes.
« Que n'ait votre âme aucun mal ni souffrances!
« Du paradis lui soit la porte ouverte! »

---

(1) Guillaume au Court Nez rend le même service à son neveu Vivien, dans *la Bataille d'Aleschamps,* vers 748 :

Ses blanches mains desor son piz croisant.

(2) Le texte dit : Ne fut on tel *prophète.*

XXXI

POURQUOI ROLAND ESSAYE DE BRISER SON ÉPÉE.

Roland sent bien que la mort lui est proche,
Le cervelet lui sort par les oreilles.
Il priait Dieu pour qu'il sauvât ses pairs,
Et pour lui-même invoquait Gabriel.
Il prit son cor, pour n'avoir de reproche,
Et Durandal l'épée en l'autre main.
Plus loin qu'un trait lancé par arbalète (1),
Il s'avança sur la terre d'Espagne,
Gravit un tertre. Au-dessous d'un bel arbre
Il y avait quatre marches de marbre.
Sur l'herbe verte il tombe à la renverse ;
Là s'est pâmé, car la mort lui est proche.

(1) MM. Francisque Michel et Génin lisent :
D'un arbaleste ne poet traire un quarrel.

M. Müller lit :
Plus qu'arbaleste ne poet traire un quarrel.

J'adopte, avec M. Louis Moland, le sens donné par le texte de Gœttingue. Il importe, en effet, comme on le verra plus bas, de bien préciser que Roland est resté maître du champ de bataille et qu'il est mort sur la terre étrangère *cunquerrantment*.

Hauts sont les pics et très-hauts sont les arbres.
Il y a là quatre marches de marbre.
Le preux Roland pâmait sur l'herbe verte.
Un Sarrazin toutefois le guettait;
Il se feint mort, il gît entre les autres,
De sang salit son corps et son visage,
Saute sur pieds, se hâte de courir.
Il était beau, fort et de grand courage;
Par son orgueil lui vient mortelle rage;
Saisit Roland et son corps et ses armes.
« Vaincu, dit-il, est le neveu de Charles!
« Je porterai cette épée en Syrie! »
Il la tirait, Roland s'en aperçut.

Roland sent bien qu'il lui prend son épée,
Ouvre les yeux et ne lui dit qu'un mot :
« Je le sais bien, tu n'es pas un des nôtres! »
Il tient le cor, qu'il n'eût pas voulu perdre :
Il en frappa le payen sur son casque,
Brisa l'acier et la tête et les os,
Lui fit sortir les deux yeux de la tête;
Juste à ses pieds il l'a renversé mort.
« Brigand, dit-il, tu fus donc si hardi
« De me saisir soit à droit soit à tort?
« Qui l'apprendra te tiendra pour un fou!

« En est fendu le pavillon du cor,
« Tous les cristaux et l'or en sont tombés. »

Il s'aperçoit qu'il a perdu la vue,
Se met sur pieds, tant qu'il peut s'évertue ;
Mais son visage a perdu sa couleur.
Devant Roland est une pierre brune :
Dix coups il frappe en deuil et par rancune,
Grince l'acier, ne rompt ni ne s'ébrèche.
Le comte dit : « Aide, sainte Marie !
« Eh ! Durandal, quel malheur ! bonne épée !
« Quand je me meurs, ne puis plus vous défendre.
« Avec vous j'ai gagné tant de batailles,
« Et j'ai conquis tant de vastes pays,
« Que garde Charle à la barbe chenue (1) !
« Ne vous ait pas qui fuit devant un autre !
« Un bon guerrier vous a longtemps tenue,
« Tel n'en aura jamais la libre France. »

Il frappe encor la pierre de sardoine,
Grince l'acier, ne rompt ni ne s'ébrèche.

---

(1) E boine espée, dist Ogiers li membré,
Tant a en vos et valor et bonté !
Kallon en ai conquis mainte cité,
Tant ruistre estor ai de vos aciévé !
(*La Chevalerie Ogier de Danemarche*, page 443.)

Quand il voit bien qu'il ne peut la briser,
Il recommence à la plaindre à soi-même :
« Eh ! Durandal, que tu es claire et blanche !
« Comme au soleil tu reluis et flamboies !
« Charles était aux vallons de Moriane,
« Quand Dieu du ciel lui manda, par son ange,
« De te donner à brave capitaine ·
« Me la ceignit, le noble roi, le Magne (1).
« Je lui conquis (2) Normandie et Bretagne ;
« Je lui conquis le Maine et le Poitou ;
« Je lui conquis et Bourgogne et Lorraine ;
« Je lui conquis Aquitaine et Provence,
« La Lombardie et toute la Romagne ;
« Je lui conquis la Bavière et la Flandre ;
« Et l'Allemagne et la terre de Pouille,
« Constantinople (il en reçut l'hommage),
« Toute la Saxe, à l'empereur soumise ;
« Je lui conquis Écosse, Galle, Islande,
« Et l'Angleterre (il en fit son domaine) (3).

(1) Voir les notes de l'édition provençale de *Fierabras*, à la page 152.

(2) Mot à mot : Je lui *en* conquis, c'est-à-dire je conquis pour Charles avec Durandal.

(3) L'énumération de ces pays est fort incertaine dans le texte d'Oxford. Aussi serait-il oiseux d'expliquer pourquoi l'on a donné raison ici à telle ou telle lecture.

Le vers relatif à l'Angleterre est ainsi conçu :

E Engleterre que il teneit sa cambre,

ce qui veut dire faire partie du domaine privé.

On trouvera plus loin la même expression appliquée à la ville de Laon. Voir aussi *Garin le Lohérain*, page 53 de la traduction.

« Ai-je conquis de pays et de terres,
« Que Charles tient, qui barbe a toute blanche !
« Pour Durandal, j'ai douleur et regret,
« Plutôt mourir qu'aux payens la laisser !
« Sauve, Dieu Père, à France cette honte ! »

Il frappe encor sur une pierre grise,
Plus en abat que je ne sais vous dire,
Grince l'acier, ne fléchit ni ne rompt.
Contre le ciel l'épée a rebondi.
Le comte voit qu'il ne la brisera,
Tout doucement il la plaint à soi-même :
« Eh ! Durandal, que tu es belle et sainte !
« Que dans ta garde il y a de reliques :
« Dent de saint Pierre et sang de saint Basile,
« Et des cheveux de mon sieur saint Denis,
« Du vêtement de la Vierge Marie !
« Ce n'est le droit que des payens te tiennent :
« Par des chrétiens tu dois être servie.
« Ne vous ait homme à faire lâcheté !
« J'aurai conquis avec vous tant de terres,
« Que Charles tient, à la barbe fleurie,
« Et l'empereur en est puissant et riche. »

XXXII

COMMENT ROLAND SE CONFESSE A DIEU.

Roland sent bien que la mort le prend tout,
Et de la tête au cœur lui descendait.
Il est allé sous un pin en courant,
Il s'est couché le sein sur l'herbe verte ;
Il met sous lui son épée et son cor ;
Vers les payens il a tourné sa tête.
Et s'il le fait, c'est qu'il veut être sùr
Que Charles dise, et toute son armée,
Le noble preux, qu'il est mort en vainqueur.
Il bat sa coulpe et souvent et menu (1),
Pour ses péchés il offre à Dieu son gant. AOI.

Roland sent bien que son temps il n'a plus.
Là, sur un pic et tourné vers l'Espagne,
Il a frappé d'une main sa poitrine.
« *Meâ culpâ*, mon Dieu, par tes mérites,
« Pour mes péchés, les grands et les petits,

---

(1) C'est-à-dire, il dit *meâ culpâ*, en se frappant la poitrine. Voir la note de la page 59.

« Que j'aurai faits dès l'heure où je suis né
« Jusqu'à ce jour où je suis parvenu ! »
Il tend vers Dieu le gant de sa main droite.
Anges du ciel descendent près de lui. AOI.

Le preux Roland gisait dessous un pin.
Il a tourné sa tête vers l'Espagne.
De mainte chose il lui vient souvenance :
De tant de lieux qu'il a conquis, le brave !
De douce France et de sa parenté,
De son seigneur, Charles, qui l'a nourri.
Il ne peut pas qu'il ne pleure et soupire.
Mais il ne veut pas s'oublier lui-même,
Dit ses péchés, demande grâce à Dieu :
« Notre vrai Père, et qui ne mens jamais !
« Qui de la mort ressuscitas Lazare,
« Et qui sauvas Daniel des lions,
« Sauve mon âme aussi de tout péril,
« Pour les péchés que j'ai faits en ma vie ! »
Il offre à Dieu le gant de sa main droite,
Saint Gabriel de sa main le lui prend.
Dessus le bras sa tête était penchée ;
Il est allé vers sa fin les mains jointes ;
Dieu lui manda son ange Chérubin
Et saint Michel qu'on nomme du Péril ;
Vient avec eux l'ange saint Gabriel ;
Au paradis portent l'âme du comte.

XXXIII

**CHARLEMAGNE PARVIENT A RONCEVAUX ET COMMENT
IL POURSUIT LES SARRAZINS.**

Roland est mort : Dieu a son âme au ciel!
Notre empereur parvient à Roncevaux.
Il n'y a là ni chemin ni sentier,
De terre vide une aune, un seul pied même,
Où n'y ait pas Français ou Sarrazin.
Charles s'écrie : « Où, Roland, êtes-vous?
« Où l'archevêque et le comte Olivier?
« Où sont Gérin et son ami Gérer?
« Le duc Othon, le comte Béranger?
« Ives, Ivoire, eux que j'ai tant aimés?
« Qu'est devenu le Gascon Angelier?
« Sanche le duc et le brave Anséis?
« Où sont Gérard de Rossillon, le vieux,
« Les douze pairs que j'y avais laissés? »
Mais à quoi bon quand nul d'eux ne répond?
« Dieu, je puis bien me désoler, dit Charles,
« Que je ne fusse au combat dès l'abord. »
Le roi tirait sa barbe par colère;
Pleurent des yeux ses braves chevaliers.

Ils sont vingt mille à terre qui se pâment :
Nayme le duc en a grande pitié.

Il n'y a pas chevaliers ou barons
Qui de pitié ne pleurent tendrement,
Pleurent leurs fils, leurs frères, leurs neveux,
Et leurs amis, et leurs liges seigneurs ;
Et la plupart se pâment contre terre.
Nayme le duc a fait en homme sage,
Sans plus tarder il dit à l'empereur :
« Sire, voyez devant nous à deux lieues,
« Vous pouvez voir les grands chemins poudreux,
« Tant il y a de la gent sarrazine !
« Chevauchez donc, vengez cette douleur ! »
— « O Dieu, dit Charle, ils sont déjà si loin !
« Vous conseillez et le droit et l'honneur :
« De France douce ils m'ont ravi la fleur ! »
Le roi commande Othon et Gibouin (1),
Thibaut de Reims et le comte Milon :
« Gardez le champ, les vaux et les montagnes,
« Laissez les morts gésir tout comme ils sont.
« Qu'aucune bête ou lion n'en approche,
« Que n'en approche écuyer ni valet ;
« Je ne veux pas qu'aucun homme en approche,
« Jusque Dieu veuille ici que revenions. »

(1) Dans la strophe précédente, Charlemagne regrette comme mort Othon, qui reparaît ici. Il y a là une erreur de copiste.

Et par amour doucement ils répondent :
« Droit empereur, cher sire, ainsi ferons. »
Mille Français ils retiennent des leurs. AOI.

Notre empereur fait sonner ses clairons.
Il part, le brave, avec sa grande armée.
Aux Sarrazins, qui le dos ont tourné,
Tous de bon cœur ils tiennent la poursuite.
Quand le roi voit que le soir va tomber,
Sur l'herbe verte il descend dans un pré,
Et, prosterné, demande au seigneur Dieu
Que le soleil il lui fasse arrêter,
Tarder la nuit et le jour demeurer.
L'ange apparaît, qui lui parla souvent ;
Rapidement il lui commande ainsi :
« Charles, poursuis : la clarté ne te manque.
« La fleur de France as perdu, Dieu le sait :
« Peux te venger de la gent criminelle. »
Charles l'entend et remonte à cheval. AOI.

Pour l'empereur Dieu fit un grand miracle,
Car le soleil immobile est resté.
Payens fuyaient ; les Franks les chassent bien.
Dans un vallon ténébreux ils les joignent.
Vers Saragosse ils vont les poursuivant,
A coups pléniers ils s'en vont les tuant,

Coupent leur route et les autres chemins.
Les payens ont devant eux l'eau de l'Èbre.
Profonde elle est, merveilleuse et rapide ;
Pas de bateaux, de bacs ni de chalands.
Les Sarrazins réclament Tervagant,
Sautent dans l'eau, mais ils n'y ont salut.
Les adoubés, qui sont les plus pesants,
Pour la plupart coulèrent vers le fond.
Les autres vont à contre-val flottant.
Mais les moins lourds d'entre eux ont tant bu d'eau
Qu'ils se noient tous avec grande douleur.
Les Franks criaient : « C'est pour venger Roland ! »

AOI.

XXXIV

COMMENT LES FRANÇAIS PASSENT LE RESTE
DE LA NUIT.

Quand l'empereur voit tous les payens morts,
Les uns occis et la plupart noyés
(Ses chevaliers en ont un grand butin),
Le noble roi descend de son cheval ;
Il se prosterne et rend grâces à Dieu.
Quand il se dresse, est couché le soleil.

L'empereur dit : « Il est temps de camper,
« Il est trop tard pour joindre Roncevaux :
« Nos chevaux sont ennuyés et lassés ;
« Otez la selle et le frein de leurs bouches,
« Et par ces prés les laissez rafraîchir. »
Et les Français : « Sire, vous dites bien ! » AOI.

Notre empereur a pris son campement,
Et les Français, sur la terre déserte,
A leurs chevaux ont enlevé les selles,
Et les freins d'or, qu'ils laissent pendre aux cous.
Ils trouveront au pré de l'herbe fraîche ;
Autre service on ne peut pas leur rendre.
Ceux qui sont las s'endorment sur la terre.
Il n'y eut point cette nuit de vedette.

Notre empereur s'est couché dans un pré,
Son grand épieu sous la tête, le brave !
Il ne se veut cette nuit désarmer.
Il a vêtu son blanc haubert frangé,
Lacé son casque orné de pierreries
Et ceint Joyeuse ; elle n'a sa pareille,
Et trente fois réfléchit la lumière.
Avons ouï tous parler de la lance
Dont fut en croix blessé Notre-Seigneur :
Charles en a le fer, grâces à Dieu.

Dedans sa garde il l'a fait enchâsser :
Pour cet honneur et pour cette bonté,
Le nom « Joyeuse » à l'épée est donné ;
Barons français ne doivent l'oublier.
C'est pour cela qu'ils ont le cri : « Mon-Joye, »
Et nulle gent ne peut tenir contre eux (1).

Claire est la nuit et la lune luisante.
Charle est couché ; mais a deuil de Roland,
Et d'Olivier fortement il lui pèse,
Des douze pairs et de la gent française.
A Roncevaux il laissait tant de morts !
Il ne pouvait s'empêcher de pleurer,
Et priait Dieu pour qu'il sauvât leurs âmes.
Las est le roi, car sa peine est si grande !
Il n'en peut plus, et finit par dormir.
Dans tous les prés s'endorment les Français.
Aucun cheval ne peut tenir debout ;

(1) Le sens de joyau, appliqué à *Joyeuse* et à *Mon-joye*, concorde avec l'explication que l'on trouvera plus bas du nom de l'épée de Baligant. On a donné deux autres origines au mot *monjoye*, à savoir *meum gaudium* et *mons Jovis*.

L'épée de Guillaume au Court Nez s'appelle aussi *Joyeuse*, vers 500 de *la Bataille d'Aleschamps* :

Ce fu Joyeuse où durement se fie.

Voir aussi vers 1460, 1473, 1476.

Guillaume avait reçu de Charlemagne cette épée, qui ne pouvait tomber en de meilleures mains. Voir le glossaire de M. F. Michel au mot *Joyeuse*, et la note de F. Génin, page 421.

S'il veut de l'herbe, il la broute couché.
A bien appris, qui beaucoup a souffert!

L'empereur dort comme homme tourmenté.
Dieu lui manda l'ange saint Gabriel,
Lui commandant de garder Charlemagne ;
Toute la nuit l'ange est près de sa tête ;
Par vision, à Charles il annonce
Qu'une bataille y aura contre lui ;
Il la lui montre avec de tristes signes.
Charles le roi regardait vers le ciel :
Il voit venir tonnerres et gelées,
Orages, vents, merveilleuses tempêtes,
Un appareil de flammes et de feux.
Soudainement tout tombe sur sa gent,
Brûle le frêne et le pommier des lances,
Et les écus jusqu'aux boucles d'or pur ;
Grinçait l'acier des hauberts et des casques.
En grand danger il voit ses chevaliers,
Ours, léopards, qui veulent les manger,
Givres, serpents, dragons, diables vivants (1)
Et de griffons plus de trente milliers.
Il n'en est pas qui ne coure aux Français,
Et les Français : « Charlemagne, au secours! »
Charles en sent et douleur et pitié,

(1) Les trouvères appliquaient volontiers aux diables l'épithète *vivant*, que j'ajoute ici. Voir la note de la page 39.

Y veut aller, mais en est empêché (1).
De vers le bois, un grand lion lui vient;
Il était fier, orgueilleux et féroce (2)!
Il court au roi, s'attaque à son corps même ;
Tous deux à bras se prennent pour lutter ;
Mais on ne sait lequel abattra l'autre.
Et l'empereur ne s'est pas éveillé.

Après lui vient une autre vision,
Qu'il est en France, à son Aix-la-Chapelle :
Il tient un ours par une double chaîne;
D'Ardenne il voit venir trente autres ours.
Chacun parlait comme un homme vivant ;
Ils lui disaient : « Sire, rendez-le-nous !
« Ce n'est le droit que vous le reteniez ;
« Notre parent nous devons secourir. »
De son palais un lévrier accourt,
Entre les ours attaque le plus grand,
Sur l'herbe verte et devant tous les autres.
Là le roi vit un merveilleux combat;
Mais il ne sait lequel des deux vaincra (3).

(1) Il s'agit peut-être du désastre de Roncevaux, que Charlemagne a pressenti et qu'il n'a pu empêcher.
(2) Probablement l'émir Baligant.
(3) Gane est l'ours enchaîné. Les trente autres sont ses parents qui se sont portés cautions. Le lévrier est Thierry, comme à la page 38. Il y a un songe analogue dans *la Chevalerie Ogier*, à la page 48.

L'ange fit voir au baron (1) ces deux songes ;
L'empereur dort jusqu'au demain grand jour.

XXXV

COMMENT MARSILE ET BRAMIMONDE SE DÉSESPÉRAIENT
A SARAGOSSE.

Le roi Marsile a fui vers Saragosse.
Sous l'olivier il descend de cheval,
Rend à ses gens cuirasse, épée et casque,
Et tristement se couche en l'herbe verte.
Il a perdu la main droite en entier ;
Du sang qui sort il s'est pâmé d'angoisse.
Est devant lui sa femme Bramimonde,
Qui pleure, crie et se désole fort ;
Sont avec eux plus de trente mille hommes,

---

(1) Baron, comme ber, signifie brave, homme, *vir*. On remarquera qu'il n'y a aucune fixité dans les titres et qualifications que le trouvère donne à ses héros. Roland est appelé successivement marquis, comte, baron. Ce dernier titre est appliqué ici à Charlemagne. On le donne aussi à saint Pierre, à saint Denis, à saint Sylvestre, à saint Thomas de Cantorbéry, etc., etc.

Quant au mot *quens* ou *cuens*, que l'on rend ordinairement par comte, je l'ai traduit souvent par *preux*, en me fondant sur ce que le trouvère de Roland emploie lui-même ailleurs et assez fréquemment le mot *cunte*. Il y avait peut-être une nuance entre ces deux mots, comme entre le *count* et le *earl* anglais.

Qui maudissaient Charle et la douce France.
Vers Apollon ils courent en sa grotte,
Tous à l'envi le tancent, l'injurient :
« Eh! mauvais dieu, tu nous fis telle honte !
« C'est notre roi, tu le laissas confondre!
« Qui bien te sert, mal tu le récompenses. »
Ils ont ôté son sceptre et sa couronne,
Par les deux mains l'ont au pilier pendu,
Puis à leurs pieds par terre ils l'ont foulé,
De leurs bâtons l'ont battu, l'ont brisé.
De Tervagant ils prennent l'escarboucle,
Et Mahomet jettent dans un fossé,
Où porcs et chiens le mordent et le foulent (1).

(1) Il y a dans *Fierabras* un exemple très-curieux des mauvais traitements infligés par les Sarrazins à leurs dieux quand ils en étaient mécontents.

L'émir Balan voit disperser son trésor :

> Mar le laissa Mahon, par mon cief, effondrer;
> Si je le tieng as puins, je le ferai plourer :
> Dehait ait ore Dix qui ne se fait douter.

Son conseiller lui fait quelques observations :

> Sire, dist Sortinbrans, ne le devés blasmer,
> Car en tout cest n'a il coupes, li ber...
> François sont moult larron, si li ont fait enbler.
> Bien li devés, biau sire, ceste fois pardonner.

Balan se repent, mais il reçoit encore une mauvaise nouvelle, et cette fois il vient aux voies de fait.

> Une machue voit, à II mains l'a saisie.
> Tous dervés vint courant à la mahommerie,
> III cos en a donné Mahomet lès l'oïe
> La teste li pechoie et le col li esmie.

Nouvelle remontrance de Sortinbrans. Mais, après que les Fran-

De pamoison Marsile est revenu,
Se fait porter en sa chambre voûtée,
Écrite et peinte en diverses couleurs ;
Pleure sur lui Bramimonde, la reine,
Ses cheveux tire et se dit malheureuse,
Pleure, gémit, et crie à haute voix :
« Eh ! Saragosse, aujourd'hui dépourvue
« Du noble roi qui t'avait en gouverne,
« Nos mauvais dieux lui firent félonie,
« Qui ce matin au combat lui faillirent.
« Mais Baligant nous fera couardise,
« S'il ne combat contre ces Franks hardis,
« Qui sont si fiers, et n'ont soin de leur vie.
« Leur empereur a la barbe fleurie,
« Il est très-brave et d'une grande audace ;
« S'il a bataille, il ne fuira jamais.
« C'est un grand deuil que quelqu'un ne le tue ! »

çais ont renversé les statues de ses dieux, Balan recommence à insulter Mahomet :

> Je ai vécu tels jours grans fu vo poestés ;
> Mais or estes trop viex, piéça ne fustes nés :
> Ne vous poés aidier, trop estes assotés.
> — Sire, dist Sortinbrans, male coustume avés,
> Que si vilainement sur Mahomet parlés....
>
> (*Fierabras*, éd. Krœber et Servois, pages 116,
> 156 et 160.)

XXXVI

BALIGANT, L'ÉMIR DE BABYLONE, VIENT AU SECOURS
DE MARSILE.

Notre empereur, par sa grande puissance,
Sept ans tout pleins en Espagne est resté,
A pris beaucoup de châteaux et de villes :
Le roi Marsile en fut fort agité.
Au bout d'un an, il fit sceller des lettres
Pour Baligant dans la Babylonie.
C'était l'émir, le vieux d'antiquité,
Qui survivait et Virgile et Homère (1).
Il lui mandait de lui venir en aide ;
S'il ne le fait, qu'il guerpira les dieux
Qu'il adorait et toutes leurs idoles ;
Qu'il recevra la sainte loi chrétienne,
Pour s'accorder avec Charles le Magne.
L'émir est loin ; le retard fut très-grand.
Il convoqua ses quarante royaumes,
Fit apprêter tous ses grands bâtiments,
Tous ses vaisseaux, ses esquifs, ses galères.

(1) Voir la note de F. Génin.

Alexandrie a sur la mer un port ;
Toute sa flotte il y fit apprêter.
Ce fut en mai, le premier jour d'été,
Qu'il a lancé sa grande armée en mer.

Grande est l'armée à la gent ennemie.
Ils cinglent fort, et rament et gouvernent.
En haut des mâts et sur les vergues hautes,
Assez y a de feux et de lanternes,
Qui de là-haut jettent telle lueur,
Que par la nuit la mer en est plus belle.
Quand de la terre espagnole ils approchent,
Tout le pays en reluit et s'éclaire !
Jusqu'à Marsile en parvient la nouvelle. AOI.

Les Sarrazins ne veulent pas tarder ;
Quittent la mer, viennent dans les eaux douces,
Sans s'arrêter aux îles Baléares (1).
Tous leurs vaisseaux montent dans le fleuve Èbre.
Il y a tant de feux, tant de lanternes,
Toute la nuit en ont grande clarté.
Le même jour à Saragosse ils viennent. AOI.

---

(1) Le texte dit :

Laisent Marbrise et si laisent Marbruse.

Il est fait mention de Majorque dans *la Chevalerie Ogier*, vers 2397, et dans *Aye d'Avignon*, page 44.

Clair est le jour et le soleil luisant.
L'émir payen est sorti du vaisseau.
Espaneliz va, marchant à sa droite,
Et dix-sept rois vont après, le suivant,
Comtes et ducs, je ne sais pas combien !
Sous un laurier, sis au milieu d'un champ,
Sur l'herbe verte on jette un tapis blanc :
On y apporte un fauteuil en ivoire;
Dessus s'assied le payen Baligant.
Les autres chefs, ils sont restés debout.
C'est leur seigneur qui parla le premier :
« Or, écoutez, francs chevaliers vaillants,
« Charles le roi, l'empereur des Français,
« Ne doit manger si je ne lui permets.
« En toute Espagne il m'a fait grande guerre,
« Je veux l'aller chercher en France douce;
« Ne cesserai tant que serai vivant,
« Jusqu'il soit mort ou se rende vivant. »
De son gant droit il frappe son genou.

Puisqu'il l'a dit, il s'y attachera;
Pour l'or du monde, il ne laissera pas
D'aller dans Aix, où Charles tient sa cour.
Ses hommes tous l'approuvent et le louent.
Il appela deux de ses chevaliers,

L'un Clarifan, et l'autre Clarian :
« Vous êtes fils du roi Maltralian,
« Qui volontiers faisait de tels messages :
« Je vous commande, allez à Saragosse
« Pour annoncer, de ma part, à Marsile,
« Contre les Franks que je viens pour l'aider.
« Si je les joins, grande bataille auront.
« Lui donnerez ce gant enlacé d'or.
« Faites-le-lui chausser dans sa main droite;
« Portez aussi cette once d'or arabe;
« Qu'il vienne faire hommage de son fief.
« En France irai guerroyer contre Charles;
« S'il ne se couche à mes pieds, à merci,
« Et ne guerpit la loi de chrétienté,
« Je lui prendrai couronne de sa tête. »
Et les payens répondent : « C'est bien dit. »

Baligant dit : « Chevauchez donc, barons !
« L'un portera le gant, l'autre un bâton. »
— « Nous le ferons, cher sire, » disent-ils.
Chevauchent tant qu'ils sont à Saragosse.
Ils ont passé quatre ponts et dix portes,
Et les faubourgs où les bourgeois habitent.
En arrivant près de la ville haute,
Vers le palais, entendent grand tumulte :
Foule il y a de la race payenne
Qui pleure, crie, et mène grand chagrin,

Plaignant les dieux, Apollon, Mahomet
Et Tervagant, dont il ne reste rien.
Ils se disaient : « Qu'allons-nous devenir ?
« Sur nos corps choit grande confusion,
« Avons perdu Marsile, notre roi;
« Le preux Roland hier lui trancha le poing.
« Nous n'avons plus son blond fils Jurfaleu;
« L'Espagne est toute à la merci des Franks. »

Les messagers descendent au perron,
Sous l'olivier ils laissent leurs chevaux ;
Deux Sarrazins les prennent par les rênes.
Les messagers par leurs manteaux se tiennent,
Puis sont montés dans le haut du palais.
Comme ils entraient dans la chambre voûtée,
Avec amour ils firent un salut :
« Que Mahomet, qui nous tient en gouverne,
« Que Tervagant, qu'Apollon, notre sire,
« Sauvent le roi, garantissent la reine ! »
La reine dit : « Voilà grande folie !
« Tous ces dieux-là sont en pleine défaite.
« A Roncevaux ils ont manqué de force,
« Ils ont laissé nos chevaliers occire,
« A mon seigneur failli dans le combat;
« Il a perdu le poing droit, n'en a plus ;
« Le lui trancha le preux Roland, le fier.
« Charles aura toute l'Espagne en maître.

« Que deviendrai-je, hélas ! pauvre captive !
« Hélas ! que n'ai-je un homme qui me tue ! » AOI.

Clarian dit : « Dame, ne parlez tant !
« De Baligant, nous sommes messagers.
« Il nous a dit qu'il défendra Marsile ;
« Nous vous portons son bâton et son gant.
« Sur l'Èbre avons quatre mille chalands,
« Barques, esquifs et galères rapides,
« Et des bateaux je ne sais pas combien.
« L'émir est riche et puissant et vaillant,
« Jusques en France il suivra Charlemagne ;
« Il veut le mettre à mort ou qu'il se rende. »
La reine dit : « Il n'ira pas si loin :
« Il peut trouver les Franks plus près d'ici ;
« Sur cette terre ils sont depuis sept ans.
« Leur empereur est brave et belliqueux,
« Mourrait plutôt que fuir champ de bataille ;
« N'est roi qu'il prise au-dessus d'un enfant.
« Charles ne craint homme qui soit vivant. »

— « Laissons cela, » dit Marsile le roi.
Aux messagers : « Seigneurs, parlez à moi.
« Vous me voyez en angoisse de mort :
« Je n'ai de fils, de fille, d'héritier.
« J'en avais un, hier soir il fut occis !

« A mon seigneur dites qu'il vienne ici :
« L'émir a droit sur la terre d'Espagne ;
« S'il veut l'avoir, je la lui cède franche.
« Qu'il la défende ensuite des Français.
« Si bon conseil je pourrai lui donner,
« Qu'avant un mois il aura vaincu Charles.
« Portez-lui donc les clés de Saragosse ;
« Si Baligant me croit, qu'il ne s'éloigne. »
Les messagers : « Sire, vous dites vrai. » AOI.

Marsile dit : « Écoutez la raison.
« Charles de France a bien conduit ses hommes !
« Il a tué mes gens, pillé ma terre,
« Pris mes châteaux, violé mes cités.
« Il va camper cette nuit près de l'Èbre ;
« J'ai calculé qu'il n'y a que sept lieues :
« Que Baligant y mène son armée,
« C'est mon conseil, et là donne bataille. »
Il leur livra les clés de Saragosse.
Les messagers tous les deux s'inclinèrent,
Prirent congé, puis ils s'en retournèrent.

Les messagers remontent à cheval,
Rapidement ils sortent de la ville,
A Baligant ils vont, tout effrayés,
De Saragosse ils présentent les clés.

L'émir leur dit : « Or, qu'avez-vous trouvé ?
« Que fait Marsile à qui je vous mandai ? »
Clarian dit : « A mort il est blessé.
« Hier l'empereur avait passé les gorges,
« En douce France il voulait s'en aller,
« Laissant derrière une garde d'honneur,
« Où son neveu Roland était resté,
« Puis Olivier et tous les douze pairs ;
« De ceux de France ils étaient là vingt mille.
« Les attaqua Marsile, le roi brave.
« Roland et lui sur le champ s'abordèrent :
« Roland donna tel coup de Durandal
« Qu'il lui coupa la main droite du corps,
« Tua le fils que Marsile aimait tant,
« Et les barons qu'il avait amenés.
« Ne pouvant plus tenir, il s'est enfui,
« Et l'empereur l'a poursuivi longtemps.
« A son secours Marsile vous appelle,
« Et vous remet le royaume d'Espagne. »
L'émir payen, qui commence à penser,
A si grand deuil qu'il en est presque fou. AOI.

« Seigneur émir, dit encor Clarian,
« A Roncevaux, hier il y eut bataille.
« Mort est Roland, et le brave Olivier,
« Et tous les pairs que Charles aimait tant.
« De leurs Français, il en est mort vingt mille.

« Le roi Marsile a perdu le poing droit,
« Et l'empereur l'a poursuivi longtemps.
« En cette terre, il n'y a chevalier,
« Sinon occis ou dans l'Èbre noyé.
« Les Français sont campés sur le rivage ;
« De Saragosse ils sont très-rapprochés.
« Si vous voulez, leur départ sera triste. »
De Baligant le regard devient fier,
Et dans son cœur il a joie et liesse.
De son fauteuil il s'est dressé sur pieds,
Puis a crié : « Barons, ne tardez pas,
« Sortez des nefs, à cheval et partez.
« S'il ne s'enfuit, Charlemagne le vieux,
« Le roi Marsile est aujourd'hui vengé :
« Tête de Charle il aura pour son poing. »

Sortent des nefs les payens d'Arabie,
Puis ont monté leurs chevaux et mulets ;
Ils chevauchaient : que feraient-ils de plus ?
L'émir payen, qui les a tous émus,
Son favori Gémalfin interpelle :
« Fais le rappel de toutes mes armées. »
Il est monté sur son destrier brun (1) ;
Il a mené quatre ducs avec lui ;

---

(1) M. Génin paraît s'être trompé en lisant Bestbrun. Voir *Lettre sur les variantes de la Chanson de Roland*, par F. Guessard, à la page 14.

Chevaucha tant qu'il vint à Saragosse.
Sur le perron de marbre il descendit;
Son étrier ont tenu quatre comtes;
Par les degrés au palais il monta.
A sa rencontre accourut Bramimonde (1).
Elle lui dit : « Que je suis malheureuse!
« Honteusement j'ai perdu mon seigneur! »
Tombe à ses pieds; Baligant la reçoit,
Et dans la chambre ils arrivent dolents. AOI.

Le roi Marsile aperçut Baligant;
Il appela deux Sarrazins d'Espagne :
« Prenez à bras, en séant dressez-moi. »
A sa main gauche il prend un de ses gants :
Marsile dit à l'émir : « Sire roi,
« Je vous remets ici toutes mes terres,
« Et Saragosse et les droits y tenants;
« Je suis perdu, toute ma gent aussi. »
L'émir répond : « J'en suis d'autant plus triste!
« Je ne vous puis tenir un long discours :
« Comme je sais, Charles ne m'attend pas,
« Et néanmoins je reçois votre gant. »
Du deuil qu'il a, pleurant il se retourne. AOI.
Par les degrés, il descend du palais,
Monte à cheval, galope vers les siens,

(1) Ici et plus bas, le copiste a changé le nom de Bramimonde
en celui de *Bramidoine*.

Chevauche tant, qu'il est premier devant;
De l'un à l'autre il s'en va s'écriant :
« Vite, payens, car les Français s'enfuient. » AOI.

XXXVII

COMMENT CHARLEMAGNE PLEURE SON NEVEU.

De bon matin, quand l'aube perce à peine,
Est éveillé l'empereur Charlemagne.
Saint Gabriel, qui de par Dieu le garde,
Leva la main, sur lui signa la croix.
Notre empereur se lève, se désarme;
Toute la troupe alors s'est désarmée,
Et les Français avec hâte chevauchent
Par ces sentiers longs et ces chemins larges;
Ils s'en vont voir le merveilleux désastre
A Roncevaux, où la bataille fut. AOI.

A Roncevaux Charles est arrivé.
Des morts qu'il trouve il commence à pleurer :
« Seigneurs français, ralentissez le pas!
« Car c'est à moi d'aller seul en avant,
« Pour mon neveu que je voudrais trouver.

« J'étais dans Aix, un jour de grande fête :
« Là se vantaient mes vaillants chevaliers
« De grands combats et de forts coups d'épée.
« J'ouïs Roland dire cette raison,
« Qu'il ne mourrait en royaume étranger,
« Qu'en devançant ses hommes et ses pairs,
« Avec le chef tourné vers l'ennemi,
« Et qu'en vainqueur il finirait, le brave! »
Un peu plus loin qu'on ne lance un bâton,
Devant les siens, il monte sur un pic.

Quand l'empereur va cherchant son neveu,
Il voit les fleurs et le gazon du pré
Qui sont vermeils du sang de nos barons.
Il a pitié, ne peut ne pas pleurer.
Sous les deux pins est parvenu le roi ;
Il aperçoit les coups sur les trois pierres ;
Sur l'herbe verte il voit gir son neveu.
Charle a douleur, et ce n'est pas merveille ;
Il saute à pieds, y va de pleine course,
Entre ses mains il soulève Roland,
Sur lui se pâme : il en a tant d'angoisse !

Notre empereur revint de pamoison.
Nayme le duc et le comte Asselin,
Geoffroy d'Anjou, le preux Henri, son frère,

Prennent le roi, le dressent sous un pin.
Regarde à terre, il voit son neveu gir,
Et doucement se met à le pleurer (1) :
« Ami Roland, Dieu te prenne en pitié !
« Homme jamais ne vit tel chevalier,
« Pour engager et gagner grands combats ;
« Vers le déclin mon honneur est tourné. »
Charles se pâme ; il ne se peut tenir. AOI.

Charles le roi revint de pamoison.
Quatre barons le tiennent par les mains.
Regarde à terre, il voit son neveu gir,
Le corps gaillard, mais la couleur perdue ;
Les yeux lui sont tournés et ténébreux.
Charles le plaint par amour et par foi :
« Ami Roland, que Dieu mette ton âme
« En paradis parmi les glorieux (2) !
« Comme tu vins à tort dans ce pays !
« Jour n'y aura que pour toi je ne pleure.

---

(1) Dans l'ardeur du combat, on accorde un mot d'éloge au chevalier qui frappe un grand coup, et de regret à celui qui succombe. Il est aussi d'usage de faire l'oraison funèbre avec plus de détail quand on en a le loisir. Roland l'a fait pour Olivier et Turpin. Ici, Charlemagne rend ce pieux devoir à Roland. Les exemples en sont fréquents. Voir notamment *Garin le Lohérain*, page 113 de la traduction.

(2) Le texte dit : dans les fleurs, comme à la page 95 :

    En seintes flurs il les facet gésir.

Voir la note de la page 112.

« Que vont déchoir ma force et mon audace !
« Je n'aurai plus qui soutienne mon droit !
« Je crois n'avoir sur terre un seul ami,
« J'ai des parents, je n'en ai nul si brave ! »
A pleines mains, il tire ses cheveux.
Cent mille Franks en ont douleur si grande,
Qu'il n'en est pas qui tendrement ne pleure. AOI.

« Ami Roland, en France je retourne.
« Quand je serai dans mon domaine, à Laon,
« De maints États viendront les étrangers ;
« Demanderont : où est le capitaine ?
« Je leur dirai qu'il est mort en Espagne.
« Dans la douleur je tiendrai mon royaume,
« N'y aura jour que ne pleure et m'en plaigne (1) !

« Ami Roland, brave et belle jeunesse !
« Quand je serai dans Aix, à ma chapelle,
« Les gens viendront demander des nouvelles ;
« J'en donnerai d'étranges et cruelles :
« Mort est Roland, qui conquit tant pour moi.
« Vont contre moi se rebeller Saxons,
« Bulgares, Huns, tant de peuples divers (2),

---

(1) Comparer ce passage avec *la Chanson d'Antioche*, page 108, et avec *Garin le Lohérain*, page 253, dans les traductions.

(2) A cause de l'anachronisme, je me crois autorisé à traduire

« Et les Romains, et tous ceux de Palerme,
« Et ceux d'Afrique et ceux de Califerne.
« Puis s'accroîtront mes peines, mes souffrances.
« Qui conduira si puissamment mes troupes,
« Quand il est mort celui qui nous guidait?
« Tu vas rester déserte, France douce!
« J'ai si grand deuil que voudrais ne pas être! »
Notre empereur tire sa barbe blanche,
Et des deux mains les cheveux de sa tête.
Cent mille Franks se pâment contre terre.

« Ami Roland, Dieu te prenne en merci!
« En paradis que ton âme soit mise!
« Qui t'a tué France a mis en détresse.
« J'ai si grand deuil que ne voudrais survivre
« A mes parents qui pour moi sont occis.
« M'accorde Dieu, fils de sainte Marie,
« Qu'avant d'atteindre aux défilés de Size,
« L'âme aujourd'hui soit de mon corps partie,
« Entre les leurs que mon âme soit mise,
« Et que ma chair soit près d'eux enfouie! »
Pleure des yeux, tire sa blanche barbe,
Et Nayme dit : « Charle a grande douleur! » AOI.

Hongre par Huns. C'est ainsi que, dans la première branche de *Garin le Lohérain*, on appelle Hongres les peuples qui ont fait l'invasion d'Attila.

Au vers suivant, le texte ajoute aux Romains et aux Palermitains les *Puillains*, c'est-à-dire les gens de la Pouille.

XXXVIII

COMMENT CHARLEMAGNE FAIT RENDRE LES DERNIERS
DEVOIRS AUX FRANÇAIS.

« Sire empereur, a dit Geoffroy d'Anjou,
« Ne démenez si fort cette douleur.
« Par tout le champ faites chercher les nôtres
« Que ceux d'Espagne en bataille ont tués.
« Dans un charnier commandez qu'on les porte. »
Le roi lui dit : « Sonnez de votre cor. » AOI.

Geoffroy d'Anjou de son cor a sonné.
Charles commande; à pied sautent les Franks.
Tous leurs amis qu'ils ont retrouvés morts,
Dans un charnier ils les portent d'abord.
Assez y a d'évêques, de chanoines,
Moines, abbés et prêtres tonsurés;
Ils ont absous les morts au nom de Dieu,
Fait allumer les parfums et la myrrhe,
Ils les ont tous encensés bravement;
En grand honneur il les ont enterrés
Et laissés là : qu'eussent-ils fait de plus ? AOI.

Notre empereur fait mettre à part Roland,
Sire Olivier et Turpin l'archevêque.
Devant lui-même, il les a fait ouvrir,
Et les trois cœurs en un drap recueillir ;
En blanc cercueil de marbre il les a mis,
Et puis les corps des barons il a pris,
Et dans des peaux de cerf il les a mis,
Frottés d'épice et lavés dans le vin (1).
Le roi commande, et Thibaut, Gibouin,
Milon le comte et le marquis Othon
Les ont très-bien chargés sur trois charrettes
Et recouverts d'un tapis de gala. AOI.

(1) D'autres poëmes mentionnent l'opération de laver les corps avec de l'eau, du vin et du piment, notamment *Raoul de Cambray*, à la page 329.

Le cor li leve de froide eaue et de vin.

Dans *Garin le Lohérain*, on dit aussi que les corps sont mis dans des outres de cuir, pages 249 à 253 de la traduction.

XXXIX

BALIGANT DÉFIE CHARLEMAGNE,
ET COMMENT L'EMPEREUR PARTAGE SON ARMÉE
EN DIX CORPS.

Notre empereur voulait s'en revenir,
Quand des payens lui surgit l'avant-garde.
Deux messagers arrivent en avant,
Qui de l'émir annoncent la bataille :
« Orgueilleux roi, n'est juste que tu partes ;
« Voici l'émir qui chevauche après toi.
« Grande est l'armée arabe qu'il amène.
« Nous allons voir aujourd'hui ton courage. » AOI.

Charles le roi sa barbe blanche a pris ;
Il se souvient du deuil et du dommage.
Toute sa gent fièrement il regarde,
Puis de sa voix haute et forte il s'écrie :
« Barons français, aux armes ! à cheval ! » AOI.

Notre empereur s'adoube le premier ;
Rapidement il revêt sa cuirasse,

Lace son casque et se ceint de Joyeuse,
Dont le soleil n'éteint pas la clarté.
A son cou pend un écu de Biterne ;
Il tient l'épieu, dont il brandit la hampe ;
Il est monté sur son bon Tencendor,
Qu'il a conquis aux gués dessous Marsone,
Quand il tua Malpalin de Narbonne ;
Lâche la rêne et souvent éperonne,
Prend son élan devant deux cent mille hommes,
Dieu réclamant et l'apôtre de Rome (1). AOI.

Par tout le champ ceux de France descendent.
Cent mille et plus s'arment en même temps.
Ils sont pourvus de tout à leur souhait,
De chevaux vifs, et de nobles armures.
A chevaucher ils ont grande science.
Les voici prêts à livrer la bataille :
Les gonfalons sur les casques leur pendent.
Quand Charles vit si belle contenance,
Il appela Josseran de Provence,

---

(1) On désigne ordinairement le Pape par l'*apostole*. Voir notamment *li Coronemens Looys*, vers 42; *li Charrois de Nysme*, vers 179. La même expression se trouve dans Villehardouin.

Rome est quelquefois désignée par le pré de Néron. Ainsi dans *Raoul de Cambray*, page 155 :

Par cel apostre c'on quiert en pré Noiron ;

dans *Fierabras*, pages 10 et 15 ; dans *Guy de Bourgogne*, pages 26 et 27 ; dans *Parise la Duchesse*, page 14 ; dans *Agolant*, etc., etc.

Nayme le duc, Anselme de Mayence :
« En tels guerriers l'on doit avoir fiance !
« Est un vrai fou qui près d'eux désespère.
« Si d'avancer payens ne se repentent,
« Mort de Roland je crois leur vendre cher. »
Nayme répond : « Dieu fasse cette grâce ! » AOI.

Charle appela Rabel et Guineman :
« Voici, seigneurs, ce que je vous commande :
« Vous remplacez Olivier et Roland ;
« L'un portera le cor, l'autre l'épée :
« Chevauchez donc en avant les premiers ;
« Sont avec vous quinze mille Français,
« Tous bacheliers de nos plus courageux. »
Puis après eux autant il en viendra,
Que guideront Gibouin, Guineman (1),
Nayme le duc et le preux Josseran.
Il forme ainsi les premiers bataillons :
Qu'on se rencontre, il y aura bataille ! AOI.

Sont de Français les premiers bataillons.
Après ces deux, on forme le troisième,
Avec les bons guerriers de la Bavière ;
On croit qu'ils sont vingt mille chevaliers.

(1) Voir la note de F. Génin, page 252.

Pas de danger qu'à la bataille ils fuient !
N'est sous le ciel gent que Charle ait plus chère,
Hors les Français, conquérants des royaumes.
Le comte Ogier de Danemark, le brave,
Les guidera : car cette troupe est fière. AOI.

L'empereur a trois bataillons formés.
Nayme le duc forme le quatrième,
De tels barons qui sont d'un grand courage,
Toüs Allemands et venus d'Allemagne.
Ils sont vingt mille, au dire de chacun,
Tous bien garnis et de chevaux et d'armes.
Devant la mort ils ne fuiront bataille.
Le duc de Thrace, Herman, qui les conduit,
Mourra plutôt que faire couardise. AOI.

Nayme le duc et le preux Josseran
Cinquième corps ont formé de Normands.
Ils sont vingt mille, à ce qu'ont dit les Franks,
Tous bien armés, sur bons chevaux courants.
Devant la mort ils ne seront fuyants ;
Il n'y a pas plus braves combattants.
Richard le vieux, qui les conduit au champ,
Y frappera de son épieu tranchant (1). AOI.

(1) J'ai conservé la rime en *ant* ici et à quelques autres strophes.

Sixième corps est formé de Bretons ;
Ces chevaliers y étaient trente mille,
Qui chevauchaient comme de vrais barons,
A lance peinte, au gonfalon flottant.
Leur seigneur est nommé le sire Odon.
Il appela le comte Névelon,
Thibaut de Reims et le marquis Othon :
« Guidez ma gent, je vous en fais le don. » AOI.

L'empereur a six bataillons formés.
Nayme le duc établit le septième
De Poitevins et de barons d'Auvergne.
Ils peuvent bien être trente mille hommes,
Ont bons chevaux et des armes très-belles.
Ils sont à part, en un val, sur un tertre.
Charles les a bénis de sa main droite (2).
Leurs chefs seront Josseran et Gauselme. AOI.

Nayme le duc forme un huitième corps,
C'est de Flamands et de barons de Frise.
Ces chevaliers sont bien quarante mille ;

(1) Ici et à la page 19, Charlemagne bénit ses chevaliers. La royauté française n'avait rien de proprement sacerdotal, mais simplement un caractère patriarcal et un prestige religieux.

Ils ne fuiront sur le champ de bataille.
L'empereur dit : « Ils me serviront bien !
« Le preux Hamont de Galice et Raimbaut
« Les guideront en nobles chevaliers. »

Nayme le duc et le preux Josseran
De braves gens font l'autre bataillon :
C'est de Lorrains et des gens de Bourgogne.
Ces chevaliers sont bien cinquante mille,
Casques lacés, vêtus de leurs cuirasses ;
Épieux sont forts et les lances sont courtes.
Que les payens ne tardent à venir,
Ces chevaliers frapperont, s'ils s'exposent.
Les guidera Thierry, le duc d'Argonne. AOI.

Dixième corps est des barons de France.
Cent mille ils sont, des meilleurs capitaines,
Au corps gaillard, à fière contenance ;
Ils ont le chef fleuri, la barbe blanche,
De blancs hauberts, des cuirasses doublées,
Portent épée espagnole ou française,
Nobles écus, avec devises peintes.
Ils sont montés, demandent la bataille,
Criant : « Monjoye ; » avec eux est le roi.
Geoffroy d'Anjou leur porte l'oriflamme.

Notre oriflamme eut d'abord nom Romaine (1);
Contre Monjoye alors on l'échangea (2). AOI.

XL

CHARLEMAGNE FAIT SA PRIÈRE ET MARCHE CONTRE BALIGANT.

Notre empereur descend de son cheval;
Sur l'herbe verte il s'étend prosterné,
Les yeux tournés vers le soleil levant,
Invoque Dieu très-cordialement :
« Notre vrai Père, en ce jour défends-moi !
« Toi qui sauvas le prophète Jonas,
« Quand il était au corps de la baleine,
« Et qui le roi de Ninive épargnas,
« Toi qui sauvas Daniel des tourments,
« Quand il était dans la fosse aux lions,
« Et les enfants dans la fournaise ardente,
« Que ton amour m'assiste en ce jour d'hui.

---

(1) Le texte dit : Seint Piere fut, c'est-à-dire que l'oriflamme portait d'abord l'image de saint Pierre.

(2) M. F. Génin a calculé et porté l'armée française à 420,000 hommes. Celle de Baligant était au moins de 450,000 hommes, la moindre de ses trente cohortes en comprenant 15,000.

158   LA CHANSON DE ROLAND.

« Accorde-moi, s'il te plaît, par ta grâce,
« Que mon neveu Roland puisse venger (1). »

Il a fini sa prière, il se dresse,
Et de la croix fait le signe puissant.
Il est monté sur son cheval rapide,
Nayme et Geoffroy lui tiennent l'étrier,
Prend son épieu tranchant et son écu.
Noble est son corps, gaillard et bien séant,
Visage clair et bonne contenance,
Puis il chevauche avec grande assurance.
Sonnent les cors et derrière et devant,
Par-dessus tous celui du preux Roland :
Tous les Français pleurent en l'entendant.

Notre empereur chevauche noblement.
Sur sa cuirasse, il a sorti sa barbe (2),
Et, par amour, les siens en font autant ;
Cent mille Franks en sont reconnaissables.

---

(1) Voir une de ces invocations à la page 122. Elles sont fréquentes dans nos chansons. Il s'agit presque toujours de Jonas, de Lazare, de Daniel et au moins aussi souvent de Longus, auquel on attribue le coup de lance dont le côté du Christ fut percé sur la croix. Voir *la Chevalerie Ogier de Dannemarche*, pages 486 et 487, etc., etc.

(2) M. Génin interprète cette mise de la barbe en dehors comme un signe de bravade et de défi. Voir plus haut, page 95.

Ils cheminaient par ces pics et ces roches,
Ces vaux profonds et ces gorges sinistres.
Les voilà hors des détroits solitaires;
Devers l'Espagne ils avancent en ordre,
Et dans la plaine établissent leur camp.
Vers Baligant les messagers reviennent,
Et l'un d'entre eux lui conte son message :
« Nous avons vu Charles, l'orgueilleux roi,
« Fiers sont ses Franks et de fuir n'ont envie.
« Adoubez-vous, vous aurez tôt bataille. »
Baligant dit : « C'est l'heure du courage !
« Sonnez vos cors, que mes payens le sachent. »

XLI

COMMENT LES SARRAZINS SE PRÉPARENT AU COMBAT.

Les Sarrazins, dans toute leur armée,
Font résonner les tambours et les trompes,
Et pour s'armer descendent de cheval.
L'émir payen ne veut être en retard,
Met sa cuirasse, aux pans ornés de franges,
Lace son casque orné de pierreries,
Au côté gauche attache son épée,
Dont, par orgueil, il a choisi le nom :

Tant de Joyeuse il entendait parler,
Qu'il appela la sienne « Précieuse, »
Et c'est son cri sur le champ de bataille ;
Ses chevaliers n'y poussent d'autre cri.
A son cou pend un écu grand et large,
La boucle est d'or et de cristal bordée,
Et la courroie en satin tortillé.
Il tient l'épieu qu'il a nommé Maltet ;
Le bois en est gros comme une massue,
Et du fer seul un mulet aurait charge.
Sur son cheval Baligant est monté,
L'étrier tint Marculfe d'Outre-mer.
Grande il avait l'enfourchure, le brave,
Minces les flancs et larges les côtés,
Forte poitrine et le corps bien moulé,
L'épaule large et la figure claire,
Fier le visage et la tête bouclée ;
Il était blanc comme une fleur d'été,
Et d'un courage éprouvé maintes fois.
Dieu ! quel baron, s'il eût été chrétien !
Il éperonne et le sang jaillit clair,
Prend son élan et franchit un fossé ;
Cinquante pieds on peut y mesurer.
Payens disaient : « Il défendra nos terres ;
« Il n'est Français, s'il combat avec lui,
« Bon gré, mal gré, qui n'y perde la vie !
« Charles est fou de n'être pas parti. » AOI.

L'émir payen a l'air d'un vrai baron :
Sa barbe est blanche, on dirait une fleur !
Il est savant dans la loi sarrazine ;
Dans le combat, il est fier, orgueilleux.
Son fils Malprime est très-bon chevalier (1),
Et grand et fort : il tient de ses ancêtres.
« Chevauchons, sire, a-t-il dit à son père,
« M'étonne bien si nous allons voir Charles. »
Baligant dit : « Oui, car il est très-brave :
« En mainte geste il est fort honoré ;
« Mais son neveu Roland, il ne l'a plus :
« Force n'aura pour tenir contre nous. » AOI.

« Beau fils Malprime, a repris Baligant,
« Hier fut occis le bon guerrier Roland,
« Sire Olivier, le preux et le vaillant,
« Les douze pairs que Charles aimait tant,
« Puis avec eux vingt mille combattants.
« Les autres tous, je ne les prise un gant.
« Leur empereur revient assurément.
« Mon messager dit que Charles le Grand
« A mis sa troupe en dix bataillons grands.
« Un brave preux sonne au cor de Roland ;

(1) Ne pas confondre ce Malprime avec Malprimis de Brigal, qui a été tué par Angelier. Voir page 66.

« Son ami va dans un clairon soufflant;
« Ils sont tous deux les premiers en avant,
« Et sont les chefs de quinze mille Franks,
« Que Charlemagne appelle ses enfants.
« Après ceux-ci il en vient bien autant.
« Ils frapperont très-orgueilleusement! »
Malprime dit : « J'en demande le gant (1). » AOI.

— « Mon fils Malprime, a répondu l'émir,
« Ce que m'avez demandé, je l'octroie :
« Vous frapperez le premier les Français,
« Vous mènerez Torleu, le roi de Perse,
« Et Dapamort, roi de Lithuanie.
« Si vous pouvez mater le grand orgueil,
« Vous recevrez un pan de mon pays,
« Depuis Chérian jusques au val Marquis. »
Le fils répond : « Je vous en remercie. »
Il s'avança, le don il recueillit :
C'était jadis la terre au roi Fleury;
Mais depuis lors jamais il ne la vit,
Et n'en fut pas investi ni saisi.

(1) Le texte dit : Le *colp* vos en demant. Voir page 45.
J'ai encore conservé la rime en *ant*.

XLII

BALIGANT DIVISE SON ARMÉE EN TRENTE BATAILLONS.

L'émir payen chevauche par son camp;
Son fils le suit, dont le corps est très-grand,
Avec les rois Dalaport et Torleu.
Ils forment tôt trente grands bataillons (1)
(Chevaliers sont en nombre merveilleux);
Le plus petit en avait quinze mille.
Le premier est des gens de Butentrot (2),
Et le second est des gens de Mycène,
Grosse est leur tête, et, le long de l'échine,
Comme des porcs, ils sont couverts de soies. AOI.

Et le troisième est des gens de Nubie.
Le quatrième est de l'Esclavonie (3),

---

(1) Dans la chanson de *Fierabras*, les Chrétiens et les Sarrazins sont divisés de même en plusieurs cohortes, page 168.

(2) Ici encore, je ne cherche pas à donner l'explication des noms de pays. Voir la note de la page 51.

(3) Le texte dit *Esclavoz* et plus bas *Esclavers*. Les Esclavons reviennent souvent dans les poëmes du moyen âge, notamment dans *Agolant*, vers 904 et 1053; dans *la Chanson d'Antioche*, page

Et le cinquième est de ceux de Syrie,
Et le sixième est des gens d'Arménie,
Et le suivant des gens de Jéricho,
L'autre de Noirs, le neuvième de Gros,
Et le dixième est de la Balidie :
C'est une gent qui ne veut pas le bien. AOI.

L'émir payen jure tant qu'il le peut
Sur les vertus et le corps de Mahom :
« Charles de France avance comme un fou ;
« Bataille aura ; s'il ne s'en départ pas,
« Plus il n'aura couronne d'or en tête. »

On établit encor dix bataillons.
Est le premier formé de Canelieux (1) ;
Ils sont venus en traversant Valfuit.
L'autre est de Turcs, le troisième de Perses,
Le quatrième est des gens de Pincenne,
Le cinquième est d'Avares, de Solterres,

---

52 de la traduction ; dans *les Enfances Guillaume*, page 20, et vers 855 ; dans *Garin le Lohérain*, page 9 de la traduction de Paulin Pâris ; dans *Gaufrey*, page 18 ; dans *Raoul de Cambray*, page 264 ; dans *Gérard de Rossillon*, page 295, édition de F. Michel, etc., etc. Charlemagne, dans sa lutte contre les Avares, avait été en contact avec les Slaves, qui étaient aussi mêlés aux invasions. Voir l'*Histoire d'Attila*, par Amédée Thierry, tome II, et *Foulque de Candie*, page XLI.

(1) Voir sur ce mot la note de Génin, page 439.

Et le sixième est d'Ormuz et d'Eugier ;
Le septième est de la gent Samuel,
L'autre de Brousse, et l'autre d'Esclavons,
Et le dixième est d'Occiant la déserte :
C'est une gent qui n'adore pas Dieu ;
De plus félons on n'entend pas parler.
Ils ont le cuir aussi dur que du fer,
Et n'ont souci de casques, de hauberts.
A la bataille ils sont violents et traîtres. AOI.

L'émir compose encor dix bataillons :
Le premier est des Jaiants (1) de Malperse ;
L'autre de Huns, le troisième de Hongres ;
Le quatrième est de Balde la longue,
Et le cinquième est du val de Peneuse ;
Le sixième est de Marise et Maruse,
Et le septième est des leudes d'Astrime ;
Deux autres sont d'Argolle et de Clarbonne ;
Le dixième est des Barbus de Valfonde :
C'est une gent qui jamais n'aima Dieu.
La geste franque y compte trente corps,
Grands et nombreux, où les trompettes sonnent.
Comme des preux chevauchent les payens. AOI.

(1) Génin traduit : géants.

XLIII

COMMENT LES DEUX ARMÉES ARRIVENT EN PRÉSENCE.

L'émir était homme riche et puissant.
Il fait porter devant lui son dragon,
Les étendards Tervagant, Mahomet,
Et le portrait d'Apollon, le félon.
Des Canelieux chevauchent alentour (1).
A haute voix, ils criaient ce sermon :
« Qui, par nos dieux, veut avoir garantie,
« Les prie et serve avec humilité ! »
Et les payens abaissaient leurs mentons ;
Ils inclinaient leurs casques reluisants.
Les Franks disaient : « Bientôt mourrez, gloutons !
« Soit aujourd'hui votre confusion !
« Vous, notre Dieu, protégez Charlemagne ;
« Que la bataille en son nom soit gagnée ! » AOI.

L'émir était de très-grande sagesse.
Il appela son fils et les deux rois :

---

(1) Dans la note rappelée à la page 164, Génin dit qu'il s'agit non d'un peuple, mais d'ecclésiastiques portant des flambeaux.

« Seigneurs barons, chevauchez en avant,
« Vous guiderez mes trente bataillons.
« Mais des meilleurs, j'en veux retenir trois :
« L'un est des Turcs, l'autre des gens d'Ormuz,
« Et le troisième est de ceux de Malperse.
« Ceux d'Occiant marcheront avec moi
« Pour attaquer Charles et les Français.
« Leur empereur, s'il combat avec moi,
« Il laissera loin du buste sa tête ;
« Il est certain qu'il n'aura d'autre sort (1). » AOI.

Nombreuses sont et belles les armées.
Tertre ni mont, ni val ne les séparent ;
Bois ni forêt, aucun réduit entre elles.
Ils se voient bien en terre découverte.
Baligant dit : « Allez, ma gent payenne !
« Or, chevauchez pour chercher la bataille ! »
L'enseigne porte Amboire d'Oluferne.
Payens criaient, ils disaient : « Précieuse ! »
Et les Français : « Aujourd'hui votre perte ! »
A haute voix ils répétaient : « Monjoye ! »
Notre empereur fait sonner ses clairons ;
Cor de Roland sur tous se fait entendre !
Payens disaient : « La gent de Charle est belle !
« Bataille aurons difficile et cruelle ! » AOI.

---

(1) Altre dreit, c'est-à-dire autre jugement, résultat, issue.

Grande est la plaine et large la contrée.
On voit briller les casques d'or gemmés,
Et ces écus, ces cuirasses frangées,
Et ces épieux, ces enseignes flottantes.
Sonnent les cors, les voix en sont très-claires.
Cor de Roland sur tous se fait entendre.
L'émir payen appelle à lui son frère :
C'est Canabeux, le roi de Florédée;
Il est seigneur jusqu'au val Sévérée,
Il lui fait voir les bataillons de Charles :
« Voyez l'orgueil de France la louée!
« Très-fièrement chevauche l'empereur.
« Il est derrière avec ces gens barbus;
« Sur leur cuirasse ils ont sorti leur barbe,
« Blanche à l'égal de la neige glacée.
« Ils frapperont et de lance et d'épée :
« Bataille aurons difficile et cruelle :
« Homme ne vit un tel rassemblement. »
Un peu plus loin qu'on ne lance un bâton,
L'émir se place en avant des payens,
Puis il leur dit et montre ses raisons :
« Suivez, payens, car je suis sur la route. »
Il agitait le bois de son épieu,
Vers l'empereur il en tournait la pointe. AOI.

Charles le Magne aperçoit Baligant,
Et le dragon, l'enseigne et l'étendard :
Les Sarrazins mènent si grandes forces
Que la contrée en est toute couverte,
Sauf les endroits que les Français ont pris.
Il crie aux siens de sa voix haute et forte :
« Barons français, vous êtes bons guerriers !
« Vous avez fait tant de grandes batailles !
« Tous ces payens sont félons et couards :
« Toute leur foi ne leur vaut un denier.
« S'ils sont nombreux, seigneurs, que nous importe ?
« Qui veut marcher, vienne vite avec moi. »
Des éperons il pique son cheval,
Et Tencendor en a fait quatre sauts.
Français disaient : « C'est un roi courageux !
« Chevauchez, brave, et nul ne vous faudra. »

XLIV

LA BATAILLE COMMENCE, ET BALIGANT EXCITE
LES PAYENS.

Clair fut le jour et le soleil luisant.
Des deux côtés les bataillons sont grands.
Les premiers corps se rencontrent devant.

Le preux Rabel et le preux Guineman
Lâchent la rêne à leurs chevaux courants,
De l'éperon les lancent en avant,
Et vont frapper de leurs épieux tranchants. AOI.

Le preux Rabel est chevalier hardi,
Il a piqué des éperons d'or fin.
Il va frapper Torleu, le roi de Perse,
Cuirasse, écu, ne soutiennent le coup ;
Il met au corps la pointe de l'épieu,
Et l'abat mort sur un petit buisson.
Les Franks disaient : « Le Seigneur Dieu nous aide.
« Charle a le droit (1), ne devons lui faillir. » AOI.

Et Guineman joint le roi de Lérie,
Le bouclier ciselé lui fracasse,
Lui déconfit sa cuirasse frangée,
Et dans le corps met tout le gonfalon.
Il l'abat mort, qu'on pleure ou qu'on en rie (2).
Sur un tel coup, ceux de France s'écrient :
« Frappez, barons, ne ralentissez pas,
« Charle a le droit contre ces renégats.
« Dieu nous a mis du côté du bon droit. » AOI.

---

(1) Voir la note de la page 63. De même pour la strophe suivante.

(2) Voir la note de la page 66.

Malprime sied sur un cheval tout blanc,
Conduit sa troupe au milieu des Français ;
Il va frappant grands coups devant les autres ;
L'un mort sur l'autre il va les retournant.
Sur le devant Baligant s'écriait :
« Les miens barons, que j'ai nourris longtemps,
« Voyez mon fils : il cherche Charlemagne ;
« Que de barons il combat de ses armes !
« Meilleur guerrier que lui je ne demande.
« Secourez-le de vos épieux tranchants. »
A ces mots, vont les payens en avant,
Durs sont les coups et le carnage est grand.
La bataille est merveilleuse et cruelle ;
Telle ne fut avant ni depuis lors. AOI.

Grandes étaient et fières les armées,
Les bataillons se sont tous rencontrés,
Et les payens merveilleusement frappent.
Dieu ! que d'épieux brisés par la moitié,
Écus froissés, cuirasses démaillées !
Vous eussiez vu ! la terre en est jonchée.
L'herbe du champ, qui verte et tendre était,
Du sang des corps est tout envermeillée !
L'émir payen réclame tous les siens :
« Frappez, barons, sur cette gent chrétienne ! »

Et la bataille est obstinée et dure ;
Telle ne fut avant ni depuis lors,
Et la mort seule y pourra mettre fin. AOI.

Baligant dit à ses payens : « Frappez,
« Car pour rien autre êtes venus ici.
« Vous donnerai femmes nobles et belles,
« Vous donnerai fiefs, domaines et terres. »
Payens disaient : « Nous le devons bien faire. »
A coups pléniers de leurs épieux ils frappent ;
Ils ont tiré plus de cent mille épées :
C'est un carnage et dur et douloureux ;
Bataille a vu celui qui s'y mêla ! AOI.

XLV

COMMENT CHARLEMAGNE VIENT SECOURIR
LE DUC NAYME.

Notre empereur réclame ses Français :
« Seigneurs barons, vous aime et crois à vous.
« Avez gagné pour moi tant de batailles,
« Conquis d'États, dépossédé de rois !
« Je vous en dois, je le sáis, récompense :

« Vous recevrez de moi terres et biens (1).
« Vengez vos fils, vos terres et vos hoirs,
« Qui furent hier occis à Roncevaux.
« Vous le savez, j'ai droit contre payens. »
— « Vous dites vrai, sire, » répondent-ils.
Ils sont vingt mille autour de l'empereur.
D'un même accord ils lui jurent leur foi ;
Ne failliront pour mort ni pour détresse.
Il n'en est point qui sa lance n'emploie,
Ou de l'épée avec entrain ne frappe ;
Et la bataille est cruelle à merveille. AOI.

Malprime allait par le champ de bataille;
A ceux de France il faisait grand dommage !
Nayme le duc fièrement le regarde,
Va le frapper en homme de courage,
De son écu lui brise la bordure,
De son haubert dégrafe les deux pans,
Lui met au corps le gonfalon entier,
Et l'abat mort entre sept cents des autres.

Le roi Canabe, un frère de l'émir,
Des éperons pique bien son cheval,
Tire l'épée à garde de cristal ;

(1) *E de mun cors,* de teres et d'aveir.

Et frappe Nayme au milieu de son casque,
Dont il fracasse et brise une moitié ;
L'acier pénètre et rompt cinq des attaches ;
Le capuchon ne lui vaut un denier ;
Jusqu'à la chair l'acier tranche la coiffe,
Dont il abat un morceau sur la terre.
Grand fut le coup : le duc reste étourdi,
Sûr qu'il tombait, si Dieu ne l'eût aidé.
Il embrassa le cou du destrier.
Si le payen avait pu redoubler,
Il était mort, le noble chevalier !
Charles de France arrive à son secours. AOI.

Naymè le duc était en grande angoisse ;
Le Sarrazin à le frapper s'apprête.
Charles lui dit : « Brigand, pour ton malheur ! »
Va le frapper avec toute sa force,
Brise l'écu, contre le cœur l'écrase,
De son haubert lui brise la ventaille,
Et l'abat mort ; la selle en reste vide.

Mais a grand deuil Charlemagne le roi,
Quand il voit Nayme, à ses côtés, blessé (1),

---

(1) Le trouvère de Roland a déjà désigné Nayme comme le plus brave homme de la cour. Les autres chansons parlent également de l'affection que lui portait Charlemagne :

Et le sang clair tomber sur l'herbe verte.
Notre empereur lui donne ce conseil :
« Beau sire duc, chevauchez près de moi.
« Mort est celui qui vous tint en détresse ;
« Au corps lui mis mon épée une fois. »
Le duc répond : « Sire, je vous en crois ;
« Que je survive, et vous aurez profit. »
Ensemble ils vont par amour et par foi.
A l'entour d'eux sont vingt mille Français :
Il n'est aucun qui ne frappe et combatte. AOI.

XLVI

LE COMBAT DEVIENT ENCORE PLUS ACHARNÉ, ET
COMMENT OGIER TUE LE PORTE-DRAGON.

Et Baligant chevauche par le champ ;
Il va frapper le comte Guineman,

<blockquote>
Cis est du Naymes, li aires de Baivier,
Li hons el sicle que Charles a plus chier.
(<i>Agolant</i>, vers 1173.)
</blockquote>

Aussi l'empereur consultait-il toujours Nayme, qui était souvent pris comme arbitre. Voir <i>Huon de Bordeaux</i>, page 296, et <i>Gaufrey</i>, page 317. Aymon recommande à ses fils de le fréquenter :

<blockquote>
Hantez toujours les bons, so ferés que sachans
Duc Naimes de Bavière et tous vous atenans.
(<i>Les Quatre Fils Aymon</i>, vers 148.)
</blockquote>

Contre le cœur lui froisse l'écu blanc,
De son haubert lui détache les pans ;
Il a brisé deux côtes de ses flancs,
Et l'abat mort de son cheval courant.
Puis il occit Gibouin et Laurent,
Richard le vieux, le sire des Normands.
Payens criaient : « Précieuse est vaillante !
« Frappez, barons, nous avons bon garant. » AOI.

On voit alors les chevaliers arabes,
Ceux d'Occiant, ceux d'Argole et de Bascle,
Qui frappent bien de leurs épieux tranchants ;
Mais les Français de fuir n'ont pas l'idée ;
Il en meurt bien et des uns et des autres !
Jusques au soir la bataille est très-forte ;
De francs barons il y a grand carnage ;
Sera grand deuil avant qu'ils se séparent. AOI.

Y frappent bien les Franks et les Arabes,
Brisent le bois et le fer des épieux.
Celui qui vit ces écus maltraités,
Ces blancs haubert qui frémir entendit,
Et ces épieux sur les casques grincer ;
Celui qui vit tomber ces chevaliers,
Les gens crier et mourir sur la terre,
Grande douleur pourra se rappeler !

Cette bataille est très-forte en souffrances.
L'émir payen réclamait Apollon
Et Tervagant et Mahomet aussi.
« Seigneurs mes dieux, je vous ai bien servis !
« D'or le plus fin je ferai vos statues. » AOI.
Un sien ami, Gémalfin, vient à lui ;
Il apportait de mauvaises nouvelles.
« Seigneur émir, vous êtes maltraité :
« Avez perdu Malprime, votre fils,
« Et Canabeux, votre frère, est occis :
« Deux des Français ont frappé ces beaux coups ;
« Leur empereur est l'un d'eux, m'est avis ;
« Grand a le corps, a bien l'air d'un marquis,
« Blanche a la barbe ainsi que fleur d'avril. »
L'émir payen tint son casque incliné,
Et son visage après se rembrunit,
Eut si grand deuil qu'il en pensa mourir.
Il appela Jangleu dit d'Outre-mer.

L'émir lui dit : « Approchez-vous, Jangleu :
« Vous êtes preux ; votre sagesse est grande ;
« J'ai demandé vos conseils en tout temps.
« Que vous paraît des Franks et des Arabes ?
« Donc, aurons-nous la victoire du champ ? »
Jangleu répond : « Sire, vous êtes mort !
« Et tous vos dieux ne pourront vous sauver.
« Charles est fier et ses hommes vaillants,

« Vit-on jamais race si courageuse ?
« Mais appelez les barons d'Occiant,
« Enfruns et Turcs, Arabes et Jaiants.
« Ce qui doit être il ne faut retarder. »

Et Baligant met sa barbe en dehors;
Blanche elle était comme fleur d'aubépine.
Quoi qu'il arrive, il ne se veut cacher,
Met à sa bouche une claire trompette,
La sonne clair : tous les payens l'entendent,
De toutes parts leurs troupes se rallient.
Ceux d'Occiant, ils braient et hennissent;
Comme des chiens ceux d'Argolle glapissent;
Avec audace ils provoquent les Franks,
Au plus épais les rompent et séparent,
Et de ce choc en jettent morts sept mille.

Le preux Ogier n'eut jamais couardise;
Meilleur guerrier ne vêtit la cuirasse (1).

(1) Ogier de Danemark, ou plutôt d'Ardenne-mark, est un des héros les plus parfaits de la cour de Charlemagne. Il était l'enfant du fils aîné de Doon de Mayence :

> De Gaufrey le puissant, à la fière fachon,
> Qui fu père Ogier que tant ama Kallon.

Il était par conséquent le cousin germain de Ganelon, comme Anséis, comme les quatre fils Aymon, comme Yvon et Yvoire. Le commencement de sa vie est raconté dans la dernière partie du poëme intitulé *Gaufrey*, édité pour la première fois par MM. Gues-

Quand des Français il vit les corps se rompre,
Il appela Thierry, le duc d'Argonne,
Geoffroy d'Anjou, le comte Josseran,
Et gourmanda fièrement Charlemagne :
« Voyez comment les payens tuent vos hommes.
« Ne plaise à Dieu que vous portiez couronne,
« Si ne frappez pour venger votre honte ! »
Il n'est aucun qui réponde un seul mot ;
Ils piquent bien, laissent leurs chevaux courre,
Et vont frapper sur tous ceux qu'ils rencontrent.

Y frappent bien Charlemagne le roi, AOI.
Nayme le duc, Ogier de Danemark,
Geoffroy d'Anjou, qui portait l'oriflamme.
Bien courageux est Ogier le Danois !
Il éperonne et lance son cheval,
Frappe celui qui tenait le dragon
Si fort qu'à bas l'écrase devant lui,
Et le dragon et l'enseigne du roi.
Baligant voit son enseigne tombée
Et l'étendard de Mahomet qui gît :
A cette vue, il s'aperçoit un peu
Qu'il a le tort et que Charle a le droit (1).

sard et Chabaille. *La Chevalerie Ogier de Danemarche* a été publiée
par M. Barrois, en 1842.

(1) Je ne me lasse pas de faire ressortir combien la préoccupation du droit dominait toutes les autres.

Des Sarrazins retournent plus de cent.
Notre empereur réclame sa famille :
« Dites, barons, pour Dieu m'aiderez-vous ? »
Répondent tous : « Faut-il le demander ?
« Traître est celui qui de tout cœur ne frappe. » AOI.

XLVII

DIEU ENVOIE UN ANGE A CHARLEMAGNE, ET COMMENT LA BATAILLE FINIT.

Le jour se passe et la soirée arrive.
Franks et payens frappent de leurs épées ;
Ils n'ont pas mis en oubli leurs devises :
L'émir payen s'écriait : « Précieuse ! »
Charles : « Monjoye ! » enseigne renommée.
A leur voix haute et claire ils se connaissent ;
Dans le combat tous deux ils se rencontrent,
Et l'un sur l'autre ils frappent de grands coups
De leurs épieux sur les écus rayés,
Qu'ils ont brisés dessus les larges boucles.
De leurs hauberts ils partagent les pans ;
Mais dans le corps les épieux ne pénètrent ;
La sangle casse aux deux selles, qui versent,
Et les deux rois tombent à terre ensemble.

Rapidement sur pieds ils se remettent
Et bravement ils tirent leurs épées.
Mais le combat n'en est pas arrêté ;
Sans homme mort ne peut être achevé. AOI.

Est bien vaillant Charles de France douce,
Et Baligant ne le craint ni redoute.
Chacun fait voir sa bonne épée à nu ;
Sur les écus grands coups ils s'entre-donnent,
Tranchent le cuir et le bois, qui sont doubles ;
Les clous tombaient et les boucles aussi.
Ils frappent lors à nu sur les cuirasses ;
Les casques clairs étincellent de feux.
Mais le combat ne pourra s'arrêter
Jusque l'un d'eux reconnaisse son tort. AOI.

Baligant dit : « Charles, réfléchis bien,
« Prends le parti de demander pardon :
« Tu m'as occis mon fils, à mon escient ;
« Tu n'as le droit de disputer ma terre.
« Sois mon vassal, je te convertirai ;
« Viens me servir aux pays d'Orient. »
Charles répond : « Une telle bassesse !
« Paix ni service aux payens je ne dois.
« Reçois la loi que Dieu nous a donnée ;
« Fais-toi chrétien, je t'aimerai toujours ;

« Confesse et sers le vrai roi tout-puissant (1). »
Baligant dit : « Vains sermons tu commences ! »
Tous deux alors frappent de leurs épées. AOI.

L'émir était d'une grande vigueur ;
Il frappe Charle en son casque d'acier,
Qu'il a brisé sur la tête et fendu,
Jusqu'aux cheveux menus lui met l'épée,
Prend de la chair plus large qu'une main ;
En cet endroit, l'os resta tout à nu.
Charles chancelle : il est près de tomber.
Mais Dieu ne veut qu'il soit mort ni vaincu :
Saint Gabriel descendit près de Charles,
Lui demanda : « Roi Magne, que fais-tu ? »

Quand Charle entend la sainte voix de l'ange,
Il n'a de mort ni crainte ni doutance :
Il lui revient vigueur et souvenance,
Frappe l'émir avec le fer de France,
Brise le casque où les joyaux flamboient,

(1)   Se il se veut vers moi humilier,
        Notre loi prendre et la soe laisser,
        Molt le cuidasse richement avancier.
                    (*Agolant*, vers 1130.)

        Karlemaines te mande, notre drois avoés,
        Que guerpisses Mahon et tes dix mescrés.
                    (*Fierabras*, page 165.)

Lui fend le front, d'où s'épand la cervelle,
La face aussi jusqu'à la barbe blanche,
Et l'abat mort sans nulle recouvrance.
Pour rallier les siens, il dit : « Monjoye ! »
Et, sur ce cri, le duc Nayme accouru
Prend Tencendor ; le roi Magne y remonte.
Payens s'en vont, Dieu ne veut pas qu'ils restent.
Les Français ont tout ce qu'ils demandaient.

Dieu l'a voulu : les Sarrazins s'enfuient,
Et les Français avec le roi les chassent.
Charles leur dit : « Seigneurs, vengez vos deuils,
« Et déchargez vos cœurs et vos colères ;
« Car ce matin j'ai vu vos yeux pleurer ! »
Ils répondaient : « Sire, c'est notre avis. »
Chacun y frappe à grands coups comme il peut,
Et des payens qui sont là peu s'échappent.

XLVIII

CE QUE LES FRANÇAIS FONT A SARAGOSSE, ET COMMENT
ILS REVIENNENT EN FRANCE.

Il fait grand chaud, la poussière se lève ;
Payens fuyaient, les Français les poursuivent ;
Chasse dura jusques à Saragosse.
Au haut des tours, Bramimonde est montée
Ensemble avec les clercs et les chanoines,
De leur loi fausse et que Dieu n'aime pas.
Ces prêtres n'ont d'ordre ni de tonsure.
Quand elle vit confondus les Arabes,
Elle cria : « Mahomet, aidez-nous !
« Eh ! noble roi, nos hommes sont vaincus,
« Et Baligant occis à grande honte. »
Marsile entend, se tourne vers le mur,
Pleure des yeux, et sa tête s'affaisse.
Il meurt de deuil. Comme péché l'encombre,
Les diables vifs (1) ont emporté son âme (2).

(1) C'est-à-dire vivants. Voir la note de la page 39.
(2) On a cherché à trouver dans le nom de Marsile une tradition de la défection de Maurente, duc de Marseille, en 720.

Payens sont morts, leur troupe est confondue,
Et Charlemagne a gagné sa bataille.
De Saragosse il renverse la porte :
Or il sait bien qu'on ne peut la défendre.
Prend la cité; sa gent y est venue,
Et cette nuit l'occupe par la force.
Charles est fier, à la barbe chenue.
Les tours lui rend la reine Bramimonde,
Dix grosses tours et cinquante petites.
Travaille bien celui que Dieu protége !

Passe le jour, arrive la nuit sombre;
Claire est la lune et les étoiles flambent.
Notre empereur est maître à Saragosse.
Mille Français vont chercher dans la ville
La synagogue et les mahomeries;
De leurs maillets, de leurs haches ils brisent
Tous les portraits et toutes les idoles;
Nul sortilége ou fausseté n'y reste.
Le roi croit Dieu, veut faire son service :
Eau du baptême ont béni les évêques;
Au baptistère ils mènent les payens.
S'il y en a qui contredisent Charles,
Il les fait pendre, ou brûler, ou tuer (1).

(1) Voir la note de la page 6.

Cent mille et plus y furent baptisés,
Et vrais chrétiens, mais la reine exceptée :
En France douce on l'emmène captive :
Le roi la veut convertir par amour (1).

La nuit passa, le jour clair apparut.
Charles garnit les tours de Saragosse;
Il y laissa mille bons chevaliers,
Qui garderont la ville pour le roi.
Charles chevauche et ses hommes aussi,
Et Bramimonde; il l'emmène captive,
Mais il ne veut lui faire que du bien.
Les Français sont joyeux et bien dispos,
De vive force ils traversent Narbonne (2),
Vont à Bordeaux, la cité de grand prix,
Là, sur l'autel du baron saint Seurin (3),

---

(1) C'est ainsi que, dans *Fierabras*, Charlemagne épargne les enfants de la géante pour les faire élever chrétiennement. (Page 154.)

(2) Le détail de ce voyage et la mention de la Cerdagne (page 44), indiquent que le lieu du désastre, d'après notre poëme, serait la Cerdagne. C'est sur cette route que l'on trouve une localité appelée Tour de Karol. On se serait donc trompé en cherchant le Roncevaux de Roland dans le Roncisval qui existe sur la frontière de Navarre. Cependant, dans l'hypothèse qui s'appuie sur les détails de *la Chanson de Roland*, il est difficile d'expliquer la participation des Basques à la défaite de notre arrière-garde, participation confirmée par l'histoire et par le chant basque d'*Altabiçaren*. Ce n'est pas le seul cas, du reste, où l'on ne puisse concilier l'histoire, les traditions locales et la poésie.

(3) Saint Séverin.

L'empereur met le cor du preux Roland (1) :
Les pèlerins peuvent l'y voir encore.
Par les grands bacs qui sont sur la Gironde,
Le roi conduit son neveu jusqu'à Blaye (2),
Sire Olivier, son noble compagnon,
Avec Turpin qui fut sage et vaillant.
Il les fait mettre en des cercueils tout blancs.
A Saint-Romain, là gisent les barons,
Recommandés à Dieu et à ses moines.
Charles chevauche et par monts et par vaux;
Jusque dans Aix, il ne veut faire halte;
Tant chevaucha qu'il descend au perron.
Sitôt venu dans son palais altier,
Par messagers Charles mande ses juges,
Saxons, Lorrains, Bavarois et Frisons,
Les Allemands, avec les Bourguignons,
Les Poitevins, les Normands, les Bretons,
Et des Français les plus sages de tous.
Lors commença le plaid de Ganelon.

(1) Met l'oliphan plein d'or e de manguns.
(2) Milon, père de Roland, était comte de Blaye. Roland est appelé de ce titre dans le Romancero espagnol et ailleurs.

XLIX

AUDE DEMANDE A CHARLEMAGNE OU EST ROLAND, SON FIANCÉ.

Notre empereur est revenu d'Espagne.
Il vient dans Aix, premier siége de France,
Monte au palais, entre en la grande salle.
Aude s'en vient, la belle demoiselle,
Et dit à Charle : « Où est Roland le preux,
« Qui m'a juré de me prendre pour femme ? »
Charles en a douleur et grande peine,
Pleure des yeux, tire sa barbe blanche :
« Sœur, chère amie, homme mort tu demandes !
« J'en veux trouver en échange un meilleur,
« Et c'est Louis, je ne peux pas mieux dire ;
« Il est mon fils, il tiendra mes États. »
Aude répond : « Ce discours m'est étrange !
« A Dieu ne plaise, à ses saints, à ses anges,
« Après Roland que je reste vivante ! »
Elle pâlit, tombe aux pieds du roi Charles,
Meurt aussitôt. Que Dieu prenne son âme !
Barons français la pleurent et la plaignent.

Aude la belle à sa fin est allée,
Et l'empereur la croit évanouie.
Il a pitié, Charlemagne, il en pleure,
La prend aux mains, de terre la relève ;
La tête choit sur l'épaule inclinée.
Quand Charles voit que morte il l'a trouvée,
Il a mandé d'abord quatre comtesses.
Aude est portée en un couvent de nonnes ;
Jusques au jour les nonnes l'ont veillée ;
Sous un autel elles l'ont enterrée ;
Et l'empereur lui rend beaucoup d'honneur. AOI.

L

COMMENT CHARLEMAGNE FAIT JUGER LE COMTE GANE.

Notre empereur dans Aix est revenu.
Gane, le traître, en des chaînes de fer,
Est dans la ville en face du palais.
Contre un poteau les serfs l'ont attaché ;
Ils ont lié ses mains par des courroies ;
Il est battu de bâtons et de verges :
N'a mérité qu'on le traite autrement.
Avec douleur il attend son procès.

Il est écrit dans une ancienne geste
Que Charles mande hommes de plusieurs terres :
Ils sont venus dans Aix, à la chapelle.
C'est un grand jour de fête solennelle,
Celle, dit-on, du baron saint Sylvestre.
On commença d'instruire le procès
De Ganelon qui trahison a fait.
Or, devant lui le roi l'a fait traîner. AOI.

« Seigneurs barons, dit le roi Charlemagne,
« De Ganelon jugez-moi donc le droit.
« Avec l'armée en Espagne il alla,
« Il m'a ravi de mes Français vingt mille,
« Et mon neveu, que vous ne verrez plus,
« Sire Olivier, le brave, le courtois.
« Gane a trahi les pairs pour des richesses. »
Ganelon dit : « Félon si je le cache !
« Roland m'avait fait tort dans mon avoir,
« J'ai poursuivi sa détresse et sa mort ;
« Mais trahison, je n'en reconnais nulle. »
Et les Français disent : « Nous entendrons. »

Devant le roi se tient le comte Gane,
Le corps gaillard, la face colorée ;
S'il eût été loyal, un vrai baron !
Il regardait les Franks, les autres juges,

Et ses parents, qui sont trente avec lui.
Puis il cria d'une voix haute et claire :
« Au nom de Dieu, barons, entendez-moi.
« Je fus au camp avec l'empereur Charles.
« Je le servais par amour et par foi,
« Quand son neveu Roland me prit en haine,
« Et me choisit pour une mort cruelle.
« Je fis message auprès du roi Marsile ;
« Par mon savoir, je vins à me sauver.
« Je défiai Roland le valeureux,
« Sire Olivier et tous leurs compagnons.
« Charles l'ouït, et ses barons aussi.
« Je me vengeai, mais je n'ai pas trahi (1). »
Et les Français : « Nous irons en conseil. »

Quand Gane voit que son grand plaid commence,
Il réunit trente de ses parents.
Il en est un que les autres écoutent :
C'est Pinabel, du castel de Sorence (2).
Il sait parler avec des raisons justes,
Est bon guerrier pour défendre ses armes. AOI.

Gane lui dit : « En vous, ami, me fie :
« Tirez-moi hors de mort, de calomnie. »

---

(1) Voir page 18, et la note 2 de la page 102.
(2) Voir page 20.

Pinabel dit : « Vous serez tôt sauvé.
« Il n'est Français vous condamnant à mort,
« Si l'empereur m'accorde le combat,
« Qu'avec mon fer je ne démente ici. »
Gane le comte aux pieds du roi s'avance.

Saxons, Normands, Bavarois, Poitevins
Et les Français sont allés au conseil ;
Assez y a d'Allemands, de Thiois.
Ceux de l'Auvergne y sont les plus courtois,
Pour Pinabel ils se tiennent plus cois.
L'un dit à l'autre : Il faut en rester là :
« Laissons le plaid et prions l'empereur
« Pour cette fois d'acquitter Ganelon,
« Et qu'il le serve avec amour et foi.
« Roland est mort : plus ne le reverrons ;
« Nous ne l'aurons pour or ni pour richesses.
« Fou qui voudrait combattre Pinabel. »
Il n'en est pas qui vienne contredire,
Hors Thierry seul, le frère de Geoffroy (1).

---

(1) Thierry, sous le nom de *Gaydon* ou le chevalier au *geai*, est le héros d'une chanson de geste que MM. Guessard et Sainte-Luce ont publiée pour la première fois, en 1862, dans la collection des *Anciens poëtes de la France*.

LI

**THIERRY JUGE QUE GANE EST FÉLON, ET COMMENT
PINABEL VIENT LE DÉMENTIR.**

Vers l'empereur retournent les barons.
« Nous vous prions, sire, lui disent-ils,
« De proclamer que Gane est acquitté;
« Puis qu'il vous serve avec amour et foi.
« Laissez-le vivre : il est homme très-noble;
« Roland est mort, plus ne le reverrons;
« Ganelon mort ne nous en rendra rien,
« Nous ne l'aurons pour or ni pour richesses. »
Le roi leur dit : « Vous m'êtes tous félons ! » AOI.

Quand Charles voit que tous lui font défaut,
Il s'assombrit et sa tête s'affaisse.
Il a tel deuil qu'il se dit malheureux;
Mais devant lui s'avance un chevalier;
C'était Thierry, frère du duc d'Anjou.
Il a le corps maigre, élancé, gracile,
Les cheveux noirs et les yeux presque bruns;
Il n'est pas grand, mais non plus trop petit.

Courtoisement il dit à Charlemagne :
« Beau sire roi, ne vous troublez ainsi.
« Je vous ai bien servi, vous le savez.
« Pour mes aïeux je dois tenir ce plaid.
« Quel tort qu'ait fait Roland au comte Gane,
« Votre service eut dû le garantir ;
« Gane est félon de ce qu'il l'a trahi.
« Il a commis envers vous un parjure.
« Je le condamne à pendaison, à mort,
« Et que son corps soit jeté dans le feu,
« Comme à félon qui félonie a fait.
« S'il a parents, qui démentir me veuillent,
« Par cette épée, à mon flanc que j'ai ceinte,
« Je soutiendrai mon arrêt sur le champ. »
Et les Français : « Or, vous avez bien dit ! »

Devant le roi Pinabel est venu :
Il est grand, fort, agile et courageux.
Celui qu'il frappe, a bien fini son temps.
Il dit au roi : « Sire, le plaid est vôtre.
« Or, commandez qu'il n'y ait tant de noise.
« Voici Thierry qui jugement a fait ;
« Je le démens et je l'en combattrai. »
Il donne au roi le gant de sa main droite (1).
L'empereur dit : « Bons garants je demande. »

---

(1) Met li el poing *de cerf* le destre guant.

Trente des siens le cautionnent loyal.
Le roi leur dit : « Vous le garantissez; »
Les fait garder jusques au jugement. AOI.

Quand Thierry voit qu'il y aura bataille,
Il tend au roi le gant de sa main droite,
Et Charlemagne accepte ses garants.
Il fait porter quatre bancs sur la place.
Là vont s'asseoir ceux qui doivent combattre.
On reconnaît que tout est bien réglé (1),
Le comte Ogier ainsi le proclama.
Ils font venir leurs chevaux et leurs armes.

Avant d'aller combattre, ils se confessent; AOI.
Ils sont absous et bénis tous les deux,
Vont à la messe, à la communion (2),
Et de grands dons ils offrent aux couvents.
Devant le roi tous deux sont revenus.
Leurs éperons ils ont aux pieds chaussés,
Vêtent leurs blancs hauberts forts et légers,

---

(1) Ben sunt *mallés* par jugement des altres.

Mallés vient de mail, c'est-à-dire qu'ils sont régulièrement traduits au mail, régulièrement mis aux prises.

(*Note* de F. Génin.)

(2) Il y avait une messe spéciale qu'on appelait messe du jugement de Dieu. (*Note* de F. Génin.)

Voir *Parise la Duchesse*, pages 12 et 15.

Leurs casques clairs attachent sur la tête,
Ceignent au corps l'épée à garde d'or,
Les écus peints suspendent à leur cou ;
A la main droite ils ont l'épieu tranchant,
Puis ont monté leurs destriers rapides.
Alors pleuraient cent mille chevaliers,
Qui de Thierry pour Roland ont pitié.
Dieu connaît bien quelle sera la fin !

LII

DU COMBAT QUI EUT LIEU AUPRÈS D'AIX-LA-CHAPELLE ENTRE PINABEL ET THIERRY.

Au-dessous d'Aix, la prairie est très-large ;
Là des barons se fera la bataille.
Ils sont tous deux courageux et prud'hommes,
Et leurs chevaux sont rapides et vifs.
Ils piquent bien, lâchent toutes les rênes,
A toute force ils frappent l'un sur l'autre,
Les deux écus ils froissent et fracassent,
Rompent hauberts et déchirent les sangles ;
Les selles d'or tournent, tombent à terre.
Cent mille Franks pleurent, qui les regardent.

Les chevaliers sont tous les deux à terre : AOI.
Rapidement ils se dressent sur pieds.
Pinabel est fort, alerte et léger.
L'un cherche l'autre, ils n'ont plus de chevaux.
Avec l'épée à la garde d'or pur,
Ils se frappaient sur les casques d'acier.
Les coups sont forts à fendre les deux casques.
Les chevaliers français sont dans l'angoisse :
« Dieu, faites voir que Charle a le bon droit. »

Pinabel dit : « Reconnais-toi vaincu,
« Et je serai ton homme par amour,
« Te donnerai de mes biens à ton gré ;
« Mais avec Charle accorde Ganelon.
Thierry répond : « N'est besoin que j'y pense.
« Sois-je félon si jamais je l'octroie !
« Qu'entre nous Dieu montre aujourd'hui le droit ! »
AOI.

Thierry lui dit : « Pinabel, tu es brave
« Et grand et fort ; ton corps est bien moulé,
« Pour ta valeur tes pairs te reconnaissent.
« Laisse finir ici cette bataille.
« Avec le roi je t'accorderai bien ;
« De Ganelon justice sera faite,

« Telle que jour n'y aura qu'on n'en parle. »
Pinabel dit : « Ne plaise au Seigneur Dieu !
« Je soutiendrai toute ma parenté,
« Homme mortel ne me fera céder.
« Mieux vaut mourir que mériter le blâme ! »
A se frapper voici qu'ils recommencent,
Sur leurs cimiers tout incrustés d'or pur ;
Au ciel volaient les étincelles claires.
Les séparer, on ne le pourrait plus :
Sans homme mort, ils ne finiront pas. AOI.

Il est très-preux, Pinabel de Sorence :
Il a frappé Thierry sur son bon casque,
Le feu jaillit et l'herbe s'en allume.
De son épée il présente le fil,
Sur le visage il la lui fait descendre
(La droite joue en est ensanglantée),
Et le haubert fend du dos jusqu'au ventre.
Dieu ne permit qu'il le renversât mort. AOI.

Thierry voit bien que sa joue est blessée,
Le sang tout clair choit sur l'herbe du pré !
Dessus le casque il frappe Pinabel,
Jusqu'au nasel il le brise et le fend,
Lui fait couler la cervelle en dehors,
Brandit le coup et le renverse mort.

Or, par ce coup, le combat est fini !
Les Franks criaient : « Dieu y a fait miracle.
« Il est de droit que Gane soit pendu,
« Et ses parents qui répondent pour lui (1) ! » AOI.

Quand eut Thierry vaincu dans le combat,
L'empereur Charle est venu près de lui,
Ensemble avec trente de ses barons,
Nayme le duc, Ogier de Danemark,
Geoffroy d'Anjou, Guillaume, sieur de Blaye.
L'empereur prend entre ses bras Thierry,
Le front essuie avec ses peaux de martre,
Puis il les ôte et lui met d'autres peaux.
Tout doucement on désarme Thierry,
Sur une mule arabe l'on le monte,
Et l'on retourne avec joie et courage,
Jusque dans Aix ; on descend à la place.
Lors commença l'occision des autres.

---

(1) Les fils de Pinabel figurent dans le roman d'*Aye d'Avignon*, où l'on rappelle la catastrophe de leur père :

    Et Mile et Aubouin, fil Pinabel le blon.
    Il fu jadis occis por le plait Ganelon.

        (Éd. de MM. Guessard et Meyer, page 8.)

LV

CHARLEMAGNE REND LA JUSTICE, ET COMMENT DIEU LUI FAIT CONNAITRE SA VOLONTÉ.

Le roi s'adresse à ses ducs, à ses comtes :
« Conseillez-moi sur ceux que j'ai gardés.
« Pour Ganelon ils sont venus au plaid,
« Pour Pinabel se sont rendus garants. »
— Qu'il n'en survive aucun, » répondent-ils.
Le roi commande à son viguier Basbrun :
« Va, pends-les tous à des arbres maudits.
« Par cette barbe au poil blanc et chenu,
« S'il en échappe un seul, tu seras mort. »
Basbrun répond : « Qu'ai-je autre chose à faire ? »
Puis, avec cent sergents, il les entraîne.
Trente ils étaient qui furent tous pendus.
Que le félon soit occis et détruit ! AOI.

Les Poitevins, les Bretons, les Normands,
Les Bavarois, avec les Allemands,
Tous sont d'accord, et surtout les Français,
Que Gane meure en merveilleux tourment.
Quatre chevaux sont menés devant lui.

On l'y attache et des pieds et des mains.
Les chevaux sont orgueilleux et rapides,
Quatre sergents les poussent en avant,
Vers un ruisseau qui coule dans un champ.
Voici les nerfs qui vont tous s'allongeant,
Puis, de son corps les membres qui s'arrachent,
Et le sang clair s'épand sur l'herbe verte.
Comme félon convaincu, Gane est mort (1).
Il ne faut pas que les traîtres se vantent !

Quand Charlemagne eut fini sa vengeance,
Il appela les évêques de France,
Ceux de Bavière avec ceux d'Allemagne :
« Ici je garde une noble captive.
« Tant elle ouït sermons, vit bons exemples,
« Qu'elle veut croire et devenir chrétienne.
« Baptisez-la pour qu'à Dieu soit son âme. »
— « Il faut qu'elle ait, dirent-ils, des marraines (2).

(1) Les chansons postérieures à notre poëme mentionnent quelquefois d'une manière différente ces derniers incidents. Ainsi, dans *Gaydon*, Thibaut d'Aspremont dit, à la page 2, en parlant de Charlemagne :

> Gane, mon frère, fist ardoir en un ré (bûcher).
> Et Pynabel, mon neveu, l'alosé,
> Fist à coes de chevax traïnner.

Dans *Aye d'Avignon*, le fils de Gane ne s'appelle pas, comme ici, Baudouin, mais Béranger. Ce dernier figure dans *Parise la Duchesse* avec d'autres membres du *lignaige al culvert Ganelon*.

(2) Il fallait deux marraines pour une femme. Voir la note de M. Génin.

« Assez y a dames de haut lignage ;
« La foule est grande aux bains d'Aix-la-Chapelle. »
Reine d'Espagne alors fut baptisée ;
On lui trouva le nom de Julienne.
Chrétienne elle est, vraiment par connaissance.

Le jour se passe et la nuit s'assombrit.
Charle est couché dans sa chambre voûtée.
Saint Gabriel, de par Dieu, lui vint dire :
« Charles, convoque encor ta grande armée.
« Va conquérir la terre de Syrie ;
« Tu secourras le roi Vivien d'Antioche,
« Dans la cité que les payens assiégent.
« Là les chrétiens te réclament et crient. »
Mais l'empereur n'y voudrait point aller.
« Dieu, dit le roi, si peineuse est ma vie ! »
Pleure des yeux, tire sa barbe blanche.

ICI FINIT LA GESTE DE THÉROULDE.

TABLE DES MATIÈRES.

INTRODUCTION.

I

SUR LES ORIGINES.

	Pages.
De l'épopée indienne....................................	II
Des épopées iranienne, grecque et germanique.........	X
Quelques mots sur l'origine des épopées...............	XIV
Sur la communauté des sentiments.....................	XIX
Sur les traditions germaniques.........................	XXII
Sur l'origine de l'épopée française....................	XXVIII

II

CONSIDÉRATIONS HISTORIQUES.

Du christianisme.......................................	XXXIX
Turpin ou du clergé....................................	XLIII
Charlemagne ou de la royauté...........................	XLVI
De la tradition nationale...............................	L

III

LE CYCLE ET SES DIVISIONS.

Les trois matières.....................................	LV
Les trois gestes.......................................	LIX

IV

LES SENTIMENTS ET LES IDÉES.

	Pages.
Le merveilleux...	LXV
De la piété..	LXX
De l'idée du droit...	LXXVIII
De l'amour...	LXXXVIII
De l'amitié..	XCIV
Les petits...	XCVI

V

DE LA FORME.

La composition et le style.................................	CIII
Les répétitions...	CVIII
De la nature..	CX
Popularité des chansons de geste..........................	CXV
QUELQUES MOTS SUR CETTE NOUVELLE TRADUCTION...............	CXXVII

LA CHANSON DE ROLAND.

Comment le roi Marsile envoie des messagers à Charlemagne..	1
Comment Charlemagne reçoit les ambassadeurs de Marsile..	6
Comment les Français délibèrent sur les propositions du roi Marsile...	10
Comment Roland fait désigner Gane pour aller en ambassade auprès de Marsile.....................................	14
Gane défie Roland et les autres pairs. Il se rend à Saragosse.	17
Comment Gane brave le roi Marsile.........................	23
Comment Marsile délibère avec Gane........................	26
Charlemagne se met en route avec la grande armée..........	35
Comment Gane fait désigner Roland pour commander l'arrière-garde...	38

TABLE DES MATIÈRES.

	Pages.
Comment Charlemagne passe les Pyrénées avec le gros de son armée.	41
Comment douze chefs payens s'engagent à tuer Roland.	45
Comment Olivier reconnaît que les Sarrazins s'approchent.	52
Pourquoi Roland ne veut pas sonner de son cor.	55
Comment l'archevêque donne l'absolution aux Français avant la rencontre.	59
Ce qu'il advient aux chefs payens qui avaient juré de tuer Roland.	62
Comment les Français repoussent l'avant-garde des Sarrazins.	70
La grande armée des Sarrazins attaque à son tour notre arrière-garde.	75
Exploits merveilleux d'Olivier, de Turpin et de Roland.	79
Comment après le cinquième choc, il ne reste plus que soixante Français.	85
Roland sonne du cor et comment ses tempes se fendent.	87
Charlemagne retourne sur ses pas avec la grande armée.	92
Comment la bataille continue à Roncevaux.	95
Comment Olivier est blessé à mort.	99
Comment il ne reste plus que trois Français vivants.	104
Roland et Turpin restent maîtres du champ de bataille.	107
Comment l'archevêque Turpin donne l'absoute aux Français.	111
Comment l'archevêque rend son âme à Dieu.	113
Pourquoi Roland essaye de briser son épée.	116
Comment Roland se confesse à Dieu.	121
Charlemagne parvient à Roncevaux et comment il poursuit les Sarrazins.	123
Comment les Français passent le reste de la nuit.	126
Comment Marsile et Bramimonde se désespéraient à Saragosse.	131
Baligant, l'émir de Babylone, vient au secours de Marsile.	134
Comment Charlemagne pleure son neveu.	144
Comment Charlemagne fait rendre les derniers devoirs aux Français.	149
Baligant défie Charlemagne et comment l'empereur partage son armée en dix corps.	154
Charlemagne fait sa prière et marche contre Baligant.	157
Comment les Sarrazins se préparent au combat.	159
Baligant divise son armée en trente bataillons.	163
Comment les deux armées arrivent en présence.	166

	Pages.
La bataille commence, et Baligant excite les payens.	169
Comment Charlemagne vient secourir le duc Nayme.	172
Le combat devient encore plus acharné et comment Ogier tue le porte-dragon.	175
Dieu envoie un ange à Charlemagne, et comment la bataille finit.	180
Ce que les Français font à Saragosse et comment ils reviennent en France.	184
Aude demande à Charlemagne où est Roland, son fiancé.	188
Comment Charlemagne fait juger le comte Gane.	189
Thierry juge que Gane est félon et comment Pinabel vient le démentir.	193
Du combat qui eut lieu auprès d'Aix-la-Chapelle entre Pinabel et Thierry.	196
Charlemagne rend la justice, et comment Dieu lui fait connaître sa volonté.	200

FIN DE LA TABLE.

Paris. — Imprimerie Divry et C⁰ rue N.-D. des Champs, 49.

LIBRAIRIE DE Mme Ve BENJAMIN DUPRAT,

RUE DU CLOITRE-SAINT-BENOIT (FONTANES), 7, PARIS.

Acte du Concile de Florence pour l'union des Églises (1439) ; traduit en français, avec une introduction et des notes. In-8°. 1 fr.

La Bulgarie chrétienne, étude historique ; par Adolphe d'Avril. In-12.   2 »

Actes relatifs à l'Église bulgare en 1860 et 1861. In-8°. 1 »

Documents relatifs aux Églises de l'Orient, considérées dans leurs rapports avec le Saint-Siége de Rome ; par Adolphe d'Avril. In-12.   3 »

Traité des Écritures cunéiformes ; par le comte de Gobineau. 2 vol. in-8°.   20 »

Héraclius, ou la Question d'Orient au septième siècle ; par Adolphe d'Avril. In-8°.   1 »

La Chaldée chrétienne, étude sur l'histoire religieuse et politique des Chaldéens-unis et des Nestoriens ; par Adolphe d'Avril. In-8°.   3 »

Le Monténégro, Histoire, description, mœurs, usages, législation, constitution politique, documents et pièces officielles, avec une carte du Monténégro et des pays adjacents ; par Henri Delarue, secrétaire du prince Daniel (de 1856 à 1859). In-12.   3 »

Lettres de la mère Agnès Arnaud, publiées sur les textes authentiques, avec une introduction, par M. P. Faugère. 2 vol. in-8°.   14 »

Histoire des négociations commerciales et maritimes du règne de Louis XIV ; par P. de Ségur Dupeyron. 2 volumes in-8°.   15 »

La Question du Liban, considérée au point de vue du droit ; par Henri David. In-8°.   1 50

Histoire et description de la haute Albanie ou Gueguarie, par Hecquard, avec une carte. In-8°.   8 »

Poésies populaires Serbes, traduites sur les originaux ; par A. Dozon.   3 »

De l'art chrétien ; par Rio. 3 vol. in-8°.   22 50

La Chanson de Roland, traduction nouvelle, avec une Introduction et des Notes ; par Adolphe d'Avril. 1 vol. in-8°.   6 50

Paris. — Imp. Divry et Ce, r. N.-D. des Champs, 49.

www.ingramcontent.com/pod-product-compliance
Lightning Source LLC
Chambersburg PA
CBHW072018150426
43194CB00008B/1160